Dirk Meyhöfer

Hamburg | Der Architekturführer

Herausgegeben von Markus Sebastian Braun

Vorwort

Der wirtschaftliche Erfolg einer Stadt findet seinen Stein gewordenen Spiegel stets in ihren Bauten, dem Stadtbild, ihrer Architektur. Vor dem Hintergrund der Globalisierung, die Hamburg jährlich zweistellige Wachstumsraten beim Containerumschlag beschert, entsteht derzeit nicht nur die HafenCity. Auch zahllose Passagen, Hotels und Bürogebäude verändern das Stadtbild gleichsam von einem Tag auf den anderen.

Angesichts dieses immensen Wachstums erscheint der Blick zurück von besonderer Bedeutung. Der hiermit vorgelegte Architekturführer will Lust machen, sich mit der Baugeschichte und Architektur dieser Hafenmetropole zu beschäftigen.

Architektur vermittelt sich nicht nur über Materialität, sondern ganz besonders über die zum Einsatz kommenden Farben. Deshalb auch ist dieser Band durchweg in Farbe gehalten. Zudem werden alle rund 450 Projekte nicht, wie dies in anderen gleichartigen Publikationen geschieht, nach Bezirken, sondern in chronologischer Reihenfolge vorgestellt. So entsteht auf anschauliche Weise ein charakteristisches Bild jeder Epoche und es wird auf einen Blick deutlich, wie unterschiedlich oder einheitlich in den verschiedenen Zeiten gebaut wurde.

Kurze Einführungen in jede Epoche erinnern an das politische, wirtschaftliche oder kulturelle Umfeld, in dem sich die Stadt jeweils befand. Auf Schwerpunktseiten geht der Autor auf bedeutende Ensembles wie die Elbchaussee oder die Perlenkette ein oder er erläutert Bautypen wie das Alt-Hamburger Bürgerhaus oder das gläserne Kontorhaus. Neben reinen Bildseiten, die den Blick des Lesers oder der Leserin auf den unterschiedlichen Umgang mit Materialität, Bauformen oder Stilelementen lenken sollen, wird schließlich in jeder Epoche der einflussreichste Architekt oder Stadtplaner biographisch vorgestellt.

Solchermaßen versteht sich dieser Architekturführer gleichsam auch als Kulturführer zur Hansestadt Hamburg, der dazu anregen will, sich diese Stadt auf dem Weg über ihre Architektur »zu eigen« zu machen. Deshalb finden Sie am Ende des Buches Routenvorschläge des Autors. Wir wünschen Ihnen viel Spaß bei der architektonischen Erkundung dieser schönen Stadt an der Elbe!

Markus Sebastian Braun (Hrsg.)
Dirk Meyhöfer

Von den Anfängen bis zum großen Brand – Hammaburg, Hanse- und Hafenstadt bis 1842 (1)

»Die Freie und Hansestadt Hamburg hat als Welthafenstadt eine ihr durch Geschichte und Lage zugewiesene, besondere Aufgabe dem deutschen Volke zu erfüllen ...«
(aus der Verfassung der Freien und Hansestadt Hamburg)

Der Domplatz in der City, zwischen Binnenalster, der Speicherstadt und HafenCity gelegen, ist heute nicht viel mehr als ein Parkplatz. Hamburg plant hier seit Jahrzehnten Großes und bis dahin wird improvisiert. Aktuell ist die Rede von einer neuen Hauptstelle der Stadtbüchereien, die man auch eine Staatsbibliothek nennen könnte, wenn es diese nicht schon auf dem Campus der Universität gäbe. Hier hat alles begonnen, hier standen die Hammaburg, der Dom, die alte Gelehrtenschule des Johanneums. All diese Bauten sind verschwunden; letztere in den Bombennächten des Jahres 1943. Die Lücke wird geschlossen – oder das Provisorium bleibt.

Hier lag etwas nördlich des Elbstroms die Keimzelle Hamburgs (Hamm = Waldland oder Flussniederung). Im Jahre 831 gründete Kaiser Ludwig der Fromme das Erzbistum Hamburg, und Ansgar wurde der erste Erzbischof. Sein Auftrag lautete, die heidnischen Völker des Ostseeraumes zu missionieren. Hier stand auch die Domkirche, bis sie 1807 abgebrochen wurde. Von der umwallten Burg aus entwickelt sich die mittelalterliche Handelsstadt. Kirchlich beherrscht die Altstadt, gräflich (seit etwa 1100 mit Adolf von Schauenburg beginnend) die westlicher gelegene Neustadt. Seit etwa 1400 agiert Hamburg als freie Reichsstadt.

Lange Jahrhunderte ging es eher dörflich zu. Doch schon 1210 verfestigt sich das Bündnis zwischen Hamburg und Lübeck, Wasser- und Straßenwege werden gesichert. Das Netzwerk der Hanse, das sich im ausgehenden 13. Jahrhundert etabliert, orientiert sich ost- und nordwärts. Lübeck ist die Perle des Nordens, Hamburg eine kleinere Schwester; um 1500 wohnen etwa 15.000 Menschen in der Stadt. Erst im 16. Jahrhundert kommt der Handel über das große Wasser in Gang; mit 25.000 Einwohnern wird die Einwohnerzahl Lübecks erreicht.

Dass die Stadt bis dahin nicht schnell wächst, drückt sich in der Anlage der Stadtmauer aus, die von 1230 an bis ins

Modell der Hanse- und Hafenstadt Hamburg (im 11. Jahrhundert)

16. Jahrhundert Bestand hat. Handel und Stadt blühen dank einer frei denkenden Politik. Auch Niederländer, Engländer und Juden werden aus wirtschaftlichen Interessen willkommen geheißen. Um die neue Prosperität zu schützen, realisiert kurz vor dem Dreißigjährigen Krieg der niederländische Artillerieoffizier Johann van Valckenburgh ein ausgeklügeltes Verteidigungswerk, das Hamburg vor der Barbarei des Krieges beschützt. Die heutigen Wallanlagen sowie die Verbindungsbahn haben im 19. Jahrhundert die Befestigungsanlagen abgelöst. Immerhin wohnen in diesem Wallgebiet Anfang des 19. Jahrhunderts schon 100.000 Menschen. Seit dem 17. Jahrhundert, so der Baugeschichtler Hermann Hipp, wurde Hamburg »für Norddeutschland und Nordeuropa zur Drehscheibe des Handels, der Geldwirtschaft, aber auch der Diplomatie und des Nachrichtenwesens«. Das hat sich auch im 21. Jahrhundert nicht geändert.

Hamburg wird zur »amphibischen Stadt«. Elbe, Alster, die kleine Bille und deren umliegende Marschgebiete prägen die Stadtlandschaft. Urbarmachung und Verknüpfungen zwischen Wasser und Land sind der Motor der Stadt. Hamburgs internes Verkehrsmittel war nicht nur der Ochsenkarren, sondern auch die Schute auf den Fleeten und Kanälen. Lüb'sche Stadtgründungen an der Küste brachten immer ein Straßennetz mit sich, das senkrecht auf den Hafen zulief. In Hamburg entstehen als Sicherung gegen die Fluten Deichstraßen mit Anlandemöglichkeiten aus den Fleeten. Dazu wird die Fläche zwischen Stadthaus und Deich intensiv genutzt. Es entsteht der Typus des Hamburger Stadthauses (vgl. Nr. 5), in der Enge der Stadt sind das Reihenhäuser mit einer schmalen Front. Diese Bebauung wird Brände begünstigen und mit der Industrialisierung verschwinden.

Bildet die Grenze der Hamburger Besiedlung im Süden die Elbe, war das durch einen Mühlendamm (heute Jungfernstieg) aufgestaute Becken der Alster eine Chance für die Anlage grüner Vororte am Wasser. Die Elbe indes wirkt wie eine Barriere; die ersten Brücken entstehen erst 1872. So zeigt die Entwicklungsrichtung Hamburgs fast 1.000 Jahre lang nur nach Norden und Osten, nach Westen nur nördlich der Elbe. Der künstliche Binnensee der Alster wird zum Kapital der Stadtentwicklungen im 19. Jahrhundert.

Cremon (2)

Besiedelt ab dem 12. Jh.

ENSEMBLE Der Cremon war ursprünglich eine Insel in der Marsch, auf der sich eine typische Bürgerhausbebauung Hamburgs entwickelte; sie ist so typisch, dass hier im Dritten Reich eine »Museumsinsel« entstehen sollte. In den Friedensjahren des Nazi-Reiches war man in einer Zwickmühle: Einerseits wollte man die Tradition bewahren, andererseits sollten sich Stadt und Land entwickeln. In der Neustadt, am Radermachergang (vgl. Nr. 204), verschwanden die letzten Gängeviertel. Gleichzeitig sollte auf der Cremon deutsches Siedlungskulturgut zusammengefasst werden. Dazu waren noch in den frühen 1940er Jahren Kunstgegenstände und Bauteile eingelagert worden. Im Sommer 1943 markierten die Bombenangriffe das Ende aller Konservierungsambitionen. Heute kann man von der Ost-West-Straße am Katharinenfleet an der Hausnummer 31 noch Rudimente eines alten Hauses wahrnehmen. Die Straße Cremon verrät in ihren Proportionen noch einiges über das alte Stadtbild. Die angestrebte Rekonstruktion von 1938 wäre ein Rückbau der bestehenden Fassade in die Welt der Schweifgiebel gewesen; man muss dies als eigenwillige Interpretation bezeichnen. Jetzt aber ist die Spurensuche noch schwieriger, aber erfolgreich in der Straße Cremon; gut zu beobachten an der Hausnummer 22, wo die Architekten Schramm und Pempelfort am Neptunhaus 1973 Altes und Neues verknüpften. Der Cremon ist Pfadfinderland. Das alte Katharinenfleet wurde wie andere Fleete nach dem Krieg verfüllt und als Fußweg gestaltet. Starr und fremd wirken dort jetzt Speicher mit Krangalgen. Der Neue Kran an den großen Mühren (Zollkanal) wirkt heute ebenso deplaziert, obwohl er bis 1974 in Dienst war.

Katharinenkirche (3)

13. Jh.
Katharinenkirchhof 1

Die Hauptkirche des früheren Kirchspiels Katharinen wurde auch die Kaufmannkirche genannt, weil hier die Handelsleute lebten. Typisch für Hamburg ist die häufige Veränderung und Anpassung der kleinsten der Hamburger Hauptkirchen, die allerdings mit ihrem gedrechselten Barockturm von 1657 (Peter Marquard) und ihrer heutigen Querstellung zur Straße und zum Zollkanal auffällt. Trotz starker Zerstörung im Zweiten Weltkrieg ist der gotische Charakter der Außenwände wieder erkennbar. Die großartige Hallenkirche fällt durch einen ungewöhnlichen Abschluss des Chores auf unregelmäßigem siebenseitigem Grundriss auf. Aufgenommen wird dieser Chor von seitlichen Anbauten, eine typische Eigenart Hamburger Kirchbauten. Mit der Ver-

liche Veränderung in der Auffassung von Stadt. Die Ironie der Geschichte will es, dass sich noch heute ausgerechnet hier

– wenn auch in musealer und fragmentarischer Form – das ursprüngliche Bild aus den Zeiten der Hamburger Kaufleute mit ihrem Bürgerhaus und den Nebengelassen erhalten hat und ins 21. Jahrhundert transportiert wurde, einer geplanten Straßenerweiterung zum Trotz und mit Hilfe des renommierten Vereins »Rettet die Deichstraße« – zur Freude der Hamburg-Touristen. Mit Kartoffelkeller, Labskauskulisse und neuen Kaffeeterrassen über den ehemaligen Transportkanälen. Allerdings ist es nur diese Rückseite, die das ganz alte Hamburg dokumentiert: so genannte Dreifensterhäuser aus Fachwerk. An der Straßenseite hinterließ das 19. Jahrhundert nach dem Brand seine Spuren – mit Ladenfenstern und veränderten Giebeln. Trotzdem erwärmt das Ensemble das Herz des Hamburger Denkmalpflegers, weil es komprimiert darstellt, wie es einmal war. Knapp zehn barocke Bürgerhäuser, der Fleetspeicher mit der Hausnummer 27 und schließlich einige typische »Nach-Brand-Häuser« sind empfehlenswert, auch wegen der Rekonstruktionen im Inneren, wie bei der Treppenhalle des Hauses Nr. 19. Weitere genaue Beschreibungen finden sich auf den blauen Tafeln, die Hamburgs Baudenkmäler schmücken.

Krameramtsstuben am Michel (10)

1620
Krayenkamp 10–11
Restaurierung 1974

Hafen- und Handelsstädte zeichneten sich in guten Zeiten – und die gab es lange und reichlich – durch ein dichtes soziales Netz aus. Die Krameramtswohnungen wurden von der Zunft der Kramer an die Not leidenden Witwen der Einzelhändler vergeben. Das erinnert an eine Art Beamtenversorgung und war entsprechend üppig. Zwei Wohnungen fanden in den Fachwerkreihenhäusern Platz. Durch die sympathische Rekonstruktion als Spielbühne des heutigen Stadttourismus sind Besucher geneigt, das Wesentliche zu übersehen. Bautypologisch bildet dieser Gang einen Großteil des traditionellen Arbeiterwohnungsbaus der Hansestadt ab. Dort wohnten dann auf der Größe eines

heutigen Wohnzimmers mehrere Generationen einer Familie unter einem Dach; es waren die typischen Elendsquartiere.

Ländliches Bauen im Süderelberaum (11)

Freilichtmuseum Rieck-Haus

Im Südosten des Stadtstaates, in den Vier- und Marschlanden bleibt es am Rande der Weltstadt nachvollziehbar, dass die Hansestadt mitten im ländlichen niederdeutschen Siedlungsraum liegt. Wenn man dies ohne den Filter des modernen Alltags erleben will, ist man auf Freilichtmuseen angewiesen. Es gibt derer zwei: am Kiekeberg, schon auf niedersächsischem Landesgebiet, wo viele Beispiele der niederdeutschen ländlichen Baukunst in einem großen Museumsdorf präsentiert werden, und in Curslack. Weitgehend erhalten an Bauten, die noch in der ursprünglichen oder ähnlichen Nutzung sind, hat sich das alte weiß-rote Bild der Fachwerkkonstruktionen an Kirchen und deren Nebengebäuden. Außerdem existiert in Kirchwerder Nord noch ein ehemaliger Fachwerkbahnhof

Mit 130 Quadratkilometern nehmen die Vier- und Marschlande ungefähr ein Sechstel des Hamburger Stadtstaatsgebietes ein. Schon im Mittelalter entsteht aus dem Marschland des östlichen Stromspaltungsgebietes durch Eindeichungen und ein komplexes Entwässerungssystem fruchtbares Bauernland, auf dem Getreide angebaut wird. Im 18. Jahrhundert folgt ein Wandel zum Gemüsebau, für den das Gebiet weltberühmt ist. Der Wohlstand präsentierte sich in den üppigen Konstruktionen der norddeutschen Hallenbauten. Später, zur Zeit des Gemüseanbaus, sind eine Aufteilung des Grundes und ein Anwachsen von Katen und Kleinbauten zu beobachten. Es ist Justus Brinckmann und seinem Kunstgewerbemuseum zu verdanken, dass seit dem Ende des 19. Jahrhunderts verstärkt auf die Erforschung der bäuerlichen Bauweisen und des entsprechenden Erbes geachtet wird. Im Jahre 1901 wird ein »Verein für Vierländer Kunst und Heimatkunde« gegründet; schon früh kümmert sich auch die Hamburger Denkmalpflege um den Bestand. Es sind die alten Dörfer rund um ihre Kirchen wie Curslack, Altengamme oder Neuengamme, die besonders reizvoll sind. Das Freilichtmuseum »Rieck-Haus« in Curslack zeigt den typischen Aufbau eines Vierländer-Hofes und auch sein Interieur mit der typischen Dreiteilung aus Diele, Fleet und Kammerfach.

Typisches Fachwerk in Weiß-Rot im Alten Land

Bürgerhaus Valentinskamp **(12)**
Ab 1650
Valentinskamp 34
Padberg, Reumschüssel & Partner (Instandsetzung)

In Hamburg Spuren einer ursprünglichen Bebauung zu entdecken, erinnert in der Neustadt an die Suche nach der Nadel im Heuhaufen. Ein solcher Fall ist das Bürgerhaus in der Neustadt, an dem trotz vielfältiger Veränderungen und einer Aufstockung dank einer sorgfältigen Restaurierung in den 1990er Jahren das ursprüngliche Gesicht der kleinbürgerlichen Wohn- und Kontorhäuser erkennbar bleibt. Aus den üblichen zwei Geschossen wurden vier, weil der Bevölkerungsdruck hier besonders hoch war. Im Vorderhaus war zeitweilig eine Stärkefabrik untergebracht. Wer um die Ecke in den Bäckerbreitergang biegt, erahnt das alte Gesicht dieser Stadt mit ihren Gängevierteln. Man muss sich nur alles weniger schön und ordentlich und mit vorgelagerten Eingangshäusern vorstellen. Im Rückraum und Übergang zum unsäglich jeden Maßstab brechenden Springer-Verlag an der Kaiser-Wilhelm-Straße entstehen nun weitere kleiner parzellierte Bauten – ein Lichtblick auch aus Sicht einer dringend benötigten höheren Anzahl von Wohnungen in der City.

Beylingstift **(13)**
Urspr. 18. Jh.
Peterstraße 37

Ein Beispiel aus der Tiefe des Raumes, den man als Hamburger Denkmalpflege bezeichnet: Mit dem Beylingstift und dem dazugehörigen Gang wurde ab 1965 zu Recht eine weitere Traditionsinsel in die Gegenwart hinüber gerettet. Nicht immer korrekt, was Haustiefen oder den Sitz der Türen betrifft. Doch das Bild stimmt, dem engagierten Kaufmann Alfred C. Toepfer und seiner Stiftung sei Dank. Allerdings ist das Fachwerkstift nun eingebettet in eine Aktion, die gern »Disneylandisierung« genannt wird, jedenfalls wenn die Hardliner der Denkmalpflege sie charakterisieren. Gar Prächtiges wurde im Stil Potemkinscher Fassadentafeln zusammengesteckt, mehr Hommage als Wirklichkeit. So tauchen Elemente aus dem Requisitenraum des hanseatischen Heimatstils auf: »Das Alt-Hamburger Bürgerhaus«, ein Speiselokal der hanseatischen Art am Grimm, blinzelt durch die Fassade von Nummer 28; das Justus'sche Haus aus der Gröninger Straße ersteht im

Haus 34 wieder auf – ein Zitat der großen Zeiten des Sonnin-Barocks (vgl. Nr. 16).

Görtz-Palais **(14)**
1710
Neuer Wall 86
Johann Nicolaus Kuhn

Einer der prächtigsten Hamburger Bauten war die ehemalige holstein-gottorpische Gesandtschaft, die aus dem umgebenden

bürgerlichen Milieu herausstach. Trotzdem entstand das Palais 1710 zeitgemäß als gemischter Backstein-/Werksteinbau. 1776 wurde es verputzt und weiß gestrichen, wie der Zeitgeist es befahl. Es ist diese Fassade zum Neuen Wall, die im Wesentlichen rekonstruiert wurde, nachdem das Palais im letzten Weltkrieg stark zerstört worden war. 1954 durch Carl Friedrich Fischer wieder aufgebaut, verkörpert diese Fassade eine interessante Variante des Potemkinschen Scheins, denn dahinter funktioniert ein Büro- und Verwaltungsbau in erheblich niedrigeren, aber praktischeren Geschossen, als es die Fassade weis machen möchte. Die ehemalige Hofeinfahrt wurde als Zeichen einer neuen Auffassung und Nutzung verglast, also transparent gehalten. Letztlich ist das Palais ein Fragment, aber ein sehr schönes. Linkerhand steht das Stadthaus, das als Polizeigebäude und SS-Quartier eine bewegte Vergangenheit besitzt. Es dient heute als Stadtentwicklungsbehörde. Leider ist die Kuppel an der Ecke (noch) nicht wieder aufgebaut.

Herrenhaus Wohldorf (15)

1714
Herrenhausallee 4
H. Georg Günther

Eine Geschichte, die von Waldvogten handelt, jenen honorigen Herren, welche die so genannten Walddörfer als östliche Außenposten und Exklaven Hamburgs verwalteten. Angelegt auf einer früheren Burginsel, erhebt sich ein für diese Gegend herausragender zweieinhalbgeschossiger Fachwerkbau, der Amts- und Wohnsitz für den Beamten war. Ein Eingang in der Mitte sorgt für die Autorität des Hauses, das noch lange, nachdem das Staatsgebiet Hamburgs die

Walddörfer eingeholt hatte, als Gästehaus der Hansestadt diente. Eine andere Petitesse wird hier übrigens auch deutlich: Mancherorts in Hamburg vermisst man U-Bahnlinien. In die mäßig besiedelten Walddörfer führt seit 1921 die U1, um die damalige hanseatische Diaspora gut an die Innenstadt anzubinden.

Der Sonninbarock: Ein ganz spezieller Hamburger Baustil (16)

Die Hauptkirche St. Michaelis ist das Wahrzeichen der Freien und Hansestadt Hamburg. Sie ist nicht nur für Ansichtskarten geeignet, sondern auch Beispiel für einen der wenigen Baustile, die in Hamburg ihren Ursprung haben und so auch nur in dieser Stadt entstehen konnten. Zwischen dem Mittelalter und der Neuzeit hatten sich auch in Hamburg Konstruktion und Fassaden modischen Einflüssen von außerhalb gebeugt. Aus der roten Fachwerkstadt wurde mehr und mehr eine weiße Putzstadt. Doch bevor dies im 18. Jahrhundert endgültig wird, gibt es einen Erinnerungsposten zu verzeichnen, der dem Baumeister Ernst Georg Sonnin (1709–1794) zu verdanken ist.

Sonnin, der seit etwa 1730 in Hamburg lebte, war ein Generalist, wie viele Baumeister jener Jahrhunderte; er arbeitete auch als Mathematiklehrer und Instrumentenmacher. Sonnin hatte erleben müssen, wie die Weserrenaissance und holländische Einflüsse in Hamburg Fuß fassten, also sich der Backstein mit dem Werkstein vermischte. Bremen spielte dabei als Stapelort des Oberkirchener Sandsteins eine große Rolle, der nun durch Pilaster, Säulen und Gesimse die traditionell flächigen Hamburger Fassaden gliederte.

Sein Verdienst bestand nun darin, den Anteil des Werksteins zu reduzieren und das Dekor noch mehr zurückzunehmen, um ein seiner Ansicht nach typisches Hamburger »Hausgesicht« zu erzielen. Selbst die Lisenen, also die senkrechten vorstehenden Mauerstreifen, waren bei Sonnin wieder aus Backstein. In der so genannten Sonninschule waren Baumeister wie Prey, Nicolassen und Kopp vereint. Zu ihren Werken zählt auch die Hauptkirche St. Michaelis, der »Michel« (vgl. Nr. 19), wie ihn die Hamburger liebevoll nennen. Dessen Popularität ist allerdings vor allem dem kupfernen Turmhelm zu verdanken, der wie ein griechisches Tempelchen die Spitze des Michels krönt und schon recht klassizistisch wirkt.

Der Sonninbarock kam besonders an den bürgerlichen Hausfassaden zum Ausdruck. Leider ist davon nur noch ein einziges Beispiel am Haus Willy-Brandt-Straße 47 erhalten. Auffällig ist der Schweifgiebel mit seiner typisch barocken Silhouette. Die Fassade selbst wirkt stoisch beruhigt mit kargen Sandsteinappliken, die man zurückhaltend nennen muss. Der Hamburger Kaufmann – und dieser Stil gehörte zu ihm wie Wind und Wasser zu Hamburg – stellt seinen Geldbüttel auch nicht in symbolischer Form als Fassadenschmuck ins Fenster. Dieses Stadthaus ist das letzte seiner Spezies; es existiert sonst nur noch in übertriebener Rekonstruktion in der Peterstraße (vgl. Nr. 12), die leider zu museal geraten ist.

Büste von Ernst Georg Sonnin

Das Haus an der Ost-West-Straße wurde 2006 gerade aufwendig saniert und rekonstruiert, kann aber trotzdem nicht darüber hinwegtäuschen, in welch misslicher Lage es sich befindet. Denn die ehemalige Gröninger Straße verschwand großteils unter dem breiten Band der neuen Durchgangsstraße. Von dort aus wirken die alten Häuser wie im Boden eingesunken. Die Stadt hat hier eine neue Schicht aufgelegt.

Letztes Original einer Stadthausfassade des Sonninbarocks (Willy-Brandt-Straße 47)

Röm.-kath. Barockkirche St. Joseph **(17)**

1723
Große Freiheit
Melchior Tatz

Welcher »Arme Sünder« erwartet ausgerechnet auf der Großen Freiheit eine Kirche und dann noch eine, wie sie in italienischen Kleinstädten zu finden ist.

Der Name »Große Freiheit« war ursprünglich programmatisch gemeint, weil hier am Rande der dänischen Stadt Altona den Minderheiten soziale und religiöse Freiheiten gelassen wurden. Vielleicht ist so der zügellose Barock in einer protestantischen Stadt zu erklären, der auch noch am Haus Große Freiheit 75 zu erahnen ist. Das römisch-katholische Kirchlein mit seiner konkaven Fassade ist nach starken Kriegszerstörungen inzwischen auch innen wieder hergestellt. In Fällen, in denen die Originalbestandteile nur noch einen verschwindenden Anteil stellen, fragen Denkmalschützer allerdings immer nach der Legitimation. Die heißt hier Überraschung und Minderheitenschutz für einen Baustil, der sonst in Hamburg nicht zu finden ist. Sowohl die Intimität im Innern mit runder Apsis wie auch des vorgelagerten Hofes außen mit zwei flankierenden Häusern (eines ist das Pfarrhaus von 1717, welches rekonstruiert wurde) zeugen vom menschlichen Maßstab einer Geborgenheit, die man meist eher im Süden sucht und findet – hier aber mitten auf St. Pauli.

Gut Wellingsbüttel **(18)**

1757
Wellingsbütteler Weg 71–75a
Georg Greggenhofer

Viele Dörfer rund um Hamburg gehörten staatsrechtlich zu Holstein bzw. Dänemark und waren dem ostelbischen Raum und Lübeck zugewandt. So ist es nicht erstaunlich, wenn sich mitten in der heutigen Großstadt, unweit des östlichen Endes des Ohlsdorfer Friedhofes Rudimente eines Gutes erhalten haben. Die Freiherren von Kurtzrock bauten um 1750 ein flaches Herrenhaus, das später von Martin Haller erweitert und aufgestockt wurde. Von ihm stammt auch die neobarocke Putzfassade. Mit Nachnutzungen von schlossähnlichen Gutshäusern tun sich die Hamburger schwer, so wechselten sie in Wellingsbüttel vom Seminarzentrum nun endgültig zum Altenwohnheim der besseren Art. Das bauhistorisch wertvollere Torhaus von 1757 gehört mit Uhr, Dachreiter und zartem Walmdach zum leicht gezucker-

ten Kulturgut des Alstertals. Es wird als Museum und Kulturzentrum genutzt. Der ehemalige Gutsbezirk ist inzwischen durch exklusiven Wohnungsbau (2004, APB Planen und Bauen) ergänzt worden. Kleine Anmerkung: Die Wohnbauten eines Gutsbezirks waren in alten Zeiten immer weiß, rot nur Scheune, Stall und andere Nebengelasse.

Evang.-luth. Hauptkirche St. Michaelis (19)

1762
Englische Planke, Krayenkamp 4c
Ernst Georg Sonnin,
Johann Leonhard Prey

KULT Den exaltierten Turmhelm vor Augen oder als Besucher oben auf der Aussichtsplattform das gewaltige Hafenpanorama zu Füßen, bleibt die wirkliche Leistung dieser protestantischen Bürgerkirche zunächst verborgen. Wie in der wieder aufgebauten Dresdner Frauenkirche bildete ein zentrierter Grundriss den Grundstein für eine Predigerkirche. Hier steht die Kanzel im Fokus, nicht der Altar. Die schwungvoll ausladenden Emporen und die barocke Lust an Details sind alles andere als protestantisch und sorgen für eine ungewöhnliche Leichtigkeit. Daher dient der Michel heute auch als Ort für weltliche Veranstaltungen. Die dreischiffige Halle mit den kurzen Querarmen hat übrigens in Hamburg und Altona Tradition, z. B. in St. Trinitatis (Altona) und in der Dreieinigkeitskirche (St. Georg), von der allerdings im Krieg nur der Turm erhalten blieb. Auch der Michel wurde zerstört. Allerdings schon 1906 durch einen Brand, infolge von Reparaturarbeiten am Kupferdach des Turmes. Damals wurden viele Holzgewerke durch Eisenbeton ersetzt, was sehr wahrscheinlich mit dazu beitrug, dass die Hauptkirche die Bombenstürme des Zweiten Weltkrieges im Gegensatz zum übrigen St. Michaelis-Quartier überlebte. Die südliche Neustadt gehört deswegen zu den Vierteln des frühen Wiederaufbaus der 1950er Jahre, dessen Niedlichkeit neben dem mächtigen Kirchbau befremdlich wirkt. Die Rekonstruktion von 1906 hatte noch dafür gesorgt, dass der Sonninbarock Anfang des 20. Jahrhunderts in Hamburg eine Renaissance erlebte (vgl. auch Hulbe-Haus, Nr. 97).

Landhaus P. Godeffroy Weißes Haus (20)

Um 1790
Elbchausee 547
Christian Frederik Hansen

Das Weiße Haus gehört zum Trio der Dockenhudener Landhäuser von C. F. Hansen (vgl. auch Hirschparkhaus, Nr. 21 und Goßlerhaus) Es ist ein frühes Beispiel für die Elbvillen, sehr kompakt auf H-förmigem Grundriss eingestellt. Die Besonderheit besteht in den verputzten Holzgesimsen und Säulen. In den 1930er Jahren wurde es durch die Reederfamilie Essberger restauriert. Auch deswegen

hat sich wahrscheinlich der Charakter als Wohnhaus bis heute erhalten können, was dieses Landhaus zu einer rühmlichen Ausnahme werden lässt.

Landhaus J. C. Godeffroy
Hirschparkhaus **(21)**
Elbchaussee 499
1792
Christian Frederik Hansen

Es ist ein frühes und wichtiges Landhaus von C. F. Hansen (vgl. Nr. 30), dem dänischen Baumeister in Norddeutschland, der in dieser frühen Phase seiner Altonaer Zeit (1784–1804) den Blick noch fest auf französische Vorbilder gerichtet hatte. Ein wenig schaut das barocke »Maison de Plaisance« durch den weit ausgreifenden Grundriss. Doch mehr und mehr traten frühklassizistische Motive im wörtlichen Sinne in das Haus, etwa die Säulenvorhalle. Thema der Hansen-Forschung ist an diesem Haus sicher der Verzicht auf Schmuck an den Fassaden, wenn man jeweils von der Eckrustika absieht. Hansen war ein Meister der zweidimensionalen Darstellung und betonte jeweils die sauberen mittenbetonten Proportionen. Interessant ist auch, das Ensemble zusammen mit dem ebenfalls von Hansen angelegten Englischen Garten zu erleben: Eine perfekte Harmonie. Eine zu aufdringliche Architektur hätten die Leitbilder und den Naturalismus jener Jahre ge- oder vielleicht sogar zerstört.

Landhaus Voght **(22)**
1797
Baron-Voght-Straße 63
Johann August Arens

Die Elbchaussee und die Vororte Nienstedten und Othmarschen sind Vorzeigeareale der Landhaus- und Gartenkultur. Das verrückteste Beispiel liegt nahe dem historischen Dorfkern von Nienstedten, im Quellental. Der Kaufmann Caspar Voght hatte hier zu Beginn des 19. Jahrhunderts ein landwirtschaftliches Gut englischer Prägung eingerichtet. Als Vorbild gilt der Landsitz »The Leasowes« des Dichters William Shenstone. Landschaftsgärtner John Booth machte aus den Besitzungen von Voght einen »Ornamented Park«, die Synthese eines gut funktionierenden Versuchs- und Mustergutes mit der meisterlichen Inszenierung der Bauten im Landschaftspark. Voght, der 1802 zum Baron erhoben wurde, spielte in der Patriotischen Gesellschaft zu Hamburg (vgl. auch Nr. 41) eine wichtige Rolle als Reformer und Berater. Das Landhaus und dessen Nebengebäude sind die letzten erhaltenen Bausteine des Anwesens und drücken exakt aus, was Voght wollte: »alles Kleinliche vermeiden«. Mit einem Hauch von Südstaaten-Landhaus à la »vom Winde verweht«. Mit umlaufenden Säulengängen hat sich Voght hoch in die

Rankings der Werbe- und Filmdrehorte gebaut. Denn Johann August Arens war kein unbekannter Architekt: Er hatte in Weimar das Römische Haus (1797) errichtet.

Elbschlösschen **(23)**
1806
Georg-Bonne-Straße 19
Christian Frederik Hansen

Auf dem Terrain der stillgelegten Elbschloss-Brauerei darf das ehemalige Landhaus des Johann Heinrich Baur als ein Stück Avantgarde des ausgehenden 18. Jahrhunderts bezeichnet werden. Es ist 2003 liebevoll, pfleglich und – was die Farbe im Inneren betrifft – mutig restau-

riert worden. Details wie die exorbitanten Treppenläufe, die für alle Zeit verloren schienen, wurden präzise rekonstruiert. Das streng geometrische Haus in der Gestalt eines halben Kubus mit eingeschobener Rotunde und eingeschliffener Halbkugel als Dach reflektiert die radikale Revolutionsarchitektur eines Ledoux oder eines Boullée. Bis zu diesem Zeitpunkt hatte C. F. Hansen eher konservativ gebaut und sich an Vorbildern wie Andrea Palladio orientiert. Die Zeit als großbürgerliches Landhaus ging spätestens zu Ende, als es 1881 zum Bestandteil der Elbschloss-Brauerei und damit zum bedeutungsarmen Rädchen im Gewerbebetrieb einer modernen Brauerei degradiert wurde. Immerhin reichte die klare klassische Gestalt dazu aus, dass es zum Direktionsgebäude wurde, dem dort gebrauten Bier seinen Namen verlieh und selbst als »Elbschlösschen« in die Geschichte einging. Alk Friedrichsen und Anna Nikolas haben im Auftrag der Hermann-Reemtsma-Stiftung und unter Federführung der regionalen Denkmalpflege die inneren Raumdimensionen wieder hergestellt. Das betrifft Charakter und Wohnmilieu des frühen 19. Jahrhunderts ebenso wie die Rotunde, die wie ein kleines Pantheon eingestellt ist. Als Verwaltungssitz einer Stiftung ist das Haus dankenswerterweise teilöffentlich.

Landhaus Gebauer **(24)**
1806
Philosophenweg 18
Christian Frederik Hansen

Es ist ein »Hansen«, der in der Nachschau und im Weiterbau (ab 1871) heute typisch klassizistisch erscheint. Der Bau war ursprünglich das Gegenteil, ein romantisierendes Abbild gängiger englischer Klischees. Ein Turmstumpf mit Reetdachmützchen: heute wäre das ein Fremdkörper in Altona, damals jedoch ein alter ego zur benachbarten Rolandsmühle. Im Inneren dann die Stringenz der Aufklärung: Vier Haupträume kreisen um einen Zentralraum. In den Restfeldern liegen Nebenräume und Treppenhaus. Konstantin Kleffel hat in den 1990er Jahren bei seiner sanften Modernisierung in Weiß auf den Erhalt des Alten penibel geachtet.

Die Elbchaussee – Eine südländische Straße im Norden (25)

Die Zeiten sind vorüber, als man eine private Pferdebahn auf der Elbchaussee bezahlen musste, um in den Westen zu kommen, wo die guten Wohnviertel liegen. Die Entwicklung der Elbchaussee hat etwas mit Wohnen im Landhaus zu tun: »Für die Frauen brachte die Elbchaussee doch viele Unannehmlichkeiten mit sich«, heißt es im Roman »Der Tote im Fleet« von Boris Meyn. Achteinhalb Kilometer lang begleitet die »Chaussee« das Nordufer der Elbe stromabwärts, bis sie mit der Hausnummer 598 in Blankenese endet.

Eine südländische Straße im Norden. Die Namen der Querwege wie Himmelsleiter oder Ringelnatztreppe weisen darauf hin, dass die Uferstraße stolz auf dem Geestrücken fädelt; an einigen Stellen kuschelt sie mit dem Fluss. Sie ist nicht gerade ein Leitstrahl der Bau- und Denkmalpflege. Allerdings gibt es strahlende Ausnahmen wie das ehemalige Gartenhaus von Salomon Heine (Hausnummer 32) oder das Haus in der Mauer (Hausnummer 195). Die Elbchaussee ist eher ein Gesamtkunstwerk aus Fluss, Park, Hecken und weißen Villen. Der Schriftsteller Detlev von Liliencron hat sie 1900 als die »schönste Straße der Welt« gefeiert.

Die klassische Villa im Garten prägt das Gefüge, seit sie im 18. und 19. Jahrhundert aufgesiedelt wurde. Die wichtigsten Beispiele werden im ersten Kapitel gewürdigt. Und wer genau hinschaut, genießt, dass die Aura dieser Straße immer noch durch eben die Villen geprägt ist. Die Allee verfügt über die besten Gastronomien der Stadt (Le Carnard, Landhaus Scherrer, Hotel Jacobs); hier siedelten auch die besten Baumeister (Kallmorgen, von Gerkan, Marg). Das einzige administrative Gebäude von internationaler Bedeutung ist der Seegerichtshof der UNO, der in Nienstedten an eine alte Villa angedockt wurde. Dort steht auch die Dorfkirche, die beliebteste Hochzeitskirche der Hansestadt.

Ganz in Weiß wurde eine hanseatische Reedervilla, das Jenisch-Haus mit dem gleichnamigen Park, 1834 nach Plänen von Franz Gustav Forsmann vollendet. Dieser arbeitete zunächst nicht zur Zufriedenheit des Bauherrn. So kam es zu einer Zusammenarbeit Hamburgs mit Berlin, denn der Architekt und Baumeister Karl Friedrich Schinkel sollte ein Gutachten erstellen, startete aber gleich einen Gegenentwurf und im Ergebnis schimmert nun Schinkel überall dort durch, wo man die Erhabenheit von Proportion und Schnitt sehen möchte. Kein anderes Bauwerk in Hamburg leuchtet wie dieser dachlose Würfel. Und nun krönt dieses Haus den englischen Park des Gartenarchitekten Johann Heinrich Ohlendorff und die distanziert liegende Chaussee.

Das Landhaus Jenisch ist heute ein Museum der Wohnkultur. Vor einigen Jahren war sie der ideale Standort für eine Ausstellung über C. F. Hansen, dem dieses Haus manchmal zugeschrieben wird. Indes weilte er zum Zeitpunkt des Baus schon in Dänemark. Man kann die Örtlichkeit mieten, sogar dort heiraten und ein bisschen mehr Hanseat werden, sollte man das nicht durch Geburt sein.

Seit der Weimarer Republik, der hohen Zeit der Hamburger Sozialdemokratie, gibt es ein System von Taschenparks und öffentlichen Wegen nach unten zum ebenfalls öffentlichen Elbwanderweg: »An der Elbchaussee soll man zwischen grünen Bäumen gehen. Die Bauten haben in stiller Würde im Hintergrund zu stehen!« Gustav Oelsner.

Jenisch-Haus

Villen und Parks prägen die Elbchaussee. Landhaus Vorwerk (33)

Millerntorwache **(26)**
1820
Millerntordamm 2
Carl Ludwig Wimmel

Ein kleiner dorischer Tempel mit Triglyphenfries diente als Wachhäuschen für eine »Torsperre«, die sich das alte Hamburg immerhin bis 1861 leistete. Ursprünglich existierte ein exakter Doppelgänger auf der anderen Wegseite. Hier, jenseits der heutigen Wallanlagen, endet die Kernstadt: heute eine unstrukturierte Gegend, die schwer einzuordnen ist. Der östlich anschließende Zeughausmarkt mit der Englischen Kirche (ursprünglich 1838 fertig gestellt, nach dem Zweiten Weltkrieg wiederaufgebaut) vermittelt einen Eindruck, wie Hamburg in der Biedermeierzeit ausgesehen hat. Nord- und Südseite sind aber neu bebaut und versuchen, in halboriginaler Prägung Zeitgeist einzufangen. Die Millerntorwache führte lange Zeit einen »Dornröschenschlaf«, anders gesagt, sie war stark heruntergekommen. Symbolische Erklärung dafür: Solche Häuser stehen in Hamburg für staatliche Kontrolle, wie sie dort verhasst ist. Im Jahre 2005 wurde das Haus mit einem hohen technischen Aufwand um wenige Meter verschoben und dient nun als Showroom des Hamburgischen Museums, das in den Wallanlagen dahinter liegt. Westlich davon, am heutigen Millertorplatz, beginnt eine völlig andere Welt, die Reeperbahn, und das wilde Kunstglasdach der U-Bahnstation St. Pauli gibt einen architektonischen Vorgeschmack.

Halbmond – ehem. Stallgebäude (27)
1820
Elbchaussee 228
Johann Matthias Hansen

Mit fast palladianischer, raumgreifender Geste veranlasst dieser »Halbmond« genannte Bau jeden ortsfremden Autofahrer, auf der Chaussee langsamer zu fahren. Ironischerweise dient das Bauwerk heute mehr oder weniger auch als Garage. Im Ursprung war es ein Remisengebäude mit Stallungen und Domestikenwohnungen, also der Beweis von Hochherrschaftlichkeit an der Elbchaussee. Die dazugehörige Villa von C. F. Hansen ist längst durch

noch Lüttwohnungen als Altenteile besaßen. Durch die topographischen Zwänge ist das Treppenviertel größtenteils autofrei, also eine hervorragende Fußgängerzone. Vom S-Bahnhof Blankenese (S1) über die Blankeneser Hauptstraße lohnt der touristische Hangabstieg zum Anleger der HADAG-Hafenfähren; mit einer Pause auf Sagebiels Terrassen, wo im Film schon Hans Albers den Elbblick genossen hatte.

Erstes Amalienstift (33)

1840
Stiftstraße 65
Alexis de Chateauneuf

Das Gebäude an der Stiftstraße zählt zu den Glücksfällen der Bauhistorie in der wild wachsenden Hansestadt. Kein geringerer als Alexis de Chateauneuf hatte es gezeichnet, seinerseits ein Beispiel für Flexibilität. Hinter dem Fachwerk setzten sich auch die Innenwände aus dieser Konstruktion fort. Im Inneren entstanden 25 gleichartige Quadrate, jeweils hinter zwei Fachwerkachsen. Ein früherer Skelettbau war geeignet für so unterschiedliche Nutzungen wie Wohnungen, Hygieneeinrichtungen und - was damals besonders fortschrittlich war - ein Kinderkrankenhaus. Die Amalie-Sieveking-Stiftung geht zurück auf das Jahr 1832 und ist damit eine frühe Einrichtung der Armenfürsorge. Die Architektur ist für diese Aufgabe schlicht und ausdrucksvoll - Chateauneuf baute normalerweise für andere Schichten.

Landhaus Vorwerk (34)

1841
Baron-Vogt-Straße 19
Franz Gustav Forsmann,
Martin Haller (Erweiterung 1895)

Bisweilen taucht dieses Haus als Hintergrund in Filmen und Wohnort betuchter Hamburger Familien auf. Es besitzt zur Gartenseite hin das gewisse Etwas, da der Mittelrisalit halbrund ausgestaltet ist. Die Fensterläden verleihen der Fassade eine französische Note wie auch die zum Boden reichenden Fenstertüren im Gartengeschoss. Der Bau gilt als eine der schönsten Perlen der Elbvororte und ist in Wahrheit ein sehr geschickter Klon der Nienstedtener Villa »die Bost« (von Arthur Patrick Mee 1836). Ein weiterer Beweis dafür, dass schon immer »seriell« gedacht wurde beziehungsweise ein gewisser Typus geschmacksbildend wurde - auch wenn es noch keine Fertighauskataloge gab. Das Thema Original und Kopie war schon damals in der Diskussion.

Vom Großen Brand bis zum Ende des Ersten Weltkrieges – Auf dem Weg zur Metropole 1842–1918 (35)

Es sind die Jahrzehnte des Wachstums und der radikalen Einschnitte ins Stadtbild. 1842 zählte Hamburg knapp 140.000 Einwohner, 1910 waren es schon über 930.000. Als am 5. Mai 1842 der schauerliche Ruf »Füer in de Diekstraat« erklang und innerhalb von drei, vier Tagen das alte Stadtzentrum an der Troostbrücke, die nördliche Altstadt und die nordöstliche Neustadt, also etwa ein Drittel Hamburgs, dem tückischen Brand zum Opfer fielen, war das eine dramatische Zäsur. (Brand-) Katastrophen waren in früheren Zeiten nichts Ungewöhnliches. Meistens wurde sofort und original wieder aufgebaut. Diesmal ist es anders; im Jahrhundert der Industrialisierung empfindet es die Hansestadt wie eine Befreiung.

Alte Kirchen oder der Turm des Steintors waren wie vieles andere schon der Veränderungslust der Hamburger geopfert worden. »Angesichts dieser Zerstörungslust«, schreibt der Hamburger Stadtchronist Eckart Klessmann in seiner »Geschichte der Stadt Hamburg«, muss man feststellen, dass der Große Brand den begonnenen Abriss ordentlich begünstigte. Vieles, was in Schutt und Asche sank, hätte auch in Zukunft keine Chance zum Überleben gehabt«. Hamburg befand sich im Jahrhundert der Industrialisierung und Mechanisierung, die Eisenbahn hatte mit dem Berliner Bahnhof 1842 den Betrieb aufgenommen. Die Immobilienspekulation im großen Stil hatte begonnen. Die Stadt wird nicht mehr genau im alten Grundriss aufgebaut, sondern in begradigter Form. Dafür lässt man den Straßen aber die alten Namen. Tradition muss sein.

Mit der Planung des Wiederaufbaus wird ein Ingenieur, der Engländer William Lindley, beauftragt. Er hatte schon die Eisenbahnverbindung nach Bergedorf betreut. Ganz allmählich und insbesondere seit den 1870er Jahren wird deutlich, dass die Infrastruktur der Großstadt immer wichtiger wird.

Mit dem Areal an der Binnenalster (vgl. Nr. 37) und dem neogotischen Wiederaufbau der Nikolaikirche hatte man sich noch baukünstlerischen Aufgaben verpflichtet. Das ändert sich. Mit der Gründung des Deutschen Reiches verliert Hamburg den Status einer freien Reichsstadt und bekommt dafür einen

Der Neubau des Kanterhausviertels verdeutlicht drastisch den Umbau der mittelalterlichen Stadt zur Metropole.

Freihafen, der sich zum Motor für die Handelsstadt entwickelt. Für einen gewaltigen Lagerhauskomplex reißt man »Klein Amsterdam« am Holländischen Brook einfach ab. Die Speicherstadt entsteht – im wehrhaften Kleid einer mittelalterlichen Trutzburg mit Toren und Zinnen und aus Backstein.

Man wird Stadtteile wie Eppendorf oder Eimsbüttel später die Innere Stadt nennen. Die bauliche Leistung führt später dazu, dass Straßen und Häuser dieser Epoche, z. B. die Isestraße, zum beliebtesten Domizil von Neuhamburgern werden. Die meistens Häuser werden von Maurermeistern nach schablonenhaften Mustern hochgezogen und der architektonische Schmuck kommt von der Stange. Schlitzbauten nennt man sie, weil das Haus einen Schlitz zur Belichtung zwischen den zwei Flügeln erhält, die tief ins Grundstück ragen. Innerhalb der Grundrisse versucht man, großherrschaftliche Verhältnisse auf der Etage zu erzeugen.

Die verheerenden Cholera-Epidemien von 1892 und später haben ebenfalls einen rabiaten Stadtumbau, ja aktiven Umweltschutz zur Folge und einen Sielbau, der für eine saubere Elbe sorgt. Die Cholera (mit ca. 8.000 Toten in Hamburg) ist auch das Argument dafür, dass ein Teil der Slums der »Gängeviertel« in der Altstadt, die der Brand noch verschont hatte, zu Gunsten großzügiger Kontorviertel abgerissen wird.

Unter dem neuen Baudirektor Fritz Schumacher (vgl. Nr. 83) wird ab 1909 der Staatsbau sich neu formulieren, nicht nur Hochschulen, Schulen und Krankenhäuser, auch Feuerwehr- und Polizeiwachen. Sie alle sind stilistisch leicht im Stadtbild am Ziegelkleid und der herrschaftlichen Geste mit gewaltigem Dächern und Dachreitern zu erkennen. Noch vor dem Ersten Weltkrieg wird auch das Hochbahnnetz, so heißt wegen der vielen eisernen Viadukte hier die U-Bahn, in einem Ring um die innere Stadt installiert.

Sie besorgt den Transport von den neuen Wohnquartieren zu den Landungsbrücken, wo die Hafenarbeiter mit Fähren in den Hafen übersetzen. Andere große Pläne werden durch den Ersten Weltkrieg obsolet oder erst in den 1920er und 1930er Jahren realisiert.

Kaispeicher B (52)

1879
Magdeburgerstraße 1
Alexander Schäffer

Vielleicht kann er kraft seiner gewaltigen Backsteinkulisse und seiner Anspielungen auf die deutsche Geschichte als »Vater« der kurze Zeit später aus dem Elbboden gestampften Speicherstadt gelten. Was den ursprünglichen Silospeicher und seine Funktion betrifft, war er weniger erfolgreich, da er schon bald unwirtschaftlich wurde. 1884 wurde er zum ganz normalen Speicher umge-

baut. Inzwischen ist auch dieser Speicher längst aus seiner Nutzung gefallen, steht aber an einer strategisch wichtigen Stelle am Übergang von der Speicherstadt zur HafenCity. In ihm hat nun das zweite Kultur-HighLight der HafenCity (neben der Elbphilharmonie) Platz: das »Museum für Seefahrt« des ehemaligen Springer-Chefs Peter Tamm (Architekten MRL).

Evang.-luth. Kirche St. Johannis (53)

1882
Heimhuderstraße 88–90
Wilhelm Hauers

Diese Kirche steht in Hamburg immer wieder als Hochzeitskirche für Prominente im Rampenlicht. Bauhistorisch ist sie ein Beispiel für viele Vorstadtkirchen. Wilhelm Hauers war Schüler der so genannten »Hannoverschen Schule« des Baumeisters Conrad Wilhelm Hase, bei dessen Bauten immer wieder Backstein und Neogotik verschmolzen. Es ist eine sehr gut sichtbare Wandpfeilerkirche

entstanden. Auffällig sind auch Anleihen an der Schinkelschule, die sich in einer blockhaften, geometrisierenden Baukörperauffassung äußern.

Ehem. Infanteriekaserne Altona (54)

1883
Max-Brauer-Allee/Helenenstraße

Es sind nur noch Reste der ehemaligen Viktoria-Kaserne zu finden, die zwischen 1878 und 1883 als Ausdruck der Wehrhaftigkeit des neuen Deutschen Reiches im ehemaligen dänischen Altona entstanden sind. Sehr martialisch wurde mit zinnenbekrönten Türmen der Zweck als moderne Festungsanlage und Kulisse für einen großen Exerzierplatz festgesetzt. Rundbögen und roter Backstein – das ist der Stoff, aus dem die Funktions- und Nutzbauten der frühen Gründerzeit gemacht sind.

Die Terrassen von Hamburg – Eigenarten im Wohnungsbau des 19. Jahrhunderts (55)

Wer vom aktuellen Vorzeigeprojekt des Hamburger Städtebaus auf dem Gelände der ehemaligen Fahrzeugswerkstätten Falkenried (vgl. Nr. 430, 431) über die Straße geht, erreicht eine Idylle. Erstaunlich jung – wie auch ihre Bewohner – wirken diese niedrigen ehemaligen Arbeiterkasernen, die sich auch durch modische Designleuchten nicht aus ihrer angestammten Ruhe bringen lassen. Kein Wunder, sind sie doch, wie Berlins Chefdenkmalschützer Jörg Haspel in seinen Hamburger Jahren feststellte, »das umfangreichste Terrassenensemble – genauer Passagenensemble – Hamburgs überhaupt. Mit den parallel aufgestellten roten Reihenhauszeilen mit Verblendziegeln der 1890ern und den hellen Putzbauten aus der Zeit nach der Jahrhundertwende verkörpern die Falkenriedterrassen nicht nur exemplarisch Hauptmerkmale der zeittypischen Fassadenmuster jener Jahre, sondern dank ihrer Wohnwegstruktur auch eine städtebaulich besonders qualitätsvolle Wohnhofvariante«.

Die Falkenriedterrassen stehen für eine vorbildliche Entwicklung des Arbeiterwohnungsbaus in Hamburg, der aus der Not einer engen Bebauung die Tugend machte, zumindest den Eindruck einer durchgrünten, fast ländlichen Besiedlung zu erwecken. Die angestammte und weitgehend unkontrollierte Verbauung in den Hamburger Gängevierteln führte im 19. Jahrhundert aus gesundheitspolitischen- und auch Sicherheitsgründen zum Umdenken. Dabei kamen Vorbilder aus der eigenen hansestädtischen Tradition genauso zum Tragen wie das englische »Terrace-House«, ein verdichteter Reihenhaustypus. In Hamburg war auch das historische Stadthaus in den Raum zwischen zwei Fleeten oder Straßen aus- und angebaut worden. Die Krameramts-Stuben (vgl. Nr. 10) wie das Beylingstift (vgl. Nr. 13) sind ebenso Beispiele dafür wie der Bäckergang oder der Glaudorps-Stiftungshof in Lübeck. In Hamburg entwickeln sich daraus Terrassen, Passagen und Wohnhöfe überall dort, wo im 19. Jahrhundert gebaut wird. Da es sich auch oder fast immer um Arbeiterwohnungsbau handelt, ist der Begriff Terrasse ein Euphemismus ein »verschleiernder Name«, wie Historiker Hermann Hipp es ausdrückt. Alle drei Siedlungstypen liegen von der Erscheinung her eng beieinander, bezeichnen meist recht niedrige zweigeschossige Reihenhäuser, die sich im hinteren Feld einer hohen Straßenrandbebauung ergeben. An die oft großbürgerliche Nutzung von Terrace Houses erinnern in Alster- und Elbnähe einige Beispiele; insbesondere auf dem Altonaer Balkon, dem Geestrand, die Rainvillaterrasse, wo die Bezeichnung auch zur Topographie passt.

Das direkte Gegenteil sind die Passagen an der Wohlwillstraße (früher Jägerpassage von 1867/68 in St. Pauli: hohe Wohnhäuser aus rohen Ziegeln, die ein abgestecktes Areal für eine Arbeiterschaft bildete, die organisiert und bereit zum Klassenkampf war. Leider wurde der Südflügel im Krieg teilzerstört und der Nordflügel 1982 abgerissen. Der Rest ist saniert und gut erhalten, und die St. Paulianer, die hier wohnen, lassen Fremde gern spüren, dass Neugierde unerwünscht ist und man hier in einem engen Zusammenhalt lebt, weil es einen endgültigen »Immobilien«-Frieden niemals geben wird. Immerhin handelt es sich zusammen mit der Vorderbebauung um Hamburgs ältestes Beispiel für sozialen Wohnungsbau.

Krieg und Brachialsanierungen haben viele Beispiele in Altona, Eppendorf, Grindel oder St. Georg zerstört oder bedrohlich verändert. Die Wohnqualität und die bauliche Charakterisierung als »Quartier« haben dennoch vielen Terrassen, Passagen und Wohnhöfen bis in die heutige Zeit in allen Teilen der Inneren Stadt das Überleben ermöglicht. Mit ein bisschen Pflege sind sie beliebte Wohnstraßen geblieben.

Die Terrassen stehen für eine vorbildliche Entwicklung des Hamburger Arbeiterwohnungsbaus.

Generalkonsulat der USA (56)

1883
Alsterufer 27
Martin Haller

Der Volksmund, der in Hamburg wesentlich weniger sarkastisch und direkt ist als in Berlin, hat sich bei diesem Bauwerk schnell auf »Weißes Haus« geeinigt. Seit 1951 residierte hier das Generalkonsulat der USA. Vor dem Krieg war es die Gauleitung der NSDAP. Zu diesem Zweck wurden zwei ehemalige hochherrschaftliche Villen vereinigt und teilweise an der Fassade verschlimmbessert. Die Amerikaner haben dann nach dem Krieg noch für eine Vorfahrt mit Dach gesorgt. So ist das Gebäude eines der wenigen Beispiele für staatliche Repräsentation in Hamburg – ein Hybrid, kein reinrassiger Monolith. Der Beliebtheit dieses Bauwerks hat das keinen Abbruch getan; es gehört auch aufgrund seiner Lage vis á vis zum »Hotel Atlantic« auf der westlichen Seite der Außenalster zu den meist fotografierten Häusern Hamburgs. Seit dem 11. September 2001 ist die wichtige Straße davor für den Durchgangsverkehr gesperrt. Trotz dieser Sicherheitsmaßnahmen sitzen die amerikanischen Diplomaten auf Koffern, weil durch die Nähe zur Bundeshauptstadt sich in Hamburg kein US-Generalkonsulat mehr lohnt.

Hamburger Hof (57)

1883
Jungfernstieg 26
Hanssen & Meerwein

Ein Ort in exponierter Lage, direkt am Jungfernstieg. Die besondere städtebauliche Bedeutung führte an dieser Stelle 1845 zur Einrichtung von »Sillems Bazar«, der Mutter aller Hamburger Arkadendurchgänge, die kommerziell zu Einzelhandelsaktivitäten genutzt werden. Schon ab 1880 wurde diese schöne kleine Passage durch einen trutzigen Hotelbau des »Hamburger Hofes« ersetzt. Er war der Hecht im Karpfenteich, weil er mit seiner selbstgefälligen und dunklen Sandsteinfassade die helle Geschlossenheit des Binnenalster-Ensembles verhöhnte (vgl. Nr. 36). Im Zuge der Passagen-Renaissance der 1980er Jahre (vgl. 285) entstand durch Peter Schweger u. a. eine Einkaufspassage, die aufgrund der Terrainverhältnisse

als Split Level verläuft und nie an den großen Erfolg des Hanseviertels anknüpfen konnte (vgl. Nr. 284).

Stadterweiterung in Harvestehude mit Innocentia-Park (58)

1884
u. a. Oberstraße, Brahmsallee, Parkallee, Innocentiastraße
Franz Andreas Meyer

ENSEMBLE Wenn heute vom Wohnen in Hamburg, von seinen wunderbaren Vierteln in Grün und von weißen Häusern die

Rede ist, dann ist Harvestehude gemeint. Ursprünglich Klosterland, wurde es in der zweiten Hälfte des 19. Jahrhunderts durch private Bauspekulationen aufgesiedelt. Auf dem Gebiet entstand ein blockartiges Schachbrettmuster, wobei heute noch besonders die Aufweitungen der Kreuzungsbereiche zu kleinen Plätzen auffällt. Die Bebauung zog sich über mehrere Jahrzehnte hin, was sich in der Gestaltung der Fassadenstile vom Klassizismus über den Historismus bis zum Jugendstil niederschlug. Höhepunkte sind die Bereiche des Klostersterns mit seinem beeindruckenden Kreisverkehr (inzwischen durch Straßenkunst aufgewertet) und dem gediegenen Innocentiapark mit den dortigen hochherrschaftlichen Stadthäusern.

Fischauktionshalle Altona (59)

1885
Große Elbstraße, Hamburger Fischmarkt
Stadtbauamt Altona

Die Fischauktionshalle in Altona erinnert daran, dass das freie Altona zu den wichtigsten norddeutschen Fischereihäfen gehörte. Hamburg unterhielt in St. Pauli eine ähnliche Halle, die aber bereits vor Jahrzehnten verschwand. Die mächtige Backsteinbasilika hat in den 1880er Jahren für den Wiederaufstieg des Backsteins gesorgt. Damals hatte der Architekt Günter Talkenberg die Halle zu einem Veranstaltungszentrum umgebaut. Es ist ein Wiedereintauchen in frühindustrielle Milieus mit genieteten Eisenkonstruktionen und Ziegelausfachungen. Besonders imposant ist die Kuppel über dem Hauptzugang. Auf der Galerie im Inneren wurden damals Waren gestapelt und Reparaturarbeiten ausgeführt. Vor dem Hintergrund, dass es sich lediglich um einen Gewerbebau handelte, begeistert die Qualität der Details.

Die Speicherstadt – Moderner Hafen vor mittelalterlicher Kulisse (60)

Am 29. Oktober 1888 wird mit der Schlusssteinlegung ein gigantisches Unternehmen abgeschlossen, das im Kern nur sieben Jahre Aufbauzeit benötigte und für das mit dem Holländischen Brook ein ganzer Stadtteil abgebrochen werden musste. Die Speicherstadt ist bis heute für alle Hiesigen und Fremden ein Ort, von dem man sagt: Ja, hier ist Hamburg.

Die Speicherstadt war Teil eines Deals, als die Hansestadt ihren Status als Freie Reichsstadt im neu gegründeten Deutschen Reich hatte aufgeben müssen, dafür aber einen Freihafen bekam. Im kleinen aber feinen Freihafen durften nun Zollanschlussgebäude errichtet werden, die einen für damalige Verhältnisse modernen Handel zuließen: Wertvolle Waren wie Teppiche, Tabak oder Kaffee wurden hier über die Fleete in kleinen Hafenschuten angeliefert, dann zwischengelagert und über den Straßenweg zum Verkauf weiter transportiert. In Anlehnung an alte Hamburger Speicher entstand ein neuer verdichteter Speichertypus in Reihenbauweise – im Prinzip also Gewerbebauten, für die in Hamburg Rohziegel vermauert wurden.

Aber etwas fällt auf: Die Lagerflächen verbergen sich hinter Fassadenschmuck, der mitteilen will, dass hier mehr als schlichte Nutzarchitektur zu finden ist: »Eine effektvolle Inszenierung zur Verherrlichung von Hamburgs wirtschaftlicher Kraft«, wie die Bauhistorikerin und Biographin der Speicherstadt, Karin Maak, schrieb. Wer Parallelen zur aktuellen Hamburger Baukultur sieht, irrt nicht. Üppige Gesten von Herrschaftshäusern und Palästen mit allerlei Wehrhaftem, also Türmen und Zinnen, wurden den Speichern damals übergestülpt. Ausführender Architekt war Friedrich Andreas Meyer – ein Generalist, Ingenieur, Baumeister und Künstler zugleich. Ausgebildet wurde er am Polytechnikum Hannover, wo in der »Hannoverschen Schule« unter Conrad Wilhelm Hase die große Renaissance des Mittelalters und seiner Ausdrucksformen eingeleitet wurde und sich anschickte, das ganze Deutsche Reich zu erobern.

Mit den radikalen Veränderungen der Hafentechnik und des Seeverkehrs fiel spätestens nach dem Zweiten Weltkrieg die wirtschaftliche Grundlage für die Speicherstadt fort. Nachdem der Verkehr über die Fleete unwirtschaftlich geworden war, wurde deutlich, dass die Logistik und Lagerung von Tabak oder Teppichen in modernen Gewerbegebieten weitaus ökonomischer zu betreiben ist. Auch wenn immer noch viele Traditionsfirmen am Standort Speicherstadt verblieben, war eine notwendige generelle Umnutzung mit großen Schwierigkeiten verbunden, da die niedrigen, sehr tiefen und daher schlecht belichteten Böden der Speicher sich nicht für heutige Büros oder Wohnungen eigneten. Inzwischen ist der hohe ideelle Wert der Speicherstadt erkannt worden und es erfolgten aufwendige Umbauten für Büros und vor allem Kultureinrichtungen. So hat beispielsweise eine der größten Modelleisenbahnen der Welt hier ihren Platz gefunden. Hinzu kommt der ideale Standort. Die Speicherstadt ist jetzt das liebenswerte Bindeglied zwischen City und HafenCity und nach wie vor ein starker Touristenmagnet.

Früher vor allem von der Wasserseite her beliefert – die Hamburger Speicherstadt

Colonnaden (61)

1885
Colonnaden
Bahre & Querfeld, Elvers & Martens, Johannes Grotjahn, Hauers & Hüser, Heyn, Jordan & Heim, Albert Klücher, Th. Necker, Heinrich Schmidt, Ernst Wex

ENSEMBLE In der Hausse der spekulativen Zeiten nach der Reichsgründung entsteht die Straße als diagonal geführter Zug in die Tiefe der Blöcke an der Binnenalster. Erstaunlich ist, dass diese Straße nach dem Zweiten Weltkrieg trotz ihrer repräsentativen Fassaden und großbürgerlichen Arkadengänge keine wirkliche Rolle in der City spielte. Erst der Anschluss durch die Gänsemarktpassage an deren rückwärtigen Ausgang (vgl. Nr. 285) und die Aufwertung des Staatsoperkomplexes (vgl. Nr. 231) hat diese Straße wieder zurück auf den Stadtplan gebracht. In den letzten Jahren rückten der Straßenbelag und das -mobiliar an Standards italienischer Städte heran und imponieren nunmehr nicht nur den Gästen des benachbarten Grandhotels »Vier Jahreszeiten«, sondern auch den Hamburgern. Die architektonische Planung der aufstrebenden Straße stammt aus der Feder von fünf unterschiedlichen Büros, aber die Vorgaben des Städtebaus – also Arkade, Höhenentwicklung und Baulinien – sorgen für ein starkes und gefasstes Ensemble, das nur wenige deutsche Großstädte zu bieten haben.

Ehem. Oberpostdirektion (62)

1887
Stephansplatz 3
Oberbaurat Hake, Baurat Ruppel

Nicht sehr weit entfernt grüßt eine kleine Kuppel über einem imposanten Eckbau am Stephansplatz und bildet den Auftakt zur städtischen Seite des Ringstraßensystems, das hier Gorch-Fock-Wall heißt. Dieser Ring wurde mit Staats-, Verwaltungs- und Kulturbauten bestückt, die im Vergleich zu Berlin oder Wien mickriger ausfielen. Aber das ehemalige Postgebäude, von dem aus weite Gebiete Norddeutschlands verwaltet wurden, deutet an, wie damals die Städte einen »Wilhelminischen Ausdruck« finden wollten. Das Haus verlor längst seine Nutzung und wurde teilsaniert, wartet aber immer noch auf den großen

Investorenschub. Derweil ist der Bau zum Hamburger »Architekturzentrum« geworden, das weitgehend vom Bund Deutscher

Architekten in Hamburg gemanagt wird. Dies ist unter anderem der ehemaligen Postverteilungshalle geschuldet, in der neben der Halle der Freien Akademie (vgl. Nr. 329) das Herz der Hamburger Architektur in Form von Seminaren und Veranstaltungen schlägt. Die Halle heißt seit 2004 Semper-Halle.

Altes Krematorium Ohlsdorf (63)

1891
Alsterdorferstraße 523
Ernst Paul Dorn

Erstaunlicherweise wäre dieses alte Krematorium beinahe ebenfalls zum Zentrum der Hamburger Architektur geworden, da die Hamburger Architektenkammer den Plan fasste, das daniederliegende Krematorium in den 1980er Jahren zu sanieren und dort ihre Geschäftsstelle einzurichten. Dazu ist es nicht gekommen. Stattdessen versuchen heute wechselnde Bewirtschaftungen, das Gebäude mit Hilfe von Restaurants und Bars zu beleben. Das Bauwerk war nur 40 Jahre in Betrieb; danach wurde es durch ein technisch perfekteres Gebäude von Fritz Schumacher ersetzt (vgl. Nr. 198). Das alte Haus gehörte in Deutschland zu den ersten seiner Spezies. Die Leichenverbrennung wurde damals besonders von den christlichen Kirchen abgelehnt. So knüpft dieser Zentralbau zwar an sakrale Motive an, weckt

aber nicht unbedingt Assoziationen mit Kapellen oder Kirchen.

Rathaus (64)

1897
Rathausmarkt
Johannes Grotjahn, Martin Haller, Hanssen & Meerwein, Wilhelm Hauers, Stamman & Zinnow

KULT Eine »never ending story«, die nach über 50 Jahren Planungsabenteuer zu einem wenn nicht glücklichen, so doch ansehnlichen Ende kam. Stolz ist die passende Vokabel – dieses Gefühl vermittelt jedenfalls die 111 Meter lange Hauptfassade, die sich an Motive aus der Hochrenaissance in den Niederlanden anbiedert, mit einem schlanken Mittelturm von 112 Metern, der scheinbar an den Himmel stoßen will. Man darf zusammenfassen: Draußen an der stolzen Fassade geben sich Figuren und Skulpturen ein Stelldichein, vor allem das personifizierte Hamburg, die »Hammonia« am Turm. Aber man erkennt auch Darstellungen bürgerlicher Tugenden wie Concordia (Eintracht) und Pietas (Frömmigkeit). Ein bisschen Anti-Integrationskurs gegen das Reich ist hier das Thema. Der Kaiser, der ab 1903 vor dem großen Hause stand, wurde später auf den Sievekingsplatz verwiesen – und fand den Weg nie mehr zurück. Allerdings gibt es einen überaus prächtigen Kaisersaal, wo sich die Hanseaten mit ihrem Bürgerschloss innen großartig selber feiern. Allerlei Malerei mit maritimen Motiven und Abbildungen der großen Vorbilder wie Athen, Rom und Amsterdam sind großformatig zu besichtigen. Übrigens ist der Bau für Bürger und Besucher ohne Schwelle oder Treppen ebenerdig vom Vorplatz aus erreichbar.

Laeiszhof (65)

1898
Trostbrücke 1
Martin Haller, Hanssen & Meerwein

Es war der Platz der neuen Burg von 1061, auf dem jetzt dieses (zumindest im Inneren) ans Mittelalter erinnernde Kontorhaus steht. Das Gebäude stellt gleichzeitig ein letztes Fragment der einfassenden Bebauung der Nikolaiinsel aus der Zeit vor 1945 dar. Man weiß nicht, was heute, da im Großen und Ganzen das ursprüngliche Interieur erhalten ist, mehr imponiert: Die stolze Präsentation der Reederfamilie, die damals unter anderem die weltberühmten Segelschiffe der

»Flying P-Liner« betrieb, oder die Halle mit ihren umlaufenden Galerien und den Paternostern.

Harburger Süderelbbrücke (66)

1899
Elbbrücken
Georg Thielen (Brückentore)

Die erste feste Straßenverbindung zwischen Harburg und der Elbinsel Wilhelmsburg: Mit ihren vier Überbauten erinnert

die Brücke heute klar an die erste Generation der Elbbrücken. Heute dient sie nur noch als Fußgängerbrücke und ist von ihren jüngeren Schwestern nebenan aus gut zu besichtigen. Bemerkenswert sind die Brückentore, die mit den Wappen der beiden ehemaligen preußischen Nachbarstädte Harburg und Wilhelmsburg bestückt sind. Die Ingenieur-Leistung wurde durch die Maschinenbau-Actiengesellschaft Nürnberg erbracht.

Dammtorbahnhof (67)

1903
Theodor-Heuss-Platz,
Dag-Hammarskjöld-Platz
Eisenbahndirektion Altona, Baurat Schwarz, Architekt Rüdell

KULT Die Hamburger Verbindungsbahn ist das Rückgrat des Hamburger Eisenbahnnetzes, vergleichbar mit der Berliner Stadtbahnstrecke. Neben dem Hauptbahnhof (vgl. Nr. 75) ist der als »Jugendstilwunder« geltende Dammtorbahnhof der einzig erhaltene, alle anderen sind verschandelt und zugrunde modernisiert worden. Alle fünf Bahnhöfe besaßen ursprünglich ihren eigenen Charakter. Der Bahnhof Sternschanze beispielsweise nahm das Ziegelkleid des gewerblichen Schlachthofquartiers an, der Dammtorbahnhof war der »Kaiserbahnhof«. Hier stieg Kaiser Wilhelm II. bei seinen Besuchen in Hamburg aus, entsprechend elegant wurde der Bahnhof mit Sandstein verkleidet. Mit der Fassadendetaillierung und den filigranen Glasfens-

terornamenten wird er dem Jugendstil zugeschrieben. Dies betrifft aber nur die »Verkleidung«. Wie bei allen Bahnhöfen der Verbindungsbahn ist das eigentlich Sensationelle in der kühnen Eisenkonstruktion für die Bahnsteighalle zu sehen. Zu kühn und zu ingenieurstechnisch für den Zeitgeist, der sich nach traditioneller Baukunst sehnte und deswegen Eisen oder Stahl hinter putzigen Fassaden versteckte. Dieser Bahnhof am Park in Rotherbaum wurde durch den späteren Bau des Kongresszentrums zum ICE-Haltepunkt aufgewertet (vgl. Nr. 267). Inzwischen sind viele bauliche Gemeinheiten der Bahn beim Ausbau in den 1970er Jahren wieder korrigiert worden. In einer originellen Mischung aus einer neuen BahnCorporateArchitecture des Mailänder Stardesigners de Lucchi und der Rekonstruktion der Holzeinbauten für Kioske hat der Bahnhof auch Im Inneren wieder Anschluss an die großen Perioden der Eisenbahn gewonnen.

St. Annen, Verwaltungsgebäude der HHLA und umgebaute Speicher (68)

1903
Bei St. Annen 1, Holländischer Brook 4–6
Johannes Grotjan, Hanssen & Meerwein

Der Bau wird gemeinhin als das Rathaus der Speicherstadt bezeichnet und dient heute als Sitz der HHLA, der Hamburger Lagerhaus-Gesellschaft. Stilistisch kann man ihn nur »altdeutsch« nennen, das Kontorhaus »türmt und zinnt« und sieht verwunschen wie ein Backstein-Dornröschenschloss aus. Es schließt einen der Blocks der Speicherstadt zur Straße Bei St. Annen ab und liegt direkt an einem der wichtigsten Auslasse aus dem ehemaligen Freihafengebiet, das sich aber mehr und mehr zugunsten der neuen HafenCity zurückzieht (vgl. Nr. 429). Das Gebäude und der anschließende Speicher sind im Jahr 2002 sehr gekonnt saniert und modernisiert worden, wobei der Innenhof ein Glasdach und einen martialischen Glasaufzug erhielt. Architekt war der in Passagen- und Glasdächern erfahrene Volkwin Marg von gmp.

Martin Haller

***1835 in Hamburg, †1925 in Hamburg (69)**

»Was ich schuf, ist ein Produkt des Takts und des Gedächtnisses, hie und da in die Sprache einer malerischen Zeichnung gekleidet.«

Martin Haller

Im Jahre 1854, noch als Schüler der Gelehrtenschule Johanneum, beteiligt sich Martin Haller an einem Wettbewerb für das neue Hamburger Rathaus – und erringt einen Achtungserfolg, wie es in seiner Biographie heißt. Das Thema wird ihn nicht mehr loslassen. Doch zunächst bleibt ein Studium an der Berliner Bauakademie ohne Abschluss. In der Folge reist er durch halb Europa, studiert weiter in Paris und absolviert verschiedene Praktika. So ist er gut vorbereitet, als 1869 die Hamburger Bürgerschaft ein neues Rathaus für Senat, Bürgerschaft und Verwaltung fordert. Martin Haller scheint Entwicklungen im Voraus zu ahnen, und so schlägt er einen Bauplatz am Jungfernstieg und die Vereinigung mit der Börse vor (was viel später Wirklichkeit wird). Mit der Gründung eines Rathausbaumeisterbundes gelingt 1880 ein entscheidender Schritt. Eine Gruppe von Hamburger Architekten schließt sich zusammen, um endlich ein neues Rathaus zu bauen, und 17 Jahre später findet tatsächlich die feierliche Einweihung statt. Es ist nicht immer einfach mit Hamburg.

Martin Haller wird seither als »Rathausbaumeister« gehandelt, obwohl es ja eine Gemeinschaftsarbeit war. Für die Bedeutung Hallers ist ein anderes Bauwerk ebenso wichtig: ein Kontorhaus, das man gerne als das erste neuerer Zeitrechnung in Hamburg ansieht. Der Dovenhof stand genau dort, wo heute das Hauptquartier des SPIEGEL zu finden ist. Er wurde wie viele andere Haller-Bauten in Hamburg nach dem Krieg leider abgerissen (1967). Nach außen der Tradition der französischen Renaissance verpflichtet, war er innen mit modernster Haustechnik ausgestattet, einschließlich des gerade frisch erfundenen Paternoster-Aufzuges. Was heute selbstverständlich ist, wurde hier erprobt: die quadratmeterweise Abrechnung für Heizung und Beleuchtung. Das flexibel vermietbare Kontorhaus und der kongeniale Skelettbau mit vorgegebenem Rastermaß setzten sich bald darauf in Hamburg, Deutschland und Kontinentaleuropa als Standard durch.

Stilistisch sind Hallers Kontorhäuser qualitätsvolle Reflexionen aus der bewegten europäischen Baugeschichte: Der Laeiszhof (1898, vgl. Nr. 65) variiert mittelalterliche Proportionen, das erste Verwaltungsgebäude für die HAPAG (1903) solche der Renaissance. Martin Haller ist also viel mehr als ein Rathausarchitekt, er gestaltete das offiziöse Hamburg und natürlich auch die Villen der vornehmen Vertreter dieses Stadtstaates. Selbst Fritz Schumacher musste später zugeben: »Es dürfte in Deutschland wenig Privathäuser geben, die den Apparat der modernen Lebenskultur so vollkommen entwickelt haben, wie die vornehmen neueren Wohnhäuser, die in einem Kranz schöner Gärten besonders um die Aster herumliegen«. Mit der Neorenaissance des Rathauses hatte Haller damals nicht nur seinen Kaiser beeindruckt, sondern auch das Trostpflaster für die bürgerliche Seele geliefert, die ja in Hamburg auf repräsentative Residenzgebäude verzichten muss. Hallers Architektur ist heute als Aperçu, als geistreiche Bemerkung der Hamburger Baugeschichte hochwillkommen. Vielleicht bildet diese Architektur innerhalb der Staffel der »Neo-Stile«, also der neu aufgelegten Gotik, Renaissance oder Barock, einen baulichen Höhepunkt für die Bürgerstadt. Alfred Lichtwark, der Direktor der Kunsthalle, gehörte nicht zu Martin Hallers Freunden, genau wie all jene, die sich einem Aufbruch verpflichtet fühlten. Haller selbst sah in den Werken von Peter Behrens und Alfred Messel, die zeitgleich das moderne Großstadtbild Berlins prägten, »Zeugnisse eines Barbarismus, wie man ihn in den Zeiten der Völkerwanderung schon erlebte.« Martin Haller ist eben kein Architekt des 20., sondern des 19. Jahrhunderts – aber ohne ihn wäre Hamburgs Baukunst ärmer.

Das Kontorhaus »Dovenhof« wurde für das SPIEGEL-Haus abgebrochen.

Körnerhaus **(70)**
1905
Poststraße 37–39
Hermann Kaune

Der Passagen-Showdown in der City führte auch dazu, dass man sich um die kleineren Schönheiten am Ort kümmerte. Das runde Eckhaus gehört zur kleinen Zahl der Hamburger Kontorhäuser und verfügt über eine feine Jugendstilgliederung der Sandsteinfassade mit Stichbogen über den großen Fenstern. Zum regelrechten Kleinod wurde das Körnerhaus nach dem Um- und Ausbau, den die Architektengruppe »me di um« mit einem abgerundeten Mansardendach mit sehr hohem Glasanteil krönte. Das war ein frühes Signal für eine Nachverdichtung

durch Aufstockungen in der City – ein Signal, Hamburg endlich höher zu bauen!

Bundesamt für Seeschifffahrt und Hydrografie **(71)**
1905
Bernhard-Nocht-Straße 76
Albert Erbe

Wie einige Jahre später Schumacher wählt auch Albert Erbe auf der Geestkante in St. Pauli die große Geste und einen Bezug zur niederländischen Renaissance, der bei der traditionelleren Hälfte der Hamburger Baumeister hoch im Kurs stand. Sandsteinbänder und Kartuschen

mit den Namen von Kartographen und Entdeckern veredeln die Fassade. Im Gebäude war ursprünglich die staatliche Navigationsschule untergebracht, ein Staatsbau mit Anspruch also und entsprechend martialisch, heute würde man sagen: marketinggerecht umgesetzt. Das kommt auch im Hamburg des 21. Jahrhunderts vor.

Elbhof **(72)**
1905
Steinhöft 9
Walter Martens

Wer die Hafenstraße am Baumwall Richtung Westen fährt, kommt auf eine kernig restaurierte Sandsteinfassade zu. Der Elbhof hat bei einem Umbau 1991

anderen durch die eigenwillige Neobarock-Architektur mit Schweifgiebel. Erbaut als Dienstgebäude für die Hamburger Gebietsverwaltung seiner Landgebiete und der Polizei, hatte es repräsentativ zu sein. Albert Erbe, einer der Vorgänger Schumachers und ein bedeutender Architekt seiner Zeit, variierte auf hohem Niveau Motive der alten Hamburger Bürgerhäuser. Daher sehen die Landherrenschaften tatsächlich so aus, als sei ein »Dreifensterhaus« aus dem Leim gegangen (vgl. Nr. 5). Es ist ein Gallionsprojekt für die aufkommende Heimatschutzarchitektur. Eine bildhafte Architektur, die Portalfiguren mit Früchten oder Fischen zeigt – passend zur ursprünglichen Bestimmung des Gebäudes.

Wohnhaus O'Swald (81)

1908
Heilwigstraße 31
Paul Schöß

Heute plastisch-phantastisch, bei seiner Vollendung allerdings ein Schock für die Hamburger, die zwar die britischen In-

seln lieben, deren einfache Bauweise und Reduktion aufs Wesentliche jedoch nicht immer gut hießen. Dabei ist dieses Wohnhaus vom Baukörper her für Hamburg 13 (ehemaliger Postcode für Rotherbaum und Harvestehude) mit seinen beiden bulligen Ecktürmen opulent zu nennen. Es lohnte sich, mit Giebeln und Voluten Zeichen zu setzen, denn das Anwesen der bekannten Hamburger Kaufmannsfamilie O'Swald dominiert die wichtige Kreuzung Heilwigstraße, Benedictstraße, Marie-Louisen-Straße, also den wichtigen Alsterübergang nach Winterhude.

Bebauung Isestraße (82)

1908
Isestraße 115–119
Wilhelm Schröder
(Bauzeit Gesamtensemble: 1905–1912)

ENSEMBLE Dem berühmten Katzensprung um die Ecke in die Isestraße folgend, erhebt sich eine der imposantesten Zeilen aus der Hamburger Gründerzeit mit ihrem klassischen Typus der Schlitzwohnung. Es entstanden Wohnungen mit teilweise mehr als 200 Quadratmetern, die großbürgerlich zu nennen sind. Ein Bebauungsplan sorgte für eine einheitliche weiße Fassadengestaltung, die ihre Liebe zum Jugendstil nicht verhehlen können. Hier kommt das prosperierende Hamburg nach der Wende zum 20. Jahrhundert auf den Punkt. Nicht nur Fahrstühle, Zentralheizung und exklusiver Ausbau stehen dafür, dass es das Feinste seiner Gattung in Hamburg ist. Sondern auch, weil die Entfernung bei der traditionellen Aufteilung einer Schlitzwohnung in einen vorderen Wohn- und einen hinteren Privatteil schon einmal 20 Meter Flurlänge betragen kann. Im weiteren Verlauf bildet die Isestraße im Mittelteil interessante vordere Wohnhöfe, um dann das bis 1912 errichtete eiserne Hochbahnviadukt in ihre Mitte zu nehmen. Städtebaulich ist es eine interessante Variante, die U-Bahn im ersten Geschoss am Fenster vorbeigleiten zu sehen, wenn darunter der bekannte Isemarkt stattfindet. Hamburg nennt dieses Teilstück allerdings die Fiese Straße (die Mitte heißt Miese Straße), denn das bombastische Ende an der Alster ist die wirkliche Isestraße.

Fritz Schumacher

***1869 in Bremen, †1947 in Hamburg (83)**

»Etwas Herbes Strenges musste in diesem Klima reifen, zugleich etwas, von dem man das Gefühl haben musste, daß Nebel und Seewind ihm nichts anhaben können. Es war mir kein Zweifel, daß nur das alte Baumaterial des norddeutschen Landstriches, der Backstein, zu diesem Charakter führen könnte. Ohne viel zu überlegen, sah ich meine Bauvorstellungen ganz von selber in diesem Material aufgehen.«

Fritz Schumacher

Er ist Hamburgs Lichtgestalt der Baukultur. Ein Literat, Künstler, Philosoph, Planer und Sozialpolitiker, dessen Werk und Wirkung schwer in den Tornistern all seiner Nachfolger wiegen. Seine architektonischen Projekte – die meisten davon wirken weiter im Stadtbild – sind unverkennbar, obwohl sie etwa ein Drittel des 20. Jahrhunderts abdecken und viele modische Strömungen verarbeiten, sich aber trotzdem nicht von ihnen abhängig machen. Es ist nicht übertrieben zu sagen, dass Schumacher direkt und indirekt seit seinem Auftreten in Hamburg im Jahre 1909 die Hansestadt bis heute beeinflusst.

Sein Leben im Telegrammstil: Geboren als Spross einer einflussreichen Bremer Kaufmanns-, Pastoren- und Ratsherrenfamilie. Sein Vater war Diplomat des Kaisers; die Kindheit spielte sich zwischen Bogotá, New York und Europa ab. Schon seine erste berufliche Lebensphase verläuft auf einem Niveau, das andere Architekten kaum erreichen. Schumacher lehrt von 1901–1909 als Professor an der TU Dresden Innenarchitektur, Kunstgewerbestile, Bauformen der Antike und Entwerfen.

1909 wird er Leiter des Hamburger Hochbauwesens und Baudirektor. Er bleibt es zunächst bis 1920. Es ist die erste Schumacher'sche Wirkungsphase, in der er das Bild Hamburgs zwischen Wilhelminismus und Aufbruch prägt. Es sind auch die Jahre, in denen er mit seinem Material, dem Backstein, experimentiert: »In den Bauten meiner ersten Hamburger Jahre habe ich bei jedem einen anderen Versuch gemacht, um eine solche lebendige Backsteinsprache zu entwickeln«.

Nach einem dreijährigen Intermezzo, in dem er auf Wunsch des Oberbürgermeisters Konrad Adenauer in Köln plant, kehrt er als Oberbaudirektor nach Hamburg zurück. In diesen Zeiten beweist er seinen genialen analytischen Sachverstand und steuert das endgültige »Werden einer Großstadt« (Schumacher) im Maßstabe der Stadtentwicklung und ihrer infrastrukturellen Versorgung. Und: »Der Backstein erleichtert im besten Sinne das Neue Bauen.« Dieser Satz ist in Anbetracht der leuchtend weißen Bauhausmoderne sicher eine Überraschung und eben Ausdruck einer spezifisch Hamburgischen Moderne. Diese Stringenz und diesen Einzelfall in der deutschen Städtebaugeschichte hat Fritz Schumacher auch durch eine harsche Personalpolitik abgesichert. Es sind fast nur Hamburger Architekten, die dem Oberbaudirektor zur Seite stehen – ein Zustand, nach dem sich so manche heutige Hamburger Baumeister heftig zurücksehnen. Was im Wohnungsbau entsteht, beispielsweise in der Jarrestadt (vgl. Nr. 179), ist von sehr hoher Qualität und in späteren Jahren nicht mehr erreicht worden.

Und es ist eine kleine feine Federzeichnung, die Fritz Schumacher ins große Buch der Geschichte Hamburgs einträgt. Er nennt sie »Schema für die Entwicklung Hamburgs und seiner Nachbarstädte«, die im Ursprung von 1919 stammt. Darin sieht er eine strahlenförmige Entwicklung vom Kern vor, einmal entlang des Elbstroms, ansonsten radial entlang der Ausfallstraßen. Als wichtiges Nebenprodukt: Zwischen diesen Achsen bleiben Grün- und Landschaftsräume erhalten – ein Vorteil, von dem die »grüne Metropole« heute noch profitiert. Am 3. Mai 1933 verlässt Schumacher mit einem – wie es offiziell heißt – »freiwilligen Rücktritt« die öffentliche Bühne, bleibt aber bis zu seinem Tod 1947 präsent und geehrt. Fritz Schumacher besaß einen Schlüssel für das richtige Bauen in Hamburg. Er hat ihn genutzt, und es wird deswegen nicht verwundern, dass sein Name der mit Abstand am häufigsten in diesem Führer genannte ist.

Kaskade im Stadtpark

Musikhalle (84)
1908
Johannes-Brahms-Platz 20
Martin Haller, Wilhelm Emil Meerwein

Der Brahmsplatz (früher Karl-Muck-Platz) ist eine der schönsten Platzanlagen der Stadt. Sie entwickelt sich aus Holstenwall und Gorch-Fock-Wall und bildet die Fortsetzung des Justizforums bei gleichzeitiger Erschließung der Neustadt durch drei Straßen. Ihre Fassadenabwicklungen sind eine illustre Erzählung erlebter Hamburger Baugeschichte, mit dem Präfix »Neo« sowie der Gründerzeit. Die Musikhalle, die jetzt wieder nach ihrem Stifter, dem Reeder Carl Heinrich Laeisz heißt, ist eine Fortsetzung des Sonninbarocks. Obwohl der Große Saal ursprünglich über 1.800 Plätze besaß, wirkt die Musikhalle gedrungen, fast kleinbürgerlich. Sie muss auf hohe Sockelgeschosse verzichten, bleibt »bürgerlich« wie die Landhäuser eines Hermann Muthesius. Die Laeiszhalle wird weiterhin in Betrieb bleiben, auch wenn die Elbphilharmonie fertig gestellt worden ist (vgl. Nr. 448).

Villa Ballin (85)
1909
Feldbrunnenstraße 58
Werner Lundt, Georg Kallmorgen

Stellvertretend für viele wunderbare Villen in der noblen Feldbrunnen- oder auch Heimhuder Straße steht die Villa des HAPAG-Direktors Albert Ballin, die dem Neoklassizismus erheblich stärker huldigt als in Hamburg üblich. Der großbürgerliche Pomp setzte sich auch im Inneren fort. Gesichert ist die Tatsache, dass Ballin als einer der wichtigsten deutschen Reeder einen Platz an der Sonne in Berlin an-

strebte und damit Hauptstadt-Maßstäbe anlegte; dies ist möglicherweise eine Erklärung für die Wucht dieser Villa.

Öffentliche Bücherhalle Kohlhöfen (86)
1909
Kohlhöfen 21
Hugo Groothoff

Die Städtische Bücherei wurde 1899 von der Patriotischen Gesellschaft gegründet und erhielt programmatisch mitten

ger die Exotik der kolonialisierten Länder zu zeigen, ist längst ein offenes Haus der Kulturen geworden. Mit einer hervorragend funktionierenden pädagogischen Abteilung, die sich insbesondere Kindern und Jugendlichen widmet. Bauhistorisch ist es eine Art Steinbruch mit allen möglichen Vorbildern, die hier auf Albert Erbe eingewirkt haben, der anderswo in der Stadt hamburgischer und norddeutscher baute (vgl. Nr. 80). Hier sind es vor allem die Themen Macht und Herrschaftsanspruch, die mit dem mächtigen Mittelrisaliten und der marmorverkleideten Eingangshalle illustriert werden.

Hulbe-Haus (97)

1911
Mönckebergstraße 21
Henry Grell

Verständlich wird dieser Solitärbau dann, wenn man in Rechnung stellt, dass die neue Mönckebergstraße kurz vor dem Entwurf sehr ignorant (wie später die Ost-West-Straße) ihre Bahn durch die Altstadt zog. Ein neuer Maßstab sprengte die alten Strukturen. Dem Hulbe-Haus kam nun die Aufgabe zu, zwischen der Petrikirche und den neuen Geschäftshäusern zu vermitteln, also einen eigenständigen Akzent zu setzen. Das tut der Bau in sehr eigenwilliger Form, mit hohem Giebel und gedrehtem Treppenhausturm. Dies wirkt artifiziell und ist auf Kunstgeschichte bedacht, denn es sollte schließlich im Ursprung ein Kunstgewerbehaus werden. Das Hulbe-Haus scheint der letzte Versuch gewesen zu sein, sich gegen den neuen fremden Stil des Baudirektors Schumacher und seiner Epigonen zu stemmen. Der Architekt Henry Grell allerdings wird schon bald genau zu dieser Gruppe dazu gehören wollen.

Hauptgebäude der Universität (98)

1911
Edmund-Siemers-Allee 1
Distel & Grubitz

Edmund Siemers richtete das Gebäude ursprünglich für die öffentliche Erwachsenenbildung ein. Weil es auch Institute für die Kolonialforschung unter seinem Dach barg und ein Denkmal des Kolonialisten Paul von Lettow-Vorbeck vor seinen Toren stand, war es in den 1970er Jahren von Studenten heftig kritisiert worden. Bauhistorisch ist dieser Versammlungsbau, der seit 1919 der spät gegründeten Hamburger Universität als Hauptgebäude

dient, in mehrfacher Hinsicht interessant. Der originelle und verspielte Putzbau würde wohl eher einer süddeutschen Universitätsstadt zugeordnet werden und passt nicht in die aufkeimende Backsteineuphorie der Vorkriegszeit in Hamburg. Mitte der 1990er Jahre sorgte das Stifterehepaar Grewe für einen Eklat: Ihre großherzige Geste, dem Bauwerk Flügel zu verleihen, um die arge Raumnot zu lindern, wurde ihnen von vielen Hamburgern übel genommen, weil die eigene Bauabteilung des Stifters sich nicht hineinreden lassen wollte und kein Architektenwettbewerb ausgeschrieben wurde. So sind die neuen Sandsteinbauten, die nicht die körperliche Kraft des Mittelbaus entwickeln, nie richtig akzeptiert worden, obwohl sie die übliche Hochschulbauqualität übertreffen. Der Altbau wurde 2004 durch die Architekten Dinse Feest Zurl einfühlsam saniert und innenarchitektonisch aufgewertet.

Eingangsgebäude des alten Elbtunnels (99)

1911
Landungsbrücken
Raabe & Wöhlecke

KULT Der erste Autotunnel unter der Elbe ist eine technische Großtat und verdient seine Ausnahmestellung in der Welt. Damals war das Verkehrsaufkommen bei Fahrzeugen noch gering, so dass der Tunnel hauptsächlich durch Treppen für die Fußgänger erschlossen wurde. Für Fuhrwerke wurden riesige Aufzüge eingebaut. Sie sind noch heute in Funktion und werktags mit dem PKW befahrbar. Es ist ein Muss, durch dieses Technikbauwerk einmal durchzulaufen. Darüber hinaus waren damals nicht nur Bahnhöfe,

sondern auch andere Verkehrsbauten in die Rolle von »Kathedralen« geraten. Sie wurden architektonisch verherrlicht und mit teuren Materialien ausgestattet. Von den beiden Eingangsbauwerken hat das nördliche in St. Pauli überlebt. Die Kuppel über Portalen und Pilasterschmuck kennt nur ein Vorbild: das Pantheon in Rom. Mit dem Tunnelbau entstand aber eine Begrenzung für Schiffe der neuesten Generation mit entsprechendem Tiefgang: sie können den Ostteil des Hafens nicht anfahren.

Schwan-Apotheke (100)

1912
Dammtorstraße 27
Jacob & Ameis

Es fällt schwer, den Blick von der üppigen und authentischen Einrichtung der Schwan-Apotheke abzuwenden – nämlich nach oben auf die Fassade. Es lohnt aber. Das Eckhaus steht neben Fritz Schumachers Oberschulbehörde und die hat Maßstäbe gesetzt. Insbesondere im Vergleich mit dem Hulbe-Haus (vgl. Nr. 97), das in niederländischen Klischees der Renaissance schwelgt, fällt die Disziplin auf. Wenn man will, ist auch dieses Bauwerk ein »Dreifensterhaus«, denn es verfügt über drei vertikale Fensterbänder. Die beiden äußeren sind wie die damals modernen bay windows als kleine Erker ausgebildet. Vielleicht ist es diese Haltung, dieses Standhafte, das es vielen Kritikern schwer macht, die schwingende Front der benachbarten Staatsoper zu tolerieren (vgl. Nr. 231).

S-Bahnhof Othmarschen (101)

Urspr. 1882
Architekt nicht bekannt

Die Vorortbahn von Altona nach Blankenese ist nicht zufällig der westliche Vorläufer der wichtigsten Hamburger S-Bahnlinie mit der Nummer 1. Dieser Vorläufer wurde auch zum Schlüssel der Entwicklung des Hamburger Westens, so dass verschlafene Dörfer schnell zu wohlhabenden Elbvororten für die »besseren Schichten« wurden. Die Bahnhöfe und Anlagen aus dem 19. Jahrhundert sind weitgehend zerstört oder angepasst worden. Die rot-weiß-blaue Holzunterkonstruktion der Bahnsteigüberdachung in Othmarschen mag noch eine leise Erinnerung an vergangene Zeiten der »Bahngrandezza« sein. Zu achten ist besonders auf die konstruktiven Stützendetails, die an den Schneckenhals einer Violine erinnern. Das Gebäude des benachbarten Bahnhofes Klein-Flottbek in Form eines Landhauses ist ebenfalls noch im alten Stil erhalten.

U-Bahnhof Mundsburg (102)

1912
Mundsburger Damm, Schürbeker Bogen
Raabe & Wöhlecke

Der Bahnhof Mundsburg zählt zu den bauhistorisch wichtigsten Hochbahnhöfen, weil er im Kern die Zerstörungen des Zweiten Weltkrieges überlebt hat und immer wieder liebevoll restauriert wird. Auch wenn heutige Ansprüche an die Beleuchtung eines Bahnsteiges nicht

immer konform mit dem alten Bahnsteigbild gelöst werden können. Außen sind die martialischen Portale auf beiden Seiten interessant, die durch großformatige Natursteine eingefasst sind; darüber türmt sich der Backstein. Da auch das Hallendach des Bahnsteigs Ziegelpfannen trägt, entsteht der Eindruck einer Trutzburg. Die bauhistorische Bedeutung liegt auch darin, dass der Bahnhof noch das Vorkriegsmilieu in Barmbek Süd reflektiert. Denn wo heute das Einkaufszentrum Hamburger Straße mit seinen zwei vorgelagerten Straßen liegt und auf der anderen Seite eine lockere Bebauung vorherrscht, lag das lebendige Stadtteilzentrum von Barmbek mit dem zerstörten Großstadtwarenhaus von Karstadt. Ansatzweise repräsentiert der Bahnhof noch diesen Maßstab von ursprünglicher Dichte und Vitalität.

Hochbahnviadukt Hafen (103)

1912
Landungsbrücken, Am Baumwall
Johann Emil Schaudt (Entwurf)

Es ist sozusagen die Referenzstrecke für Hamburger Lebensart, hoch über dem Hafen bis zum Bahnhof Landungsbrücken; von Fritz Trautwein und Hans L. M. Loop 1959/60 in einer schönen Einheit mit dem Geesthang neu gestaltet. Zwischen 1906 und 1912 galt es als einmaliges Jahrhundertwerk der Ingenieursbaukunst. 1,6 Kilometer betörende Eisenviadukte, erbaut in sechs Jahren. Das Gesamtnetz des Ringes maß 27,8 Kilometer, die Kosten beliefen sich auf 42,4 Mill. Goldmark. Inzwischen sind die meisten Hochbahnvi-

adukte erneuert, gesichert und konstruktiv verbessert und nicht – wie häufiger gefordert – durch U-Bahnstrecken ersetzt worden. Ob hier am Hafen, in Barmbek oder auf der Isestraße (vgl. Nr. 82), nirgends ist das Stadterlebnis Hamburg so mit Händen zu greifen wie hier.

U-Bahnstation Rödingsmarkt (104)

1912
Rödingsmarkt
Raabe & Wöhlecke

»Geschmackvoll und würdig« sollten die Bahnhöfe der Hamburger Hochbahn sein. Dabei konnte sich der ein oder an-

dere Bahnhof (vgl. Nr. 102) durchaus an Berliner Maßstäben messen lassen. Ziemlich hamburgisch dagegen geriet der Bahnhof Rödingsmarkt, der wie der Bahnhof Baumwall im Übergang zur Hafenlandschaft viel Eisen zeigt. Er wurde über fast 100 Jahre lang mit Stahl und Glas für zusätzliche Treppen und Aufzüge kongenial erweitert. Wenige Meter stadteinwärts wird die Hochbahn dann zur U-Bahn, und das zu bewältigende Gefälle von immerhin 4,8 Prozent macht mit kräftigem Quietschen die U-Bahn zur Achterbahn.

Börse (105)

1912
Adolphsplatz 1
Carl Ludwig Wimmel, Gustav Forsmann

Direkt hinter dem neuen Rathaus, aber lange vor diesem entstanden, liegt die Hamburger Börse, von der man behaup-

ten kann, dass es Zeiten gab, als sie für Hamburg wichtiger war als das Rathaus. Sie ist ein Konglomerat aus Hausteilen und Höfen, großteils im 19. Jahrhundert entstanden; die Halle III wurde dann 1912 fertig gestellt. Die drei Hauptsäle sind beeindruckend groß und nehmen auch die wichtige Handelskammer und die historische Commerzbibliothek auf. Unter Bauhistorikern gilt die mittlere Halle II als die wertvollste. Und irgendwie kommt dort ein Gefühl von italienischer Hochrenaissance auf, möglicherweise auch von Münchner Klassizismus wie bei Leo von Klenze. Das Ensemble ist im besten Sinn eklektizistisch zu nennen, denn auch palladianische Vorbilder sind aufzuspüren (Bauteil III, ehemalige Kornbörse). Florentinische Klasse hat der Innenhof zwischen Börse und Rathaus, der in den letzten Jahren wieder für die Öffentlichkeit zugänglich ist. Leider tut sich Hamburg schwer, dort mediterranes Flair aufkommen zu lassen, da die Cafés immer zu früh schließen. Es ist eines der wenigen Bauwerke Hamburgs, die wirkliche Großartigkeit zeigen. Weil Hamburg nie Residenzstadt war, musste das zwangsläufig in der Residenz der Kaufleute entstehen. Das Gebäude (beim Großen Brand 1842 nicht zerstört, aber dann im Zweiten Weltkrieg) ist immer wieder neu und weiter gebaut worden. Nach dem Rathausbau wurde der Putzbau mit Sandstein verkleidet. Die Wiederherstellung nach 1945 durch Georg Wellhausen kann man angemessen nennen und hat bis heute überlebt. Die jüngsten Einbauten von Stefan Behnisch sollten sich ebenso in das Gesamtkunstwerk einfügen.

Hanseatisches Oberlandesgericht (106)

1912
Sievekingplatz 2
Werner Lundt, Georg Kallmorgen

ENSEMBLE Es ist der Glanzprospekt wilhelminischen Städtebaus in Hamburg, das Justizforum am Sievekingplatz – heute ein Bindeglied zwischen Wallgebiet, Johannes-Brahms-Platz und dem Messegelände. Es war der Höhepunkt der Hamburger »Ringstraßen«-Architektur, die nach Wiener oder Budapester Vorbild entlang der Wallanlagen führte. An den Flanken stehen sich zwei im Bau ähnliche Flügel gegenüber, die das Ziviljustizgebäude und das Strafjustizgebäude aufnehmen (1903). Carl Johann Christian Zimmermann ließ die Renaissance mit entsprechenden Treppengiebeln wieder aufleben. Den Platz beherrscht allerdings das ein Jahrzehnt später errichtete Oberlandesgericht, das mit Portikus, Rotunde

und Kuppel den Stellenwert der Justiz im Staate Hamburg sehr glaubwürdig in den Vordergrund spielt. Auch hier klingt wieder eine antikisierende und italienische Sehnsucht an. Für eine der wichtigsten Bauaufgaben – im Ursprung eine Art Verfassungs- und Revisionsgericht für Hamburg, Bremen und Lübeck – werden Palladio oder die Caracalla-Thermen in Rom (im Innern für die Eingangshalle) als Vorbilder bemüht.

Etagenhäuser Hohenzollernring (107)
1912
Hohenzollernring 27–29
Fritz Neugebauer

Das typische Etagenhaus jener Jahre ist geputzt und verfügt über weiße und farbige Keramikschmuckflächen. Diese Häuser fallen aus diesem Schema heraus. Allerdings stehen sie auch nicht in Hamburg, sondern im damals noch selbständigen Altona. Bei den Fassadendetails kreuzen sich Heimatschutz und zarte Ansätze einer expressiven Anwendung des Backsteins. Gegenüber der Leichtigkeit der Häuser in der Isestraße (vgl. Nr. 82) wirken diese Giebel abwehrend. Dahinter liegen übrigens ähnliche Wohnungen mit seitlicher Lichtführung durch schmale Höfe, wie sie überall in Hamburg üblich sind.

Levantehaus (108)
1912
Mönckebergstraße 7
Carl Gustav Bensel, Franz Bach

Das Haus war nicht nur eine imposante Erscheinung in einer Kombination aus Klinker und Werkstein, es entstand auch unter Mitwirkung von Franz Bach, der sich einen sehr großen Einfluss auf die

neue City sicherte und dessen Erben heute noch von zahlreichen damals entstandenen Häusern in der Spitaler- und Mönckebergstraße profitieren. Diese haben in den letzten Jahren auch dafür gesorgt, dass in das Haus eine Passage eingebaut wurde und ein Luxushotel eingezogen ist. Dessen Zugang liegt in der rückwärtigen Bugenhagenstraße, wo das Haus in seiner Zurückhaltung dem namengebenden Kirchenreformer zur Ehre gereicht.

Deichtorhallen (109)

1912
Deichtorstraße 1–2
Ingenieurwesen der Baudeputation

Die Markthallen am Deichtor markierten 1912 einen weiteren Abschied von der alten Markt- und Handelsstadt Hamburg.

Genau hier tummelten sich seit dem Mittelalter Anbieter von frischen Waren zur Versorgung der Großstadt unter freiem Himmel. Sie kamen über das Wasser direkt aus dem Hafen oder den Vier- und Marschlanden. Die Schiffe und Gemüse-Ewer machten an einer 500 Meter langen Landungsbrücke fest. Hochwasser und neue Hygienegesetze sorgten für den Bau der beiden Hallen, von denen die südliche wuchtig und gedrungen wirkt und durch einen in der Mitte liegenden Turm an eine Basilika erinnert. Nachdem sie in den 1980er Jahren durch Konzentration auf die neuen Hallen in Hammerbrook ihre Funktionen verloren, zuletzt die als Blumenhallen, sollte ein Traum wahr werden: Die beiden Hallen bilden nun das Ende einer neuen Kulturmeile entlang der Bahnlinie, die an der Binnenalster mit der Kunsthalle beginnt. Kein geringerer als der erfahrene Museumsarchitekt Josef Paul Kleihues hat 1989 die düsteren Hallen zu lichten Galerien umgebaut. Wenig prätentiös, aber effektiv. Leider ist das natürliche Klima einer Obst- und Gemüsehalle nicht für die Belange einer Kunsthalle geeignet und die Hallen mussten entsprechend aufgerüstet werden. Deswegen repariert man immer mal wieder herum. Inzwischen ist die kleinere Halle zu einem »Weltzentrum« der Fotografie geworden.

Haus Tesdorpfstraße 18 (110)

1912
Umbau durch Martin Haller

Es ist möglicherweise Hamburgs bestbewachtes Backsteinhaus, wenn man von der Davidwache absieht. Nur wird nicht die Baukultur beschützt, sondern das türkische Generalkonsulat, das hier eingezogen ist. Hinter bauhistorischer Kulisse arbeiten jetzt die Konsularbeamten. Es ist der ideelle Wert dieser Ziegelwand, weniger der künstlerische: Das Gebäude hatte nach einem Umbau vom Putzhaus (Architekt: J. F. Berger, 1873) den Backstein nach jahrhundertelanger Abstinenz auch für bürgerliche Wohnhäuser rehabilitiert. Dankbar nehmen die Architekten in der Folge dieses Fanal auf; vor allem in den wohlhabenden Elbvororten und in den Walddörfern wird die Stadt rot.

Stadtbäckerei
BAG-STAGE
BAG-STAGE

Heimatschutz und Reformbewegung (111)

Das 20. Jahrhundert ist das Jahrhundert der Moderne, wird später die Frühmoderne, Spätmoderne oder Postmoderne entdecken und von erster oder zweiter Moderne berichten. Man kann es auch einfacher sagen: Mit der Wende vom 19. zum 20. Jahrhundert schlug das Pendel wieder in eine Richtung, die vom Dekor in der Architektur wenig hielt. Noch stärker formuliert: Sie vollzog einen Bruch mit Historismus und Eklektizismus, mit allem, was in den alten feudalen Gesellschaften Statussymbol war und geschätzt wurde. Diese Abnabelung geschah in Schritten, in kleinen Schritten, wie sich auch die Gesellschaft nicht radikal veränderte beziehungsweise dies erst nach dem verloren Ersten Weltkrieg in Deutschland tat.

In einer weltoffenen Stadt wie Hamburg wurde die Diskussion in Kunst und Architektur vielleicht früher als anderswo geführt. Einer der Propagandisten war der Direktor der Kunsthalle, Alfred Lichtwark, dessen Wort von der »Freien und Abrissstadt Hamburg« bei jeder passenden und unpassenden Gelegenheit kolportiert wird. Er war aber alles andere als ein Poltergeist. Seine Bildung und Rhetorik ließen ihn feinsinniger auftreten, wenn es um die zukünftige Baukultur für Hamburg ging. Eindeutig war dabei der Blick auf das historische Erbe Norddeutschlands und dessen Material, den Backstein, gewandt: »Einfache Backsteine mit dem hellen Netz der Fugen, ein hohes rotes Ziegeldach darüber« und »nirgends Säule, Ornament oder Gebälk!« Das gefiel Lichtwark.

Heimatbindung und Heimatschutz waren Schlagworte dieser Zeit und in Hamburg an Ziegel gebunden. Im Grunde war dieser Stil in einer städtischen Variante ja schon vorhanden und so wurde der »Sonninbarock (vgl. Nr. 16) gerne als Vorbild genommen und variiert, wie am Rappoldhaus. Vor allem in den ländlichen Stadtteilen blühte der Heimatschutzstil auf, wie das Wohnhaus von Otto Ameis in Wohldorf/Ohlstedt (vgl. Nr. 78) beweist.

Es wäre aber falsch zu sagen, dass Hamburg nun hinter seiner Backsteinhaut im Heimatstil erstickt wäre. Dem steht allein schon ein Mann wie Fritz Schumacher entgegen. Die frühe Moderne manifestierte sich in Deutschland 1907 mit der Gründung des avantgardistischen Werkbundes. Die Arts-and-Crafts-Bewegung und natürlich auch der internationale Jugendstil mit seinen sehr unterschiedlichen regionalen Facetten hatten ja schon vorher in Europa bewiesen, dass man nicht mehr wie gewohnt weiterbauen wollte, sondern erneuern musste. Fritz Schumacher, einer der Gründer des Werkbundes, forderte, dass man sich nun auch der Gestaltung von Maschinenprodukten widmen sollte, und innerhalb des Werkbundes wurde bereits zwischen Architekten, Handwerkern, Pädagogen und Publizisten interdisziplinär gedacht.

Es wurde ein Reformstil geboren, der das alte Denken reformieren wollte. Es war durchaus eine künstlerische Erneuerung, keine soziale – noch keine. Aber die Reformisten spürten, dass das Ziel in einer einfachen Architektur liegen musste, da es nicht nur auf Dekor und Fassade, sondern auf Raum und Körper ankommen sollte. Erstaunlicherweise erklärten auch die Reformisten in Hamburg den Backstein zu ihrem Material.

Als Paradebeispiel für die nach vorn denkenden Architekten gelten im Villenbau die beiden Villen Zadik und Bondy in Othmarschen. Allerdings ist hier wie bei vielen anderen auffälligen Bauten die Extravaganz den Zwängen eines Eckgrundstückes geschuldet (vgl. Nr. 121). Doch schon hier wird deutlich, dass in Hamburg die Avantgarde immer auch pragmatische Motive hatte. Und manchmal, was das Bewährte wie den Heimatstil betrifft, scheut man sich in Hamburg nicht, ein Stadthaus aus jener Zeit wie am Gänsemarkt einfach 80 Jahre später zu duplizieren. Was richtig ist, bleibt auch richtig. So sagt man in Hamburg.

Gibt es als Original und späteres Duplikat: Geschäftshäuser am Gänsemarkt.

Klöpperhaus **(112)**
1913
Mönckebergstraße 3
Fritz Höger

Kaum zu glauben, dass Fritz Höger einen plastischen Dampfer an Land setzte, der das ungekrönte Oberhaupt der Hamburger Bauten ist (vgl. Nr. 141). Noch fest in der Heimatschutzbewegung, also im Geiste Alt-Hamburgs verankert, kann allerdings der junge Höger eines schon aufblitzen lassen: seine Begabung, diszipliniert mit großen Volumina umzugehen. Noch herrschen klassische Elemente an diesem Kontorhaus vor: eine klare Gliederung in Sockel, Mitte und Dach sowie eine geschickte Eckbetonung durch einen kleinen Erker vor der konkaven Hausstirn. Der Genuss dieses Details, das damals den Abschluss der neuen Großstadtstraße in Richtung Hauptbahnhof bildete, wird sicher dadurch etwas getrübt, dass das Kontorhaus später zum Warenhaus um-

gebaut worden ist. Und damit wurden auch Schaufensterzonen und Eingänge im kommerziellen Sinne umgebaut.

Gewerkschaftshaus Besenbinderhof **(113)**
1913
Besenbinderhof 57–59
Heinrich Krug, Wilhelm Schröder

Der ideelle Mittelpunkt der Hamburger Arbeiterbewegung besteht aus Versammlungs- und Sitzungssälen für die Organisation des Gewerkschaftswesens in der Hansestadt. Der Hauptbau mit seinen beiden Rundgiebeln ist von der

repräsentativen Front eines Warenhauses nicht zu unterscheiden (im Film hat der Besenbinderhof auch häufig ein solches gespielt!). So darf man diesem Bauwerk durchaus eine Rolle im Klassenkampf unterstellen: keine typische Arbeiterarchitektur, sondern eine Herausforderung auf Augenhöhe. Von der anderen Seite wurde das allerdings häufig kritisiert, denn die Arbeitgeberverbände residieren in einem unscheinbaren Bürohaus aus den 1970er Jahren in der City Nord.

Lankenau-Stift **(114)**
1913
Bleickenallee 34
Raabe & Wöhlecke

Von Zeit zu Zeit und an unterschiedlichen Orten der Stadt zeigt Hamburg ganz offen seine Vorlieben – und die sind anglophil. Um einen Ehrenhof herum gruppieren sich aber nicht die Seitenflügel eines englischen Herrenhauses, sondern ehemalige Stiftswohnungen für alte Menschen aus dem »Handwerker- und Arbeiterstande«. Das Bürgertum und auch die Arbeiterschaft erobern sich das Image des Feudalismus aus dem 18. Jahrhundert. Nicht französisch fein aus Werkstein, sondern ein bisschen proletarisch noch, wie eben Kranken- und Siechenhäuser damals auch geziegelt waren. Aber von einem Ziegelrohbau kann man hier nicht sprechen – zu aufwendig sind beispielsweise die mehreckigen Erker, welche die Seitenflügel betonen.

Budge-Palais (115)
1913
Harvestehuder Weg 12–14
Martin Haller

Martin Haller (vgl. Nr. 69) hat sich an der Außenalster mit mehreren Villen

verewigt. Die größte war das Budge-Palais mit seinen Nebengebäuden, das heute als Hauptgebäude der Musikhochschule dient. Das aus den USA zurückgekehrte Bankiersehepaar Budge ließ sich ab 1903 baulich und entsprechend repräsentativ vom »Rathausarchitekten« feiern. Als Petitesse ist anzumerken, dass ein voluminöser Salon 1987 als neuer Bestandteil des Museums für Kunstgewerbe komplett transloziert wurde. Dieser ist dort zu besichtigen und dient als Raum und opulente Kulisse für Events und Konzerte. Besonders beachtenswert sind die Adlerskulpturen an der Stuckdecke.

Hochschule für Bildende Künste (116)
1913
Lerchenfeld 2
Fritz Schumacher

Was Fritz Schumacher unter einem »mehr festlichen Gepräge« im Vergleich zu anderen Hamburger Schulbauten verstand, zeigt er mit dem Entwurf für die staatliche Kunstgewerbeschule. So entstand ein Zierhof, den man durch einen kleinen ovalen Pavillon betrat. Dieser wurde in den 1950er Jahren abgeräumt und zerstört. Bernhard Winking startete 1993

mit einer Freitreppe und Arkade den Versuch, den ursprünglichen Entwurf ins kollektive Gedächtnis der Kunst- und Architekturstudenten zurückzuholen. Die an Kunsthochschulen zu beobachtende zunehmende Verrohung hat seit den 1970er Jahren den Charakter des Hauses überlagert. Und die Architekten verlassen das Haus, um an der HCU in der HafenCity die zentrale Hamburger Bau-Universität zu bilden.

Holthusenbad (117)

1914
Goernestraße 21
Fritz Schumacher

Von einer Volksbadeanstalt, die als Maßnahme der Volkshygiene 1914 eröffnet wurde, bis zum Vorzeigeexemplar einer hippen Freizeit- und Wellness-Oase ist es ein weiter Weg. Fritz Schumacher hat indirekt den Nachweis erbracht, dass dies möglich ist. Mit seinem Bau war ein typischer Vertreter einer Badeanstalt entstanden, mit getrennten Schwimmbecken und Nassbereichen für beide Geschlechter. Das ehemalige Männer- und Frauenbad ist heute in der Lage, unterschiedliche Angebote als Thermalspaßbecken oder Wellenbecken zu liefern. Außen ist die Schumacher'sche Walmdachlandschaft mit dem kleinen Dachreiter auf der symmetrischen Anlage und einer lebendigen schwarz-roten Ziegel/Klinkerstruktur eine Spur sanfter gestaltet als andere öffentliche Bauten. Das beweist einmal mehr, wie gekonnt Schumacher mit seinem kleinen Stein umgeht und ihn beherrscht. Innen haben Umbauten jegliche Logik im Ablauf zerstört. Das Bad ist trotzdem wettbewerbsfähig, weil Spaßbäder immer ein Thema, eine Kulisse brauchen. Hier heißt diese Gründerzeit.

Lotsenhaus Seemannshöft (118)

1914
Bubendeyweg 33
Fritz Schumacher

Fast als alter ego, wenn auch in einer Entfernung von einigen Tausend Metern, hat Fritz Schumacher zum Tropeninstitut (vgl. Nr. 124) eine weitere typisch hamburgische Bauaufgabe als Landmarke entworfen. Der Bau eines Signal- und Beobachtungsturms samt Station für Hamburger Hafenlotsen war dafür prädestiniert. Da Schumacher sich

feudalistischer Gartenarchitektur mit natürlichen Landschaftsräumen. Schumacher arbeitete mit Baudirektor Sperber,

dem Leiter des Ingenieurwesens der Baudeputation, zusammen. Hinweisen sollte man auf die vielen wasserbautechnischen Aufgaben, denn über den Goldbekkanal wurde ein Wasserweg zur Außenalster hergestellt – eine erholungstechnische Idee, die sich noch heute auszahlt. Ein Teil der umfangreichen Hochbauten wie die Stadthalle sind durch Kriegszerstörungen verschwunden, werden aber vielleicht wieder aufgebaut. Schumacher hatte sie teilweise bereits in seiner Dresdner Zeit gezeichnet, damals noch in Naturstein, was dann für Hamburg nicht in Frage kam.

Villen Alsterufer (129)

1917
Alsterufer 35 und 36
Hans und Oskar Gerson

Es ist heute nicht mehr vorstellbar, dass das Alsterufer und das Alstervorland nicht für die Öffentlichkeit zugänglich waren. Heute ist sie der Wochenend-Catwalk für alle Hamburger, die sehen und gesehen werden wollen. Doch bis 1912 hatte der Kaufmann John Fonteney hier einen Privatpark, der bis zur Alster reichte und nur für seine Familie zugänglich war. Mit der Straße Alsterufer wurde die Alsterstraße durchgängig öffentlich gemacht. Seit dem 11. September 2001 ist diese allerdings wegen des ansässigen amerikanischen Konsulats für den Fahrverkehr geschlossen. Unter den damals neu entstandenen Villen fallen besonders die neoklassizistischen Putzvillen mit den Hausnummern 35 und 36 angenehm auf – entworfen von Architekten, die später der Moderne zuzurechnen sind.

10

Sozialdemokratischer Aufbruch: Von der Oligarchie in die Demokratie 1918–1933 (130)

»Die Staatsgewalt geht vom Volke aus.«
Hamburger Verfassung von 1921

Die Zeit zwischen den beiden Weltkriegen beschert der Hamburger Baukultur knapp sieben goldene Jahre. Es ist die zweite Amtszeit des Oberbaudirektors Fritz Schumacher, der in Folge seiner vielen Begabungen inzwischen auch ein gigantisches Netzwerk geknüpft hat und zusammen mit ausgewählten freien Architekten diese Stadt weiterbaut. Man wird es später – hanseatisch bescheiden – das »Werden einer Großstadt« nennen! Die Ausgangssituation ist ungewiss, aber die Hanseaten meistern die Lage mit Mut und Gespür für notwendige Veränderungen. Es sind allerdings nur die Jahre zwischen Inflation (1923) und Weltwirtschaftskrise (1929), in der sich wirklich etwas bewegen lässt. Hinzu kommt, dass zu diesem Zeitpunkt Hamburg, Altona, Harburg, Wilhelmsburg und Wandsbek noch selbständig sind.

Stilistisch und bauhistorisch ist die Zeit der Rückorientierung endgültig vorbei. Aus dem Reformstil entwickeln sich handfeste Sympathien für die Moderne, die man auch das »Neue Bauen« oder die »Neue Sachlichkeit« nennt. Bautechnisch hat die industrialisierte Bauweise mit ihren klassischen Baustoffen wie Beton und Eisen ihre Kinderkrankheiten abgelegt und Hamburg ist eine große Industriestadt mit intaktem Baugewerbe. Auch wenn es erst einmal keine Kriegsmarine im großen Stil mehr gibt, bleibt man doch dem Schiffsbau und der Hafenindustrie verpflichtet; das bezieht Schiffsmotoren, Schiffsschrauben etc. mit ein. Der Arbeiteranteil an der Bevölkerung ist also hoch und die Arbeiter brauchen viele gute neue Wohnungen.

Nach der Abdankung des Kaisers im November 1918 wird die Weimarer Republik demokratisch regiert und die Hamburger Bürgerschaft, bisher ein Machtinstrument bürgerlicher Oligarchie, wird ein demokratisches Parlament: gleich, frei und geheim sind die Wahlen; die Volksvertreter werden erstmals nicht nur von Männern, sondern auch von Frauen gewählt. Die Staatsgewalt geht jetzt tatsächlich vom Volke aus, nicht mehr nur von einer großbürgerlichen Clique. Massenwohnungslosigkeit und die Pflicht des Staates zur Sorge für die Volkswohlfahrt sind die großen

Die zentrale Aufgabe der Weimarer Republik: billige und gesunde Wohnungen bauen – Hamburg löst sie vorbildlich.

Themen. Fritz Schumacher definiert die Hauptaufgabe für sich so, dass er »einen neuen Wohngürtel um Hamburgs alten Leib schnallt«. Ihm gelingt auch dasjenige im Wohnungsbau, was man heute »public private partnership« nennt. Er bindet staatliche, private und die in Hamburg so wichtigen Initiativen der Baugenossenschaften zusammen. Das Ergebnis kann sich sehen lassen. Neue Großsiedlungen entstehen, die aber nur den Begriff mit den Verfehlungen der 1970er Jahre gemeinsam haben. Veddel, Barmbek Nord, Dulsburg und andere Wohngebiete entstehen in akkuratem Backsteinkleid, mit wundervollen weißen Sprossenfenstern in kleinen grünen Parks. Das ist nicht nur schön anzuschauen, sondern auch gesund, weil die Wohnhäuser jetzt erheblich mehr Licht und Luft bekommen als im Arbeiterwohnungsbau des 19. Jahrhunderts. Es ist die sozialdemokratische Antwort auf klassisch kommunistische Arbeiterquartiere der Innenstadt, die, krankheitsgefährdend und überbelegt, als Nährboden kommunistischer Revolutionsgedanken galten.

Für die Siedlungen musste die Infrastruktur bereitgestellt werden, vor allem Schulen (vgl. Nr. 132 oder Nr. 187). Dabei kam ein spezielles Schumacher-System zum Tragen: Er selbst steuerte den öffentlichen Bau der Stadt, ihm vertraute Architekten bauten die Wohn- und Geschäftshäuser. Schumacher war nun in einem hohen Maße stilbildend. Unter anderem war es ihm zu verdanken, dass sich in großer Solidarität die alte republikanische Tradition der Hansestädte nahtlos mit den Idealen der sozialdemokratischen Soziologie verband und sich dies auch durchgehend in der Architektur und im Städtebau niederschlug. Für viele Bauhistoriker ist dies ein Pfund, mit dem sich auch heute noch wuchern lässt und man in Sachen Wohnungsbau den Vergleich mit Berlin, dem Neuen Frankfurt oder Wien nicht zu scheuen braucht.

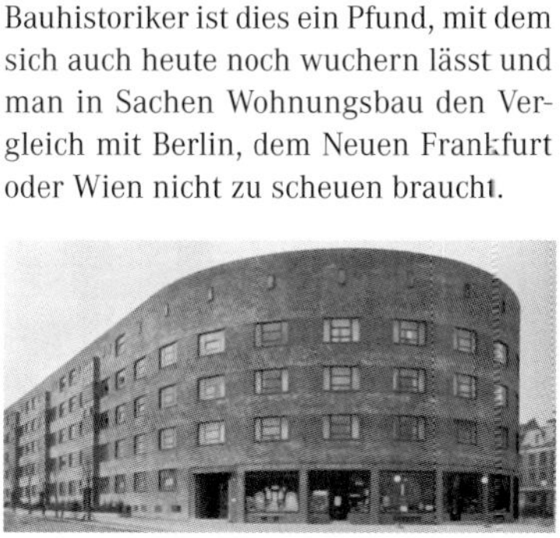

Neuer Wohnungsbau in Altona

Ehem. Reichsbank (131)
1919
Alter Wall 2
Bauverwaltung der Reichsbank

Ein tadelloser Standort, direkt neben dem Rathaus, mit weitem Blick auf die Binnenalster. Die Hauptstelle der Reichsbank, die noch in der Kaiserzeit geplant wurde, ist erstaunlich sachlich gehalten. Nur ein Rundgiebel zur Alsterseite erhebt den Anspruch auf eine repräsentative Geste. Noch leisten sich die Architekten einen Brüstungsrelief-Schmuck – aber mehr auch nicht. Die sachliche Moderne erschleicht sich einen Logenplatz direkt neben dem Hamburger Rathaus. Das Haus verliert später seine Nutzung durch die Reichsbank, bleibt aber Bankgebäude. In jüngster Zeit haben heutige Architekten den Bau innen zweimal erfolgreich weitergebaut. Das Büro Schramm Pempelfort von Bassewitz Hupertz hat die große Halle 1933 wieder zum Leben erweckt, Jan Störmer nutzt Erdgeschoss und Souterrain für eine private Kunstgalerie, das »Bucerius Kunstforum«.

Volksschule Ahrensburger Straße (ehem. Volksschule Krausestraße) (132)
1920
Krausestraße 53
Fritz Schumacher

Es ist der vorbildliche Schulbau der ersten Schumacher-Generation und wurde noch im Kaiserreich geplant. Auffällig ist ein monolithisch »konkaver Schwung«, von dem Schumacher selbst überzeugt war, er gehöre zum Besseren, was er geleistet hat. Die Volksschule beeindruckt durch ihre Höhe und die Wucht des Baukörpers. Schon lange vor der Weimarer Republik bewies Schumacher seherische Fähigkeiten, denn diese Schule war für ihn das Signal einer neuen Gesinnung, die sich nach dem Kriege für das Thema Volksschule durchsetzte. Man erkannte, »dass die Volksschule ein Hauptinstrument war, um das Niveau eines geschlagenen und bedrückten Volkes aufrecht zu erhalten. Die kommende Generation muss gepflegt werden!« (Fritz Schumacher)

Erweiterung Kunsthalle (133)
1921
Glockengießerwall
Albert Erbe (Vorentwurf),
Fritz Schumacher (Realisierung)

Die Erweiterung der Kunsthalle ist ihrem energiegeladenen Direktor Alfred Lichtwark zu verdanken. Dieser wollte nicht nur eine bauliche Erweiterung, sondern auch ein programmatisches Vorbild für alle deutschen Museen schaffen. Mit Albert Erbe und Fritz Schumacher kümmerten sich gleich zwei hohe Baubeamte um das Gebäude. Die Muschelkalkarchitektur ist zurückhaltend; dafür ruft in Richtung Hauptbahnhof eine Kuppel mit Säulen das Motiv des Pantheons in Erinnerung. Auch der spätere dritte Bauteil (vgl. Nr. 352) wird als »Tempelbau der Kunst« gestaltet.

Fritz-Schumacher-Siedlung (134)
1921
Tangstedter Landstraße, Wördenmoorweg, Fritz-Schumacher-Allee, Timmerloh, Borner Stieg, Immenhöven, Laukamp u. a.
Fritz Schumacher

Es war der erste Siedlungsbau nach dem Krieg in Hamburg, und er trug ländliche

Züge; denn Land zu besitzen oder zu beackern galt immer noch als Sicherheit. Der Siedlungsbau an der Schwelle von der Tradition zur Moderne ist mit den Stichworten Selbsthilfe und Kleinsiedlung zu umschreiben. Freie Architekten und Fritz Schumacher selbst entwarfen und entwickelten einen Reihenhaustypus mit 700 Quadratmetern Land. Dabei liegen die Gärten alternierend einmal vor, einmal hinter dem Haus. So kurz nach dem Krieg herrschte extremer Mangel an Baumaterialien. Und so wurden an Stelle von Steinen Lehm und Schlackenplatten verwendet. Über 800 Häuser wurden gebaut und nach einem Farbkonzept von Otto Fischer-Trachau differenziert. Leider unterliegen diese Häuser inzwischen einem starken Druck in Richtung Veränderung.

Stellahaus (135)
1922
Rödingsmarkt 52
Zauleck & Hormann

Es gilt als das schönste und eleganteste Kontorhaus des Expressionismus, weil es nicht in dunklem Ziegel, sondern in hel-

lem Putz (heute hellblau) daherkommt. Im Jahre 1922 wurden die ursprünglichen fünf Geschosse um weitere fünf aufgestockt. Diese Aufstockung erhielt eine eigene Grundlegung, da die alten Etagen eine weitere Belastung nicht getragen hätten. Das Haus liegt in Logenlage zum Hafen und bezieht seine Grazilität aus den Rücksprüngen der hinzugefügten Etagen.

DAG-Haus (136)
1922
Johannes-Brahms-Platz 1
(ehem. Karl-Muck-Platz)
Ferdinand Sckopp & Wilhelm Vortmann

In mehreren Etappen zwischen 1904 und 1931 errichtet, ist das Kontorhaus ursprünglich für den »Handlungsgehilfen-Verband« errichtet worden. Das Gebäude wurde später zum DAG-Haus und inzwischen heißt es – nach umfangreicher Renovierung und einem Teilneubau hinter alter Fassade – Brahmskontor. Es war zum Zeitpunkt seiner Errichtung Hamburgs höchster Profanbau. Backsteinpilaster und Staffelgeschosse sind eindeutig an Vorbildern aus dem Kontorhausviertel angelehnt, stehen hier aber in einem völlig anderen Kontext zum wilhelminischen

Justizforum (vgl. Nr. 106). Der ursprüngliche Bauherr, der Handlungsgehilfen-Verband, huldigte kolonialistisch-nationalkonservativen Motiven. Dem verdankt sich wohl die beeindruckende Elefantenskulptur aus Kupfer am Pilatuspool.

Beamtenwohnhäuser der Deutschen Werft (137)

1922

Adickesstraße, Rosenhagenstraße, Wolfsloh, Eckernwoort, Gutzkowstraße

Peter Behrens

Die großen deutschen Architekten der Moderne waren in Hamburg nicht heimisch, irgendwie genügte man sich selbst. Umso höher sind die so genannten Beamtenhäuser der Deutschen Werft von Peter Behrens einzuschätzen, die in Groß Flottbek entstanden. Es gab unterschiedliche Haustypen: Einzel-, Doppel- und Viererhäuser. Die großen, tiefgezogenen Dächer und feinen Sprossenfenster machen deutlich, worauf sich Behrens beziehen wollte: auf die niederdeutsche Tradition der Häuser im ländlichen Bereich.

Museum für Hamburgische Geschichte (138)

1913–1922

Holstenwall 24

Fritz Schumacher

Das stattliche Museum für Hamburgische Geschichte (Hamburg-Museum) war von Schumacher an martialischer Stelle geplant: an der ehemaligen Bastion »Henricus« im Hamburger Befestigungssystem. Obwohl mit einem immensen Raumprogramm belastet, wirft Schumacher mit der Geste des Kulissenmalers ein rotes Ensemble in die grünen Wallanlagen. Er nimmt dabei die Keilform der Bastion auf und stellt das Haus schräg zum Holstenwall. Unter hohen Walm- und Mansarddächern bilden die Bauteile zum Holstenwall hin einen kleinen Ehrenhof: Die Geschichte präsentiert sich! Ähnlich aufwendig sind innen die Treppen in der Halle aufgezäumt. Dem Architekten gelingt es, Schauräume unterschiedlicher Dichte und Konzentration aneinander zu reihen, ohne dass der Gesamteindruck des Ensembles gestört wird. In einem großen Innenhof wurden historische Portale und

Großobjekte ausgestellt. Dem Hamburger Regenwetter ist es zu verdanken, dass seit 1989 eine zarte Gitterschalenkonstruktion mit Glas den Hof schützt (Architekten: gmp Architekten von Gerkan, Marg und Partner). Dem Krieg und der Inflation war übrigens die extrem lange Bauzeit geschuldet.

Wohnhaus Neumann **(139)**
1923
Cranachstraße 27
Esselmann & Gerntke

Die Villa gilt als eines der Hauptwerke des Hamburger Backstein-Expressionismus, soweit es die Wohnhäuser betrifft: Das spitzwinkelige, kristalline Repertoire der Expressionisten wurde hier im Zusammenspiel mit dem rotblau changierenden rohen Charme der Backsteine sorgfältig restauriert und ist besonders gut an der Gartenseite erlebbar. Eine Eigenheit ist auch das doppelte Walmdach, das mit dreieckigen Dachgauben gespickt ist. Wer schon einmal bis hierher gekommen ist, sollte auch zahlreiche weniger opulente Häuser in der Nachbarschaft besichtigen. Der kleine Maßstab eines Wohnhauses lässt im Vergleich zu den gewaltigen Kontorhäusern alles sehr filigran wirken. Bemerkenswert ist auch, dass dieser Reichtum zu Inflationszeiten entstand.

Hauptverwaltung Karstadt **(140)**
1924
Steinstraße 10
Philipp Schäfer

Ein neoklassizistisches Superbauwerk mit vorgestellen Säulen und Mittelrisaliten – kein typisches Beispiel für Hamburger Geschäftshäuser. Interessanterweise ist nur die Rückseite aus Backstein. Vorne wurde eine Werksteinverkleidung aus weißem Main-Sandstein gewählt. Es gibt vier Lichthöfe und einen unterkellerten Wirtschaftshof. Bauherr und Nutzer war die Rudolf Karstadt AG, die von Wismar aus ihren Warenhauskonzern nach ganz Deutschland brachte. Ein bisschen Sehnsucht nach Berlin wird hier spürbar. Ähnliche Repräsentationsbauten hatte Peter Behrens schon viel früher errichtet. Heute ist die Heimat von Karstadt in Essen und das Finanzamt im Gebäude an der Steinstraße ansässig. Sollte es innen ein repräsentatives Milieu gegeben haben, so ist dieses heute verbaut und nicht mehr erkennbar.

Der Niederlage im Krieg zum Trotz: Die Sensation des Chilehauses 1924 (141)

Das Standardwerk »Hamburg und seine Bauten« vermeldet in der Ausgabe für die Jahre 1918–1929: »Auf einer Grundfläche von 5.950 qm entstehen in nur zweieinhalb Jahren Bauzeit 3.600 qm Nutzfläche. 750 Güterwagen Zement werden angeliefert, 30.000 cbm Kies verbraucht, 1.600 Tonnen Rundeisen und 900.000 Deckenhohlsteine vermauert«. Zeitweise waren 4.000 Bauarbeiter auf der Baustelle beschäftigt. Nur Weltwunder der Architektur werden so beachtet. Und in der Tat war das Chilehaus damals das Fanal für den Wiederaufstieg der Hamburger Wirtschaftskraft nach dem Ersten Weltkrieg. Später wurde es als die Inkunabel der Hamburger Architektur gefeiert und noch später sogar auf Briefmarken gewürdigt. Und mit der historischen Fotoaufnahme des noch recht einsam stehenden Chilehauses wird durch die bewusst gewählte Perspektive des Fotografen die Metapher vom steinernen Schiff geboren, die bis heute in Hamburg kultiviert wird.

Man darf die wahre Geschichte dahinter wohl erzählen. Alle emphatischen Metaphern haben ihren Anfang in dem sehr schmalen Grundstück. Die Schiffsbezüge waren außerdem bereits wenige Jahre vorher am Amsterdamer Scheepvaarthuis und anderen Amsterdamer Häusern aufgetaucht. Trotzdem wurde die gewaltige Leistung, die dem Kaufmann Henry B. Sloman durch den Handel mit chilenischem Salpeter möglich geworden war, von Schriftstellern wie Rudolf G. Binding emphatisch gefeiert: »Wer dieses Haus nicht erschütterlich betrachtet, weiß nichts vom Mut, nichts von Freiheit, Selbstbewusstsein, Zuversicht, Unterliegbarkeit, Unbesiegbarkeit!«

Es ist ein bescheidener Mann aus dem Norden – der Baumeister Fritz Höger (1877–1949), der – seit 1907 in Hamburg als selbständiger Architekt ansässig – aufgerufen war, das Bauwerk zu meistern. Auf einem »schmalen zungenhaften Fetzen Land« wie Binding schrieb, »erhebt sich, zu jener Spitze förmlich hineilend, ein einiger Häuserleib, gestreckt wie eine Forelle, hinauswehend wie ein Fittisch, unheimlich stark wie die Schwungfedern eines Adlers und sich entrollend wie eine Fahne im Wind.

Auch ohne diese pathetische Hymne bleibt eine fabelhafte Baukörperführung und -verstaffelung, eine Mauerdetaillierung sowie ein Keramikschmuck, der noch heute dem Betrachter den Atem raubt – das ist Baukunst, wie auch die schwunghafte Fassadenführung im Spiel mit scharfkantigen Mauervorlagen. Für Fritz Höger ist es die Krönung seines architektonischen Schaffens, weil es ihm gelingt, die Vorgaben regionaler Baukreativität mit den Anforderungen der Großstadt zu vereinen. Das Chilehaus ist außerdem der unumstrittene Katalysator des Unternehmens Kontorhausviertel geworden. Nach und nach entstand in seinem Schlagschatten das erste reine Bürohausviertel Deutschlands – ein entscheidender Schritt auf dem Weg zur modernen Großstadt.

Bleibt noch eine feine Pointe. Aus den Reststeinen wurde in der Tradition Hamburger Kaffeeklappen im Hafen unauffällig die Oberhafenkantine direkt an eine Kaimauer gebaut. Sie war Kult und wurde zudem als Filmdrehort genutzt, bevor sie wegen Baufälligkeit geschlossen wurde. Jetzt hat sie durch Starkoch Tim Mälzer den Weckruf erhalten und ist saniert wieder in Betrieb!

Die Form – dem Grundstück geschuldet

»Schiff, Forelle, Adler«: das Chilehaus

Meßberghof **(142)**
1924
Meßberg 1
Hans und Oskar Gerson

Das frühere Ballinhaus wirkt wegen seines mächtigen Daches und des Türmchens konventioneller als das Chilehaus, steht aber in exaltierter Lage frei an der Achse der Ost-West-Straße. Es wurde in den 1990er Jahren von den Architekten Schweger renoviert und im Dachbereich optisch wieder in den Urzustand versetzt. Wie das Chilehaus (vgl. Nr. 141) kann man den Meßberghof als Eckpfeiler des

Kontorhausviertels bezeichnen, aber seine »hochfahrende«, geradezu gotisierende Gestaltung – erzeugt durch entsprechende Eckstrebenpfeiler – beweist, dass hier von den Architekten stärker zurück als nach vorn geschaut wurde. Allerdings werden sich die Brüder Gerson schon kurze Zeit später zu den wichtigsten Protagonisten einer Hamburger Moderne entwickeln.

Haus Stahl und Haus Hinrichsen **(143)**
1923 und 24
Bebelallee 12 und 14
Erich Elingius, Gottfried Schramm

Beide Villen an der Bebelallee, die im Norden die Verbindung von Winterhude nach Alsterdorf und Ohlsdorf herstellt, stehen für verschlankte, aber traditionelle Backsteinklassik: mit einem Ehrenhof, geneigten Dächern, Symmetrien und repräsentativer Auffahrt sowie einem verhältnismäßig hellen roten Stein. Ein bürgerlicher Wohnstil, der uns heute eher fern ist. Und so werden heute in dieser

Straße viele Gebäude ähnlicher Größe und Ausstrahlung von Konsulaten betrieben.

Wohnungsbau Breitenfelder Straße **(144)**
1925
Breitenfelder Straße 80,
Haynstraße 29–33, Husumer Straße 37,
Sudeckstraße 2–6
Hans und Oskar Gerson

Es ist ein voluminöser Wohnungsbau für die Großstadt, typisch für viele Bauvorhaben des bürgerlichen Wohnungsbaus jener Jahre und bauhistorisch interessant durch seine konsequente Betonung der Eingangsbereiche und Loggien. Außerdem leistete man sich einen »Baukünstler«, der baukeramischen Schmuck für

die Fassade entwarf. Ludwig Kunstmann war übrigens auch am DAG-Haus tätig (vgl. Nr. 136).

Ehem. Reemtsma-Zigarettenfabrik (145)
1925, 1929 (Erweiterung)
Walddörfer Straße 103
Klophaus & Schoch, Fritz Höger (Erweiterung)

Es sind Fassaden, die in Prosa gewürdigt wurden: »Im Wechsel von Licht und Schatten scheinen die gegeneinander verdrehten Steine zu sprechen!« – so

Alfred Kamphausen. In der Tat bildete Fritz Höger die Zigarettenfabrik Haus Neuerburg in Wandsbek (nach der Sanierung zur Telekom gehörend) in den Fassaden mit höchstem Aufwand aus. Wie Kordeln erscheinen die gedrehten Pilaster. Neben dem Chilehaus (vgl. Nr. 141) ist dieses Gebäude eines der wichtigsten Bauwerke des Holsteiners Fritz Höger. Bemerkenswert sind dabei die dreieckigen Fensterabschlüsse des obersten Fensterbandes und die auskragende Betonung der Attikazonen.

Landhaus Michaelsen (146)
1925
Grotiusweg 79
Karl Schneider

KULT Das Landhaus Michaelsen ist heute als Puppenmuseum bekannt und verdankt diesem Umstand auch die Tatsache seines Überlebens – auch wenn nicht mehr alle Interieurs authentisch sind. Das Haus selbst gilt als ein Prototyp des »Neuen Bauens«, was möglicherweise der Chuzpe zu verdanken ist, dass es am Elbhang im feinen Hamburger Westen gebaut wurde und von Karl Schneider stammt (vgl. Nr. 162). Überraschend ist, dass hier ein Turm, ein gewaltiges Dach und ein Runderker miteinander kombiniert werden. Moderne mit Kurven und Walmdach – das ist dem Frühwerk eines der genialsten Hamburger Architekten jener Zeit geschuldet. Und natürlich auch der Flusslandschaft. Schneider ideologisiert nicht, sondern differenziert. Vielleicht ist dies auch der Tatsache zu verdanken, dass Schneider zur Bauzeit noch bei Höger arbeitete. Fazit des Schriftstellers Adolph Wittmaack: »Ein modernes Turmgebäude, das in einem geschmacklichen Anklang als Synthese zwischen einer Zigarettenfabrik und einem Dampferaufbau der Hamburg-Amerika-Linie mit großem Feingefühl in die Landschaft eingebettet war«.

Ehem. Margarinefabrik Voss (147)
1926
Bramfelder Straße 138
Grell & Pruter

KULT An einer der wichtigen Kreuzungen des Rings 2 mit einer ausfallenden Bundesstraße gelegen, erscheint das ehemalige Portalgebäude einer Margarinefabrik heute nur noch als »Brosche« auf der Hochglanzfassade der

Techniker Krankenkasse (vgl. Nr. 297). Ursprünglich war der expressionische Eingangsbau vor die Gründerzeithallen der Fabrik gebaut worden. Spitzwinkelige Vorbauten, ein Turm und viel Keramik hatten das Bauwerk zu einem Reklamebotschafter der Margarinefabrik gemacht; ein Hinweis darauf ist auch der Bullenkopf am Turm. Wie dieser Schmuck im Prinzip auch innen weitergeführt wird, ist heute noch zu besichtigen, denn das Hamburger Architekturarchiv hat in diesem Gebäude seinen Platz gefunden. Die ursprüngliche Collage aus Gründerzeit und Expressionismus hat mit der Hightech-Fassade der Krankenkasse einen dritten Partner erhalten.

Kühlhaus Roß **(148)**
1926
Breslauer Straße
Otto Hoyer

ABRISS Hamburg ist Hochhäusern gegenüber sehr skeptisch, hatte sich aber nie gescheut, seine Industriebauten groß und mächtig zu gestalten. Dazu gehört - wie das ehemalige Kühlhaus Neumühlen (vgl. Nr. 151) – auch das Kühlhaus im Roßhafen, das sich expressionistischen Schmuck und Klinker vor der Betonskelettkonstruktion und der notwendigen Korkdämmung gönnte. Das Kühlhaus am Kai des Roßhafens stand auch für die permanente Veränderung und Erneuerung der Hafentechnik, die es nicht überlebt hat. Es wurde abgerissen, seine Kräne überdauern, dank der Fürsorge des Architekten Volkwin Marg an anderen Stellen des Hafens.

Finanzbehörde **(149)**
1926
Gänsemarkt 36
Fritz Schumacher

Es ist wahrscheinlich eines der wichtigsten Bauwerke Fritz Schumachers: Am Gänsemarkt, also mitten in der City

gelegen, türmen sich neun Geschosse über einem unregelmäßigen, viereckigen Grundriss auf. Das Haus ist von drei Seiten zu besichtigen: Ein riesiges Kontorhaus, das aber nicht massiv wirkt, sondern durch Staffelgeschosse und die Ziegelverkleidung der Brüstungsfelder aufregend gegliedert wird. Die Pilaster deuten die dahinter liegenden Betonstützen an. Mit den Schmuckrelieffeldern in der Brüstung zeigt Schumacher an, dass der Stein hier nicht trägt, sondern nur dekorative Aufgaben hat. Besondere Mühe gab sich der Architekt mit der Eckausbildung zwischen Gänsemarkt und Valentinskamp: Dort wurde an der stumpfen Ecke ein Turm wie ein Gelenk eingezogen, der dem großen Haus Geschmeidigkeit verleiht. Zusammen mit der Firma »Villeroy und Boch« wurde die Wartehalle mit Majolika-Fliesen ausgekleidet.

Montanhof **(150)**
1926
Kattrepel 2
Distel & Grubitz

Eines der späteren Häuser im Kontorhausviertel. Der Montanhof, das ehemalige Reichspostgebäude, markiert für den Expressionismusexperten Wolfgang Pehnt den beginnenden Abstieg des Expressionismus. Sehr gleichförmig, fast

schematisch ist die Fassade mit ihren dreieckigen Pilastern geworden. Spöttisch spricht man daher auch von der »Dreiecksmoderne«. Trotzdem sorgt auch hier der Verband des Backsteinmauerwerks für eine Fassade, die den Titel »Haut« verdient, weil sie so passgenau wirkt und im Licht changiert.

Union Kühlhaus **(151)**
1926
Neumühlen 37
Elingius & Schramm, Heinrich W. Müller (Ursprungsbau), gmp Architekten von Gerkan, Marg und Partner (Umbau)

Mit den Veränderungen im Hafen fiel auch das Kühlhaus Neumühlen mit seinem expressionistischen Attikaschmuck aus seiner ursprünglichen Nutzung. Es war aber inzwischen zu einem willkom-

menen Wahrzeichen für Neumühlen geworden. Schließlich wurde es 1993 zu einem edlen Altenheim umgebaut und erhielt eine zusätzliche Kuppel. Dabei wurde die alte Fassade komplett entfernt und nach denkmalpflegerischen Gesichtspunkten wieder neu aufgebaut.

Ehem. Warburg-Bibliothek **(152)**
1926
Heilwigstraße 116
Gerhard Langmaack

Die Heilwigstraße gehört zu den schönsten bürgerlichen Wohnstraßen und führt von Harvestehude nach Eppendorf. Sie ist deswegen so interessant, weil an der rechten stadtausführenden Seite die Gär-

ten bis an die Alster reichen. Gegenüber liegt der berühmte Leinpfad. So ist es vielleicht verwunderlich, dass das Haus Nr. 116, vergleichsweise zurückhaltend im Backsteinreformstil, nicht weiter auffällt. Die Sensation liegt innen, denn hier war in den 1920er und 1930er Jahren die unvergleichliche Gelehrtenbibliothek des Künstlers und Bankierssprosses Aby M. Warburg untergebracht. Die Bücher sind später mit der jüdischen Bankiersfamilie nach London emigriert. Der einzigartige Bibliotheksraum wurde in den 1990er Jahren rekonstruiert. Er ist in einer Rotunde mit Galerie untergebracht und wird jetzt von der Hamburger Universität als Vorlesungsraum für exklusive Veranstaltungen genutzt. Eine Bibliothek befindet sich auch wieder im Aufbau.

Ehem. Broschekhaus **(153)**
1926
Heuberg 2
Fritz Höger

Das Haus hätte der große Star unter den Entwürfen von Fritz Höger werden können: Das ehemalige Druck- und Verlagshaus Broschek sollte einen strammen Eckturm bekommen, der das Chilehaus (vgl. Nr. 141) hätte herausfordern können. Er wurde jedoch nicht realisiert. Aber die opulente Backsteinfassade mit ihrem ex-

pressionistischen »Rüschenschmuck« ist beeindruckend genug, so dass das Haus 1981 zum Hotel umgebaut wurde und Teil des Hanseviertels geworden ist. Dabei hat sich der Architekt Volkwin Marg zugetraut, statt des Turms die Ecke in Högerscher Höhe und Manier neu zu bauen. Es gelang ihm so gut, dass man bei der Attika schon genau hinschauen muss, um zu erkennen, wo die Bruchstelle liegt.

Haus Höger **(154)**
1927
Brabandstraße 1–2
Hermann Höger

Die Brabandstraße gehört zu den Arealen der Alsterkanalisierung zwischen Eppendorf und Ohlsdorf. Hier hat Fritz Schumacher sehr liebevoll Wege, Plätze, Brücken und immer wieder Treppen als öffentliche Räume anlegen lassen. Allerdings dienten diese Maßnahmen auch dazu, weitere herrschaftliche Grundstücke zu erschließen. So ist es nicht unverständlich, dass Fritz Höger hier siedeln wollte. Er bewohnte eine Hälfte des Doppelhauses, das mit dem dunklen Backstein des Chilehauses gebaut worden war. Mit dem vorgesetzten Dreieckserkern, dem Staffelgiebel und den von Terrakotten gerahmten mittleren Fensterachsen ist das Haus ein gutes Beispiel für die gotisierenden Tendenzen in der Architektur der Weimarer Republik.

Laubenganghaus Heidhörn **(155)**
1927
Heidhörn 2–6
Paul A. R. Frank

Es war eine Spitzenleistung im Wohnungsbau der 1920er Jahre, mit der für Hamburg der wirtschaftliche Typus eines Laubenganghauses etabliert wurde. Der außen liegende Laubengang erschließt als

»Wohnstraße« die Kleinwohnungen. Zwei Dachgärten und Sonnenbäder mit »Dusch- und Turnvorrichtungen« betonen den sozialen und gesundheitlichen Auftrag, den die Brüder Frank aufgenommen hatten. Es ist ein Glücksfall, dass zu den Bauherren in diesem Fall auch Architekten zählten. Eine Wohnung von 55 Quadratmetern kostete damals 42 Reichsmark Miete. Nach außen zum Straßenraum ergibt sich der recht abweisende Eindruck einer introvertierten Wohnburg. Die gleichen Bauherren werden allerdings zehn Jahre später unter den veränderten Rahmenbedingungen eines anderen Regimes auch ganz anders bauen (vgl. Nr. 210).

Wohnzeilen Bunsenstraße (156)

1927
Bunsenstraße, Helmholtzstraße, Ohmstraße, Borselstraße
Gustav Oelsner, E. Schröder

Auch Hamburgs schöne Schwester Altona profilierte sich mit Arbeiterwohnungsbau

und betrieb diesen in städtischer Regie. Auffällig war, dass es sich hier um einen reinen Zeilenbau an Wohnwegen handelte. Berühmt wurde die Siedlung wegen ihrer farbigen gelben Steine, die bisweilen violett schimmerten und roh und uneben wie Bruchstein verarbeitet wurden. Das ließ diese Häuser und besonders ihre Fassaden im wechselnden Licht unvergleichlich lebendig erscheinen. Eine Posse war allerdings die Entscheidung, diesen einfachen, aber gelungenen Häusern des Neuen Bauens in der Nazi-Zeit geneigte Dächer zu spendieren, um sie sozusagen zu »arisieren«.

Wohnbauten Haynstraße (157)

1924 (Nr. 23), 1927 (19–21)
Haynstraße 19–21 und 23
Johannes C. Hansen

Auch diese wundervollen Wohnhäuser des Bürgertums widmen sich noch einmal dem Stilmittel des Backstein-Expressionismus, der besonders auf die Hausportale sein Augenmerk richtete. Der Portikus von Haus Nr. 23 mit seinen dorischen Halbsäulen wird bei den Häusern Nr. 19–23 wieder aufgenommen. Die Geschosswohnbauten aus der Zeit der Weimarer Republik ordnen sich dem repräsentativen Charakter der Vorkriegsbebauung an der Eppendorfer Landstraße unter. Das Haus in der Haynstraße 23 ist ein klassischer Putzbau, die gequaderten Lisenen der anderen Bauten verweisen dagegen noch auf den Heimatstil der Vorkriegsjahre.

Arbeitsamt Altona **(158)**
1927
Kieler Straße 39
Gustav Oelsner

Es ist natürlich kein Zufall, sondern der Zeit geschuldet, dass Arbeitsämter in Deutschland zu einer häufigen Bauaufgabe wurden und im Falle von Dessau mit Walter Gropius einen berühmten Architekten fanden. In Altona kümmerte sich Gustav Oelsner darum (vgl. Nr. 185). Er machte deutlich, dass die Arbeitsvermittlung in diesen Zeiten eine bedeutende soziale Aufgabe war (und ist) und ihr Gebäude eine wichtige Infrastruktureinrichtung. Die Arbeitsräume gruppieren sich auf zwei Etagen um einen Innenhof.

Oelsner verwendete neueste Techniken (Stahlbetonskelettbau), schaffte es aber, mit dem einfachen Trick der Symmetrie dem Gebäude in der Ansicht Grandezza zu verleihen. Die Gefache zwischen der Betonkonstruktion wurden mit Keramik verkleidet.

Veddel **(159)**
1927
Veddeler Brückenstraße, Am Gleise, Passierzettel, Sieldeich, Wilhelmsburger Straße, Slomanstraße, Immanuelplatz
Wilhelm Behrens, Distel & Grubitz, Elingius & Schramm, Hermann Höger u. a.

Nach einem Masterplan von Fritz Schumacher wurden auf dem Terrain einer alten Arbeitersiedlung Geschosswohnungsbauten für Hafenarbeiter nach den neuesten Erkenntnissen im Klein-

wohnungsbau errichtet. Dabei schuf man auch Ersatz für abgebrochene Wohnungen im Kontorhausviertel. Dass in Hafennähe möglicherweise Emissionen zu befürchten waren, war damals noch kein Thema. Für die Arbeiter war die günstige Entfernung zum Hafen wichtig. Die fünfgeschossigen, riegelartig miteinander verbundenen Häuser wirken etwas düster mit ihrem Backsteinkleid; sie bilden so etwas wie eine »Arbeiterburg« und darauf kam es wohl auch an: Solidarität und Sicherheit darzustellen. Die Veddel ist heute Teil des sozialen Brennpunktes Wilhelmsburg, was auch mit dem Kleinstwohnungsbau zu tun hat. Mit der Internationalen Bauausstellung 2013 und dem Sprung über die Elbe soll das Quartier aber auch wieder aufgewertet werden.

Volkspark **(160)**
1927
Bahrenfeld
Ferdinand Tutenberg (Gartenarchitekt)

GARTEN Der Altonaer Volkspark ist international dadurch bekannt geworden, dass die dort liegende Arena des Hamburger SV früher den Namen Volksparkstadion trug. Wie bei dem wenige Jahre zuvor entstandene Stadtpark in Hamburg-Winterhude (vgl. Nr. 128) handelt es sich auch hier um einen öffentlichen Garten, der allen Schichten der Bevölkerung zugänglich gemacht wurde und »zur Bewegung in freier Luft animieren sollte«, wie es im Buch »Neues Altona 1929« hieß. Bewusst wollte man das »Architektonische« eines Stadtparks vermeiden und knüpfte an die natürliche ländliche Topographie des Wald- und Heidegebietes »Bahrenfelder Tannen« an (erste Planungen seit 1894). Allerdings wurde der Park in mehreren Abschnitten erstellt; die später eröffneten Teile dienten als Sport- und Nutzpark mit Spiel- und Sportwiesen sowie einem Stadion. Das Volksparkstadion – ursprünglich von Karl Schneider einschließlich der Tribünen und des Schwimmbades bis 1927 errichtet – löste nach dem Zweiten Weltkrieg den alten Sportplatz des HSV am Rothenbaum als Spielstätte ab. Inzwischen ist daraus die AOL-Arena, ein Fußballstadion mit phantastischer Atmosphäre geworden. Eine zweite überdachte Event-Arena folgte ihr. Verfügt das Fußballstadion noch über eine ansprechende Dachkonstruktion mit Textilbespannung, so ist die Investorenarchitektur der Color Line Arena dagegen enttäuschend langweilig, obwohl Hamburg über 50 Jahre lang auf eine »große Halle« gewartet hatte. Zum Ensemble gehört auch der Hauptfriedhof Altona (1920–1924), der als »Gartenfriedhof« in kleine Gartenbereiche gegliedert sowie im Westen durch einen Waldfriedhof ergänzt worden ist.

Krugkoppelbrücke **(161)**
1928
Krugkoppel, Fernsicht
Fritz Schumacher, Gustav Leo

Zu den wichtigen Aufgaben Fritz Schumachers gehörte auch der Brückenbau über die kanalisierte Alster. Da seine Baubehörde sehr gut organisiert war, entstand eine perfekte Zusammenarbeit zwischen Architekten und Ingenieuren und lieferte schon damals Ingenieurbauwerke von technischer Ausstrahlung und hoher gestalterischer Qualität. Als Beispiel für viele andere steht die Krugkoppelbrücke, weil sich von ihr aus ein exzellenter Blick auf die Altstadtkulisse und die Binnenalster ergibt. Die Eisenbetonbögen wurden auf Pfählen gegründet und aufwendig mit Klinkern und Terracotten versehen, als müsse sich die Brücke wie ein Kontorhaus präsentieren. Im Fall der Krugkoppelbrücke wurden an den Ufern zwei flankierende Wartehäuschen für die Anleger der Alsterschifffahrt aufgestellt.

Karl Schneider
***1892 in Mainz, † 1945 in Chicago (162)**

»Dieses Werk muß Vorbild werden für die junge Generation deutscher Architekten. Aus diesem Geist könnte eine zerschlagene und weglose Jugend den Mut finden zu dem Aufbau eines besseren Deutschlands.«
Richard Tüngel, 1946

Nicht nur jüdische Künstler wurden von den Nationalsozialisten verjagt; es reichte bereits aus, als Kulturbolschewist diffamiert zu werden, um emigrieren zu müssen. So hat Karl Schneider in Deutschland bis 1933 und danach in den USA bis 1945 wie Ludwig Mies van der Rohe eine typische »Bauhäusler«-Karriere in zwei Erdteilen durchlebt. Karl Schneider hat aber nie am Bauhaus studiert, sondern in Mainz, und arbeitete anschließend bei Walter Gropius und Adolf Meyer in deren Ateliers. Schneiders Handzeichnungen für die Ikone der Frühmoderne, die »Fagus-Werke« in Alfeld, beeindruckten Bauherren und Kollegen gleichermaßen. Über Fritz Höger geriet er schließlich nach Hamburg, gründete ein Büro und eine eigene Familie und erhielt von Ite Michaelsen den

Auftrag für ein Landhaus (vgl. Nr. 146), mit dem er symbolisch den gordischen Knoten all seiner Architekturideen und -konzepte löste und ein »Moderner in Hamburg« wurde.

Er muss ein Besessener gewesen sein, der schon einmal beim Entwerfen »selbstzerfleischend an den Knöcheln nagte bis es blutete«, wie Kollege Rodolf Lodders später aufschrieb. Es gelang ihm, in Hamburg Fuß zu fassen und über Wettbewerbe auch an großen Wohnungsprojekten wie der Jarrestadt (vgl. Nr. 179) oder dem Habichtplatz (vgl. Nr. 180) beteiligt zu werden. Schließlich wird er zu einer Schlüsselfigur des künstlerischen Lebens in Hamburg, engagiert sich im Künstlerverein Altona und beim Bund Deutscher Architekten. Mit dem Umbau eines alten Gründerzeithauses für den Kunstverein in der Neuen Rabenstraße 25 machte er deutlich, was er unter Architektur versteht: eine strahlend weiße Moderne, wie sie in Holland zelebriert wurde, mit großen, in die Fassade geschnittenen Metallfenstern, als sei sie ein kleiner Bruder des Bauhauses in Dessau. Es war ein starker Eingriff, für den das gründerzeitliche Patrizierhaus seine Vorderwand hergeben musste.

Obwohl Karl Schneider schon zu seinen Hamburger Zeiten international bekannt war und obwohl er phantastische Landhäuser (vgl. Nr. 173 und Nr. 182) und großartige Lichtspielhäuser entwarf, blieb er umstritten und wurde immer wieder auch offen angegriffen. Fritz Schumacher würdigte ihn wie einen Außenseiter – »rhythmisches Gefühl, individuelle Qualität und persönliche Handschrift« schrieb er Karl Schneider zu.

Wie bei »Künstlerarchitekten« häufiger zu beobachten, kam auch Schneider in schwere finanzielle Wasser (was in diesem Fall mit der Weltwirtschaftskrise zu tun hatte). Am 1. September 1933 verlor er seine Professur an der Landeskunstschule. Es begann eine längere Zeit der Isolation, nur noch kleine private Aufträge galt es zu erledigen. 1938 folgte er der jüdischen Fotografin Ursula Wolff (die er später auch heiratete) in die USA. Sein Kunstverein war jetzt Dienststelle der NS-Frauenschaft und wurde im Krieg stark zerstört und nicht wieder aufgebaut.

Haus Müller-Drenkberg – Ursprungssituation

In den Vereinigten Staaten war er zunächst als Architekt nicht zugelassen, arbeitete aber sehr erfolgreich beim Warenhauskonzern Sears, wo er zunächst Möbel, Küchen- und Haushaltsgeräte entwickelte und später die Corporate Architecture des Unternehmens prägte. Seine Aufnahme als »Member of the American Institute of Architecture« überlebte er nur um knapp vier Monate. Karl Schneider starb am 11. Dezember 1945 in Chicago an einem Herzleiden

Leider in den Kriegswirren verloren gegangen – die Fassade des alten Kunstverein, 1927

Flughafengebäude Fuhlsbüttel (163)
1928
Paul-Bäumer-Platz 1–3
Dyrssen Averhoff

ABRISS Diese Ansicht des Bauwerks könnte auch die Front eines Tribünengebäudes gewesen sein. Dies ist kein Wunder, da auf der anderen Seite die spektakulären Aktionen startender und landender Flugzeuge zu sehen waren, was in den 1920er Jahren noch als Attraktion galt. Weil der Typus eines Flughafengebäudes noch nicht voll entwickelt war, orientierte Hamburg sich an den bekannten Vorbildern im Hafen und bauten eine symbolischen Pier an Land – natürlich aus Backstein, aber bereits mit modernen horizontalen Fensterbändern und viel Glas. Ein Luftfahrtgebäude hatte natürlich die Attitüde des Fortschrittlichen auszustrahlen. Wie in Berlin-Tempelhof umfassten die Hallen und Gebäude das Flugfeld. Das in der Mitte gelegene Empfangsgebäude war durch Treppen und Wege direkt mit dem Vorfeld verbunden, so dass die Flugzeuge bequem zu Fuß erreicht werden konnten. Trotz mannigfacher Überlagerungen und Erweiterungen hat der Ursprungsbau bis vor wenigen Jahren noch gute Dienste geleistet. Dann ist er im Zuge der Bautätigkeiten für den neuen Terminal 1 (vgl. Nr. 433) abgebrochen worden – schweren Herzens und dem Denkmalschutz zum Trotz, weil eigentlich alle die funktionelle und ästhetische Plausibilität dieses Flughafenpioniers anerkennen mussten. Geblieben ist nur eine gute Buchdokumentation zur Erinnerung.

Etagenhaus Eppendorf (164)
1928
Eppendorfer Landstraße 47–49
Robert Friedmann

Es muss wohl als gelungenes Experiment bezeichnet werden, wenn ein Protagonist der »Neuen Heilslehre« für ein altes Produkt eine neue Verpackung wählt. Hinter einer typisch modernen, weil kubischen und kantigen Fassade aus Klinker verbirgt sich kein moderner Zeilenbau, sondern der gute alte Grundriss einer Hamburger »Schlitzwohnung« (vgl. Nr. 82). Jeweils zwei hochherrschaftliche Wohnungen liegen auf einer Etage, deren Wohnräume von der Straße und deren privatere Räume weitgehend durch einen schmalen Innenhof (Schlitz) belichtet werden.

Geschäftshaus Leder-Schüler (165)
1928
Heidenkampsweg 32
Fritz Höger

Das Haus hat seinen ehemaligen Nutzer verloren, schmückt sich aber immer noch mit dessen Namen und Schriftzug. Dafür hat es ein neues vis-à-vis bekommen: Fast erscheint es so, als sollte hier der Hamburger Urkonflikt über das richtige Baumaterial (Glas oder Stein) entschieden werden. Genau gegenüber haben nämlich die »Glass Techs« von BRT Architekten (vgl. Nr. 400) eine gläserne Rolle rückwärts geschlagen und Fritz Höger,

den Altmeister des Backstein-Expressionismus, herausgefordert. Der hatte einen mit Ziegel verkleideten Kubus hochgezogen, die Fassaden durch Lisenen vertikal gegliedert und das entstandene Hochgeschoss als Reklamerevers für die Firma genutzt. So ähnlich denken Bothe Richter Teherani heute auch, wenn sie ihre Bürohäuser als Ikonen bauen, deren Signet dann die Briefbögen der Mieter schmückt. Der Berliner Bogen ignoriert allerdings den Stadtraum, wo Leder-Schüler einen integrierten Akzent im Straßengitter am Berliner Tor setzt.

Einfamilienhaus **(166)**
1928
Müllenhoffweg 35
Fritz Höger

Der Müllenhoffweg bietet auf engem Terrain eine kleine Bauausstellung. Das Haus Nr. 2 stammt von Hans und Oskar Gerson und zeigt einen Prototyp der neu aufkommenden Landhausbauweise in Hamburg. Das Haus Nr. 35 stammt vom Baumeister des Chilehauses (vgl. Nr. 141), das rund fünf Jahre früher fertig gestellt wurde. Es wirkt zwar konventioneller als das große Vorbild, überrascht aber durch

kraftvolle Verspieltheiten in der Fassade und durch ein ungewöhnliches Farbkonzept. Ursprünglich waren die bunten, gelblichen Klinker durch lilafarbene Fugen unterbrochen.

Poloclub Klein Flottbek **(167)**
1928
Jenischstraße 26
Heinrich Amsinck

Wer die Architekturliteratur über die klassische Moderne verfolgt, wird zunächst nicht die Euphorie verstehen, die dieses kleine feine Clubhaus in Hamburg verursacht hat. Die Bauhausstadt Dessau besitzt Dutzende solcher klaren kleinen Bau-Statements. Wenn aber ausgerechnet im konservativen Hamburger Westen für eine Sportart wie Polo, die etwas für Etablierte ist, ein Clubhaus nonchalant und alle Traditionen ignorierend daherkommt, dann ist das mehr als eine Erwähnung wert. Es ist ein unprätentiöser Unterschlupf, weiß, kubistisch, flachgedeckt. Zugegeben: Viele Clubhäuser der Nachkriegszeit sehen so ähnlich aus – nur dieses hier ist ein Original, wenn auch nicht mehr ganz im ursprünglichen Zustand.

Hammonia-Bad **(168)**
1928
Lerchenfeld 14–18
Carl Feindt

Neben dem Bahnhof Mundsburg ist das zweite »Backstein-Ereignis« eine Badeanstalt. Sie präsentiert sich als stolzer Eckbau aus Klinkern mit zackigem Abschluss. Die goldenen Buchstaben für die ansässigen Firmen und Institutionen zeigen, wie einfach, aber wirkungsvoll Reklame sein kann, wenn die Materialien miteinander harmonieren. Das Haus ist

heute längst ein »Mix Use«-Bauwerk. Keramikplastiken von Richard Kuöhl – der auch für das Chilehaus tätig war – lassen noch etwas vom Geist der 1920er Jahre in die heutige Zeit hinüberwehen.

Evang.-luth. Heilandskirche (169)
1928
Winterhuder Weg 130–134
Emil Heynen

Auch hier ist Richard Kuöhl vertreten, diesmal mit einem Brunnen. Das Grundstück ist sehr tief, so dass der Kirchenbau zurückgesetzt werden konnte und nun hinter einem Vorhof stark inszeniert wirkt. Spitzbogen-Arkaden steigern noch den sakralen Ausdruck des Backsteinbauwerks. Aber im Vergleich zu anderen Epochen oder süddeutschen Varianten ist diese Kirche ein Vertreter einer sachlichen, weniger sakralen Auffassung – wie

andere Stadtteilkirchen auch, die analog zu den neuen Siedlungen entstanden.

Untersuchungsgefängnis Sievekingplatz (170)
1928
Sievekingplatz 3
Fritz Schumacher

Gleich fünf Bauteile umfasste die Erweiterung des Hamburger Untersuchungsgefängnisses: einen Wirtschaftsflügel, den Umbau des Torflügels, das Frauengefängnis, die Verwaltung und eine Aufstockung des Mittelbaus für die Zellen. Insgesamt entstand zusätzlicher Raum für 800 Inhaftierte. Interessant ist, dass

sich Schumacher auch um solche Bauaufgaben kümmerte und sie angemessen löste. So ist es nicht verwunderlich, dass die Straßenfassade heute eines der meist gefilmten Details des Hamburger Stadtbildes ist: Das große Tor ist immer wieder in Krimis zu sehen, die in Hamburg gedreht werden.

Gymnasium Curschmannstraße (171)
1928
Curschmannstraße 39
Fritz Höger

Das ehemalige Lyzeum, also ein Mädchengymnasium, wurde nach einem Wettbewerbsentwurf von 1919 von Fritz Schumacher recht martialisch umgesetzt: kubisch und gotisierend in den Fensterbändern, die sich scheinbar nicht entscheiden können, ob sie zur Seite oder aufwärts streben sollen. Die Schule wird durch einen kräftigen Uhrturm gekrönt. Das Motiv stammt

aus anderen Zeiten – die Umsetzung mit Flachdach ist modern.

Turnhalle Farmsen **(172)**
1928
Berner Heerweg 183
Karl Schneider

Blütenweiße Hemden sind immer nur in den ersten zwei Stunden schön, dann verschmutzen sie. Eine weiß verputzte Turnhalle erleidet in Hamburg über die Jahre ein ähnliches Schicksal. Trotzdem hat sich die Stadt in Form einer Renovierung ein Aufbügeln geleistet, so dass dieses leichte, schwebende Sportgebäude auch heute noch zur städtischen Kleiderordnung passt: Stahlbeton und Flachdach im ehemals ländlichen Terrain, dazu wird das auskragende Dach durch quadratische Stützen abgefangen. Das Ganze in einer Ordnung, die »Schinkel«-gerecht sein könnte. Es war dieses Bildhafte selbst bei trivialen Bauten, die letztendlich dazu geführt hat, dass Karl Schneider international wahrgenommen wurde und nach der Emigration in die USA auch dort erfolgreich war (vgl. Nr. 162).

Haus Bauer **(173)**
1928
Duvenstedter Triftweg 4
Karl Schneider

Es existiert eine Luftaufnahme des Hauses von 1928, auf der es sich frech in die grünen Alsterwiesen erstreckt. Allein auf weiter Flur, weiß, kubisch und Dessau herausfordernd grüßend. Junge Architekturstudenten, die die Oberalster hinauf paddelten, schwärmten monatelang vom weißen Purismus. Im Vergleich zum Landhaus Michaelsen (vgl. Nr. 146) ist dies ein Quantensprung in der reinen Heilsleere. Wer damals alle anderen neu-

en Villen im Oberalsterland sah, verstand die Stärke der Provokation. Das Haus existiert noch, ist immer gepflegt, aber

immer wieder auch angepasst – und umzingelt worden. Sein Charisma hat darunter gelitten, verloren gegangen ist es aber nie. Holzfabrikant Bauer wollte zunächst konventionell bauen; die Entwürfe sind erhalten geblieben. Umso wertvoller erscheint dieser Bau heute – seines Mutes wegen.

Großwohnblock Habichtstraße (174)
1928
Habichtstraße 114–130, Habichtplatz, Herbstweg, Eckmannsweg, Wittenkamp
Karl Schneider, Berg & Paasche

Ein ähnliches Vorgehen auch hier: Mächtige Baublöcke, symmetrische Hofbildung, Tordurchfahrten – dies alles wurde eingesetzt, um größeren Siedlungen Struktur und Ausdruckskraft zu verleihen. Dass allerdings gerade dieser Abschnitt in Barmbek-Nord so bekannt wurde, ist seinen signifikanten halbrunden Balkonen, die um die Ecke herumlaufen, zu verdanken. Mit ihrer schneeweißen Farbe scheinen sie das dunkelrote Ziegelensemble zu verhöhnen, grüßen die allgemeine neue Baukunst der »Weißen« und haben sicher die damals aktuelle Diskussion über das »Dampfermotiv in der Moderne« nicht abreißen lassen. Da war er wieder, der Architekt, der Zeichen setzen wollte. Dass seine Wohngrundrisse ebenfalls für diese Zeit vorbildlich waren, versteht sich bei Karl Schneider von selbst.

Wohnblock Burmeister (175)
1928
Maria-Louisen-Straße 63–67, Dorotheenstraße 123
Karl Schneider

Wenn Karl Schneider mit diesem Block eine Biege macht, dann hat er schon zu Hochzeiten der Rechteck-Moderne bewiesen, dass alle Ideologie Grenzen hat und

nach Verrat ruft. Der Block ermöglicht eine Dynamisierung der Kreuzung Dorotheenstraße/Maria-Louisen-Straße und nimmt amerikanische bzw. deutsche Nachkriegsverhältnisse im Straßenbau vorweg. Er wird durch eine parallel verlaufende Freitreppe auf Abstand zum Autoverkehr gebracht. Das übliche Attikageschoss springt hier außerdem zurück. Insgesamt entstand ein städtischer Block, der Freiräume zulässt.

Friedhof Ohlsdorf, Trauerhalle (176)
1928
Hauptfriedhof Ohlsdorf
Fritz Schumacher

Wie viele der Bauten auf dem Zentralfriedhof steht auch diese Rundkapelle wirkungsvoll in einer der Längsachsen von Ohlsdorf. Schumacher entwarf eine Rotunde ohne Kuppel und flankierte sie mit niedrigen Seitentrakten. Symmetrie, Geschlossenheit und die konstruktive Petitesse, dass zwölf scharrierte Eisenbetonrippen oben in der Mitte des Zylinders sternförmig zusammenlaufen, charakterisieren dieses Spätwerk des Architekten.

Außen sind diese Rippen als profilierte Klinkerpfeiler ausgebildet. Die Kapelle wird wie bei einer Trommel durch eine ornamentierte Klinker-Attika rundum abgeschlossen.

Mietshäuser Winterhuder Marktplatz (177)

1929
Winterhuder Marktplatz 1–2, Hudtwalcker Straße 24–30, Hudtwalkertwiete 1–8
Johannes C. Hansen (Vorderhaus), E. Franck (Hudtwalckertwiete)

Es ist eines dieser Gebäude, die durch Größe und Maßstab einen ganzen Stadtteil verändern. Mit diesem Mietshausriegel wurde die ursprüngliche dörfliche Struktur deutlich verändert. Hier, nach Winterhude, an die Ulmenstraße waren im 19. Jahrhundert die Bleicher und Färber aus der Innenstadt umgesiedelt worden und hatten einen eigenen Haustypus entwickelt. Auffällig sind die weiß abgesetzten Bänder der Häuser und ein turmartiger Mittelteil über einer Hofeinfahrt, der durch spitze Erker herausragt. Über die Einfahrt werden zwei hintere Hausflügel erschlossen, die im Hinterland auf eine ältere und kleinteilige Bebauung stoßen.

Friedrich-Ebert-Hof (Ottensen) (178)

1929
Friedrich-Ebert-Hof, Friedensallee, Griegstraße, Behringstraße, Grünebergstraße, Ottawiweg
Friedrich R. Ostermeyer

Wer glaubt, dass das neue Bauen ohne Pathos auskomme und ihm außerdem absolute Geschichtslosigkeit unterstellt, wird hier immer wieder ins Grübeln kommen. Barocke Inszenierungen mit Achsen und Zielpunkten in der Perspektive, wie sie Schupp und Kammer am heutigen Weltkulturerbe der Essener Zeche »Zollverein« zelebrierten, kamen auch im Massenwohnungsbau vor. Im Friedrich-Ebert-Hof herrschte eine Ordnung wie auf einem Kasernenhof. Aber dieser räumliche Zusammenhalt stärkte letztendlich alle diejenigen, die hier wohnen (durften): dies war keine gewöhnliche Wohnanlage, sondern eine stolze Arbeitersiedlung.

Die Jarrestadt: Wohn- und Siedlungsmuster für Millionen 1927–1930 (179)

Neben den gigantischen Baumaßnahmen in Barmbek-Nord ist die Jarrestadt in Winterhude ein weiterer wichtiger Zeuge des Willens der Stadt Hamburg, auf dem Sektor des Massenwohnungsbaus Zeichen zu setzen. Dabei zeigte sich ein ungewöhnliches Ergebnis, weil einerseits schon während der Aufstellung des Bebauungsplans zehn unterschiedliche Architektengruppen festgelegt wurden, die für Vielfalt sorgen sollten, andererseits jedoch ein Ensemble von großer Homogenität entstand. Stilbildend sind der Klinker, das Flachdach und die weißen Sprossenfenster. Fritz Schumacher hatte natürlich mit einem sehr strengen Masterplan die Gestaltungsspielräume eng, aber nicht zu eng gefasst.

Die Jarrestadt, benannt nach der südlich gelegenen Jarrestraße, gilt noch heute als Mustersiedlung. Der Grund dafür liegt offensichtlich in der geschickten Führung von Straßen und Höfen. Dabei leitet in der Mitte der Anlage eine Straße in einen großen zentralen viereckigen Hof. Die einzelnen Baugruppen variieren zwischen vier und sechs Geschossen und bilden intime Grünhöfe. Ein Gefühl von Geborgenheit und Zusammengehörigkeit für alle Bewohner stellt sich ein.

Aber auch ein Gefühl von Gleichheit. Die Wohnungsgrundrisse waren – was für alle damaligen neuen Siedlungen in Hamburg zutrifft – extrem gut durchorganisiert. Hand in Hand mit neuen, als optimal erkannten Raumgrößen boten die Werkstätten in der Tradition des Werkbundes oder des Bauhauses neue, Platz sparende und vor allem sachlich wirkende, weil industriell gefertigte Möbel an. Wer es sich leisten konnte, erstand ein kleines Kunstwerk aus Architektur und Design. Die meisten neuen Bewohner konnten dies jedoch nicht, weil sie geringe, häufig nur unregelmäßige Einkünfte hatten. Es entstanden Kleinwohnungen von zwei bis dreieinhalb Zimmern mit einer ebenso optimierten Kleinstküche. Analog zur berühmten Frankfurter Küche von Grete Lihotzky hatte Friedrich R. Ostermeyer 1927 eine Hamburger Küche auf 3,86 mal 3,86 Metern entwickelt. Loggia und Speisekammer schließen sich direkt an. In eine Schrankwand wurde eine Sitzbank für die Essecke integriert; Aufwaschtische, Plättbretter usw. passen alle in einen Raum, Platz sparen hieß die Losung der Stunde.

Auch bei den Gemeinschaftseinrichtungen wurde experimentiert. Im Otto-Stolten-Hof in der Jarrestadt gab es beispielsweise eine Gemeinschaftswaschküche. Insbesondere in den Laubenganghäusern, von denen es in jenem Teil, der von der »Reichsforschungsgesellschaft für Wirtschaftlichkeit im Bauwesen« organisiert worden war (vgl. Nr. 193), einige gab, wurden Waschküchen, Bäder oder Dachgärten für die Gemeinschaft organisiert.

Hauptsächlich war der neue Massenwohnungsbau auf Wirtschaftlichkeit, Vorfertigung und Raumsparen eingestellt, wenn man das Wohnungsproblem der Arbeiter und Kleinbürger lösen wollte. Irgendwann war dann unter diesen Bedingungen nichts mehr zu verbessern. Umso mehr kam es auf den Städtebau und auf das Umfeld an. Unter diesen Aspekten wurde die sorgfältig gestaltete Jarrestadt zum unbedingten Vorbild. Noch einmal hatten Hamburgs führende Architekten der Weimarer Zeit die Möglichkeit zu beweisen, was sie auf die Beine stellen konnten. Fritz Schumachers kultivierte Auffassung von Architektur half dabei, den richtigen Rahmen abzustecken.

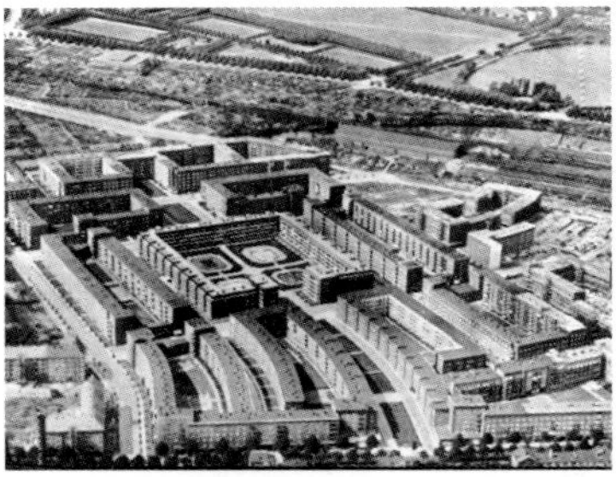

Luftbild der Jarrestadt

Grünhöfe prägen das Quartier

Evang.-luth. Bugenhagenkirche (180)
1929
Biedermannplatz 15
Emil Heynen

Die Bugenhagenkirche aus dem Jahr 1928, entworfen vom Architekten Emil Heynen, gilt zu Recht als ein gelungenes Beispiel dafür, dass auch mit der Backsteinsachlichkeit der 1920er Jahre sakrale Bauten entwickelt werden konnten. Der gewaltige Ziegelturm krönt ein Ensemble aus übereinander liegenden Sälen für Gottesdienst und Gemeindearbeit. Nach dem Umbau in den 1990er Jahren werden diese Säle einerseits kirchlich, andererseits für Theaterveranstaltungen genutzt. Dem expressiven Farbkonzept der 1920er Jahre wurde heutiges Möbeldesign hinzugefügt (vgl. Nr. 169).

Wohnanlage Sophieneck (181)
1929
Sophienterrasse 11a–i,
Alsterkamp 32 a–d
Semmy und Bernd Engel

Auch diese Wohnanlage, die in ihrer lockeren Folge von Vorsprüngen und

Abrundungen von Erich Mendelsohn stammen könnte, blieb in Hamburg der Vertreter eines Minderheitenprogramms. Das Ensemble ist eine Kreuzung aus niedrigen Reihenhäusern, wie sie in Harvestehude als Stadthäuser vorherrschen, und dem Geschosswohnungsbau. Entstanden ist ein locker gegliedertes Ensemble mit runden Ecken. Hier an der Alster ist heller Putz angemessen, allerdings wird er durch zarte Klinkerbänder gegliedert und akzentuiert.

Haus Müller-Drenkberg (182)
1929
Bredenbeckstraße 29
Karl Schneider

KULT Eine absurde Situation: Ein halbjüdischer Bauherr, der mit den Spielregeln des traditionellen Wohnungsbaus und den entsprechenden Protagonisten bestens bekannt war, will weit draußen ein ganz anderes Haus als gewöhnlich bauen: ein technisches Haus, in dem er überall Radio (per Steckdose) hören kann. Ein Bauwerk, das seine Balkone mächtig auskragen lässt (was der Beton hergibt) und mit der herkömmlichen Walmdachrhetorik nichts zu tun haben soll. Der Bauherr überließ seinem Architekten die Rolle des Generalisten. Karl Schneider gestaltete alles: das Haus, im Innenausbau die Schränke und einen artifiziellen Esstisch, der auf vielfache Weise vergrößerbar war. Einige Kompromisse mussten gemacht werden. Die Villa ist nicht weiß, sondern bekam eine Schale aus blaurotem Bockhorner Klinker – ein Friedensangebot an jene politisch Mächtigen und Einflussreichen, die in der Nachbarschaft eine romantische Sommerfrische genießen wollten. Eine weitere Eingrenzungsmaßnahme war ausgerechnet eine Grundstücksvergrößerung und Heckeneinzäunung – man sollte nicht sehen dürfen, was nicht hierher passt. Keiner der Kritiker hat wohl jemals begriffen, dass der fließende Grundriss mit seinen räumlichen Abenteuern tägliche Wohnerlebnisse, die der Sonne folgen, ermöglichte. Hätte dieses Haus im weißen Outfit eines Richard-Neutra-Hauses an der kalifornischen Westküste gestanden, eine publizistische Weltkarriere wäre ihm

sicher gewesen. Stattdessen hat sich der Hausherr 1938 angesichts des Naziterrors umgebracht. Das Haus lebt weiter, aber die Immobilienspekulation hat dafür gesorgt, dass es schließlich bräsige Hausnachbarn bekommen hat und die Sonne nicht mehr ungehindert in das Haus hinein scheinen kann.

Stadtbad Harburg **(183)**
1929
Bremer Straße 18
Carl Lembcke, Stadtbauamt Harburg-Wilhelmsburg

Zur Bauzeit war Harburg eine selbständige Kommune und versuchte natürlich, mit den wenigen öffentlichen Baumaßnahmen, die es verwirklichen konnte, sich nach außen positiv darzustellen. Und zwar besonders dort, wo es sich um eine soziale bzw. gesundheitspolitische Einrichtung handelte. So ist dann das Pathos der mächtigen Klinkerfassade zu verstehen. Die aufwendige Attikazone suggeriert, es handele sich hier nicht um das Stadtbad, sondern um das Stadttheater.

U-Bahnstation Klosterstern **(184)**
1929
Klosterstern, Eppendorfer Baum
Walther Puritz

Die neue U-Bahn-Linie nach Eppendorf ist ein Kind der 1920er und 1930er Jahre. Besonders auffällig ist ihre Station Klosterstern: Über der Erde mit einer Treppenhalle aus Klinkerpfeilern und Kupferdach, und unter der Erde herrschen ebenfalls Grüntöne vor. Die Fliesenverlegung ist eine Huldigung ans Art Deco. Die unterirdische Bahnsteighalle wurde 1986 von Friedhelm Grundmann, angelehnt an den ursprünglichen Zustand, liebevoll rekonstruiert. Dabei hat die Berücksichtigung von heutigen funktionalen Ansprüchen wie Beleuchtung und Sicherheit trotzdem nicht zu faulen Kompromissen geführt.

Gustav Oelsner

***1879 in Posen, †1956 in Hamburg (185)**

Unter dem sozialdemokratischen Oberbürgermeister Max Brauer entwickelte sich die Großstadt Altona zu einer Musterkommune der Weimarer Republik, die ihre Leistungen schon 1929 durch eine monumentale Veröffentlichung als »Neues Altona« feiern ließ. Den baulichen Beitrag dazu bildeten die Entwürfe des Bausenators Gustav Oelsner (1924–1933).

Hermann Hipp

Aus heutiger Sicht scheint es eine interne Struktur des Hamburger Stadtstaates gewesen zu sein, dass sich bis 1938 die Kraft und das Bild der Stadt in Trennung, ja Konkurrenz entwickelt hat. Wer nimmt heute noch die eigene Strahlkraft und die industriellen Möglichkeiten von Altona wahr, die als dänische und preußische Großstadt einen Stachel im Fleische Hamburgs bildete? So ist auch außerhalb Hamburgs wenig bekannt, dass der große Hamburger Baudirektor Fritz Schumacher im Bausenator von Altona ein Alter ego im Geiste und mit konkurrierendem Genius besaß.

Gustav Oelsner kam über Berlin – wo er an der TH Berlin-Charlottenburg Architektur studiert hatte – und Kattowitz nach Altona. Er kultivierte eine Freundschaft der Vernunft unter gleichberechtigten Kollegen, anders als Fritz Schumacher, der sich mehr zurückhielt. Wie Schumacher entwirft und baut Oelsner selbst. Dies unter dem Einfluss des Kollegen Karl Schneider auch kompromisslos modern. Sein Verdienst ist dabei, »dass er die Stilelemente des Neuen Bauens übersetzt und die tragende Massigkeit in verkleidende Flächigkeit und bodenständige Verkleidung in konstruktive Offenheit verwandelt hat« (Biograph Christoph Timm). Als Beispiel dafür kann das Arbeitsamt in Altona dienen (vgl. Nr. 161). Architektonisch war Oelsner von Beginn an entschlossener als dieser, doch ist er sehr viel später ins hanseatische Geschäft eingestiegen und eigentlich erst mit der zweiten Hamburger Phase Schumachers zu vergleichen (vgl. Nr. 130). Beim Wohnungsbau und mit öffentlichen Bauwerken profiliert sich der Altonaer Bausenator (1924–1933) deutlich. Heute mag man erkennen, dass die Farbe des von beiden verwendeten Materials Ziegel in Altona heller und mutiger erscheint (vgl. Nr. 156). Für Bauhistoriker ist es wohl eine ernst zu nehmende Aufgabe, Unterschiede zwischen Oelsner und Schumacher herausarbeiten zu können. Vielleicht sind Altonaer Wohnhäuser massiver, ruppiger und ländlicher, Bauten wie das Arbeitsamt (vgl. Nr. 158) und andere öffentliche Einrichtungen konstruktiver – doch es bleiben Vermutungen.

Gustav Oelsner war wohl direkter angebunden an nationale und internationale Kreise; das Urgestein Schumacher genügte sich selbst, war unnahbarer. Und anders als bei Schumacher hinterlassen mit Hans Poelzig, Martin Elsässer (vgl. Nr. 196) oder Clemens Holzmeister (Kirche »Maria Grün«) internationale Stars Spuren im früheren Altona.

Wie Schumacher wird der Sozialdemokrat Gustav Oelsner 1933 aus dem Amt gejagt. Aber Oelsner verlässt 1939 Hamburg-Altona in Richtung Türkei, ist »für den Aufbau der jungen, in der letzten Konsequenz ihrer nationalen Identität noch unsicheren türkischen Republik ein wichtiger Beitrag«, wie der Bauhistoriker Olaf Bartels schreibt. Anders als Schumacher wird Oelsner nach dem Krieg noch einmal als offizieller »Referent für den Wiederaufbau« von seinem ehemaligen Chef und Altonaer Bürgermeister Max Brauer, der nach dem Krieg Erster Bürgermeister in Hamburg wird, berufen. Oelsner stirbt zehn Jahre später als Schumacher 1956 – gemeinsam mit ihm hat er in den 1920er und 1930er Jahren diese Stadt städtebaulich und architektonisch geprägt. Allerdings wurde er erst später als Fritz Schumacher ins kollektive architektonische Gedächtnis verankert und spielt möglicherweise immer noch nicht eine so große Rolle wie jener. Und dies ist sicher damit zu erklären, dass er aus Altona und nicht aus Hamburg kommt.

Steht für Gustav Oelsners vorbildlichen Wohnungsbau: Steenkamp in Altona.

Deutschlandhaus **(186)**
1929
Dammtorstraße 1
Block & Hochfeld

Es war eine symbolische Attacke auf die Kleiderordnung am Gänsemarkt: Gegenüber steht die Finanzbehörde von Fritz Schumacher (vgl. Nr. 149) mit charakteristischer Senkrechtenbetonung, dunklem Stein und einer zwar sachlichen, aber auffälligen Dekoration. Das Deutschlandhaus richtet das Augenmerk auf waagerechte Linien und runde Ecken und wirkt auch wegen des helleren Steins sehr beschwingt. Im Inneren fand damals Hamburgs größter Kinosaal Platz, der im Krieg zerstört wurde. Im Jahre 1982 gab es eine Totalrekonstruktion des Bauwerks einschließlich der Ziegelfassade. Diese ist nun heller als das Original und erhielt die für die Innenstadt inzwischen üblichen Glaskragen über dem Erdgeschoss als Regenschutz für die Passanten. Das Deutschlandhaus bildete auch den Auftakt für zwei weitere mächtige Kontorhäuser der 1980er Jahre im Valentinskamp, die heute zwischen allen Zeiten zu stehen scheinen, weil sie weder so perfekt wie die alten Vorbilder sind noch die Leichtigkeit und Transparenz der späteren Bürohäuser besitzen.

Volksschule Meerweinstraße **(187)**
1929
Meerweinstraße 26–28
Fritz Schumacher

In seiner Eigenschaft als Oberbaudirektor steuerte Fritz Schumacher zu dieser Zeit zahlreiche Schulneubauten. Die Schule der Jarrestadt, die ebenfalls von Schumacher verantwortet wurde (vgl. Nr. 179), zählt zu seiner zweiten Phase. Das heißt, sie trägt ein Flachdach, was tiefere Grundrisse und damit auch Klassenräume an

einer Mittelgangerschließung zuließ. Die Hamburger Schulbehörde hatte nämlich einen neuen Schultypus durchgesetzt, der nach einer längeren Phase ohne Schulneubauten neue Bildungsideale mit vielen Fachklassenräumen berücksichtigte. Das bedeutete einen erhöhten Raumbedarf. Dennoch schaffte es Schumacher wie bei allen anderen Schulen der Neubaugebiete, die Gebäude stattlich und elegant aussehen zu lassen. Hier hat Schumacher das Betonskelett sichtbar gemacht und Klinker für die Ausfachungen benutzt. All diese Bauten stehen symbolisch für eine breite soziale Bildungspolitik; sie wirken daher nicht mehr so archaisch und administrativ wie frühere Schulhäuser.

Erweiterung Ziviljustizgebäude (188)
1930
Sievekingsplatz 1
Fritz Schumacher, Johann Christoph Otto Ranck

Es war ein Erweiterungsbau des alten Ziviljustizgebäudes (vgl. Nr. 106) in die

Wallanlagen hinein. Der Neubau ist in Hufeisenform an den Altbau angesetzt, allerdings ist der Bogen in gerade Segmente gegliedert und wirkt deswegen monumentaler als erwartet. Fritz Schumacher wollte es so und hielt dieses Bauwerk nach eigenem Bekunden für das »gelungenste seiner Verwaltungsbauten«. Auch hier arbeitete ihm wieder der Bildhauer Richard Kuöhl zu; sein Fayencebrunnen gilt ebenfalls als der gelungenste seiner Brunnen.

Röm.-kath. Kirche St. Paulus-Augustinus (189)
1930
Ebertallee 11
Bensel & Kamps

Wie viele Sakralbauten von Bensel & Kamps wurde auch diese Kirche innerhalb kürzester Zeit realisiert. Dabei greift der Entwurf

auf das Repertoire des Neuen Bauens zurück, zu dessen wichtigsten Vertretern im Großhamburger Raum die beiden Architekten zählten. Nur wenige Jahre später ordnete sich Carl Gustav Bensel jedoch ohne Probleme der architektonischen Doktrin der NS-Zeit unter. Gerhard Kamps ist nach dem Krieg am Bau des »Kleinen Michels« beteiligt gewesen.

Postamt Eppendorf (190)
1930
Architekt nicht bekannt
Eppendorfer Landstraße 23–25

Eppendorf war ehemals Hamburg 20, benannt nach dem Postamt 20 an der Eppendorfer Landstraße. Dieser imposante Backsteinbau ist ein Beispiel dafür, wie

in den 1920er Jahren auch staatliche Einrichtungen und Behörden bereit waren,

sich an den hohen Standards des Neuen Bauens zu orientieren. Hier wird eine hohe Backsteinwand, hinter der sich ein schmaler Nutzbau verbirgt, allein durch drei Fensterbänder und einen Dreieckserker in der Mitte geprägt. Leider haben die Umbauten von 1970 diese schlichte Eleganz zerstört.

Ehemalige Synagoge, Sendesaal des NDR (Rolf-Liebermann-Saal) (191)
1931
Oberstraße 116–120
Felix Ascher, Robert Friedmann

Die Synagoge des Tempelverbandes war einer der letzten Neubauten in Deutschland vor der Nazi-Herrschaft. – Auch die Synagogen nahmen die Standards und die Zurückhaltung des Neuen Bauens an. – Dominant ist die Freitreppenanlage zum Eingang, die von zwei Flügelbauten gerahmt wird. Die Synagoge wurde mit Travertin verkleidet. Die neue Bescheidenheit mag vielleicht dazu beigetragen haben, dass das Haus 1938 nur geschlossen und nicht zerstört wurde. Heute gehört das Haus zum Komplex des NDR und ist deren großer Sendesaal. Die Architekten von SEHW haben ihn im Jahre 2002 innen sensibel modernisiert.

Dulsberg-Siedlung (192)
1931
Krausestraße, Straßburger Straße, Probsteierstraße, Eulenkamp, Tiroler Straße, Elsässer Straße, Oberschlesische Straße, Dulsberg Süd, Dulsberg Nord, Alter Teichweg, Nordschleswiger Straße u. a.
Fritz Schumacher (Planung)

Die Siedlung Dulsberg wurde vor allem durch jene Bauteile weltberühmt, die an den Kopfseiten der Straßen durch halbrunde Erker erweitert wurden (Brüder Frank). Dort waren in den Erdgeschossen Läden untergebracht. Die Hauptachse dieses ersten Mietshausquartiers nach dem Ersten Weltkrieg wird durch einen das Quartier verbindenden Grünzug gebildet, dem unterschiedliche Hausgruppen zugeordnet sind. Zunächst wurden konventionelle Wohnhöfe, später die Frank'schen Laubenganghäuser und andere Zeilenbauten errichtet. Die Laubengänge waren wiederum als »Straßen« ausgebildet und verbanden die Wohnungen und Gemein-

schaftseinrichtungen wie anfangs auch die Etagenbäder. Der Dulsberg war ein Musterbeispiel für den effektiven Kleinstwohnungsbau, was 50 Jahre später dazu führte, dass die Belegung mehr und mehr durch Randgruppen erfolgte und der Dulsberg sich zu einem sozialen Brennpunkt entwickelte. Der starke Städtebau mit dem Grünzug und entsprechende Verbesserungen des Wohnumfeldes oder Wohnungszusammenlegungen müssten diesen Trend auf Dauer brechen können.

Zeilenbauten Wiesendamm (193)

1931
Jarrestraße, Wiesendamm
Bensel & Kamps, Block & Hochfeld, Paul A. R. Frank, Karl Schneider

Ebenfalls Prototypen der Laubengangbewegung sind die Zeilenbauten am Wiesendamm in Erweiterung der Jarrestadt (vgl. Nr. 179). Diese waren zunächst Versuchsbauten der Reichsforschungsgesellschaft

für Wirtschaftlichkeit im Bauwesen. Dabei wurden traditionelle Mauerungen, Stahlskelette und Stahlbetonskelette vergleichend erstellt. Die Hauszeilen sind jeweils paarweise aufgestellt, wodurch der ohnehin strenge Gesamteindruck noch verstärkt wird. Der Architekt Jörg Friedrich hat diese Aufbauten in den 1990er Jahren teilweise geschickt aufgestockt und dabei Penthäuser mit großen Terrassen entstehen lassen.

Walddörferschule (194)

1931
Im Allhorn 45
Fritz Schumacher

Auch diese Schule ist ein Abbild des Hamburger Reformwillens im Bildungswesen. Die Rede war von einer »Gartenstadtschule«, die sich von den gängigen Großstadtschulen unterscheiden wollte. Gefordert war eine Nähe zum Curriculum, zur ländlichen Kultur und zur freien Natur. Der Standort der Walddörferschule am Nordrand des Hamburger (Volksdorfer) Siedlungsraumes prädestinierte sie dazu. Nur zwei Geschosse, »Schulzimmer im Freien«, eine erkennbare Großform, geprägt durch eine Achse, wertvolle Klinkersteine – man kommt ins Grübeln, wenn man an andere Bildungsoffensiven Hamburgs nach dem Zweiten Weltkrieg und die entsprechenden Waschbetonschulbauten denkt. Die Schulform hat

sich natürlich geändert, heute ist hier ein klassisches Hamburger Gymnasium zu finden. Auch wurde bedarfsgerecht immer wieder (klug) erweitert, so dass die ursprüngliche Qualität dieses Schulbaus erhalten blieb.

Hochbahnhaltestelle Kellinghusenstraße (195)
1931
Goernestraße, Loogeplatz
Raabe & Wöhlecke (Hochbahnhaltestelle), Walther Puritz (Bahnsteigbrücke und Stellwerk)

Das U-Bahn-Netz wurde zwischen 1929 und 1931 durch eine neue Linie zwischen Jungfernstieg und Kellinghusenstraße erweitert. Dieser Bahnhof wurde damit zum Umsteigebahnhof zwischen der Neubaustrecke und dem alten Ring. Um die Umsteigezeiten zu verkürzen, war ein Übergang notwendig, der beide Bahnsteige verbindet. Er wurde in einer modernen Stahl-Glas-Konstruktion realisiert, die nach einer Rekonstruktion immer noch erhalten ist.

Landhaus Reemtsma (196)
1932
Parkstraße 51
Martin Elsässer

Es war eines der größten Vorhaben für ein privates Landhaus der 1930er Jahre, das Martin Elsässer für Philipp Reemtsma in

einen Park in Othmarschen setzte. Flach und fließend die Bauteile, wie ein Schiffskörper an Land. Das Gebäude könnte als Antwort auf die Villen von Mies van der Rohe in Krefeld gelten. Das Wohnhaus wurde nach dem Krieg durch Godber Nissen zum Verwaltungszentrum mit Kasino des Zigarettenherstellers erweitert, ohne den ursprünglichen Auftritt zu beeinträchtigen.

Sprinkenhof (197)

1928/1932
Burchardstraße 6–14, Altstädter Straße, Springeltwiete, Johanniswall
Fritz Höger, Hans und Oskar Gerson

Insgesamt 16 Jahre sind vergangen, bis die drei Bauteile des Sprinkenhofs fertig gestellt waren. Wie beim benachbarten Chilehaus sind die Ausmaße so gewaltig, dass eine Straße überbaut werden musste. Der Baukörper ist sachlich, der netzartige Fassaden-Überwurf aus Backstein und vergoldetem Terracotta verbreitet noch einmal den Glanz des Expressionismus. Die komplex gestalteten Säulen, Pfeiler und Kapitelle an den später erbauten Seitenflügeln wurden vereinfacht ausgeführt.

Krematorium Ohlsdorf (198)

1933
Hauptfriedhof Ohlsdorf
Fritz Schumacher

Das Krematorium gilt als das letzte realisierte Bauwerk von Fritz Schumacher. Es wurde nach heftiger Standortdiskussion an den Rand des Friedhofes und an das Ende einer langen Achse gebaut. Anspielungen auf die Form eines Sarkophages sind gewollt – gegen Ende seiner Karriere entdeckt Schumacher wieder das Sakrale. Um den Ernst des Gebäudes zu charakterisieren, wählte er für die Außenwände gebrannte Steine wie Klinker und Keramik, die symbolisch auf Feuer verweisen, das in den Kelleretagen zum Einsatz kommt. Schumacher pendelt in seiner baukünstlerischen Umsetzung zwischen dem »Feierlichen« und dem »Schmerzlichen«. So wird die Anlage verständlich: Zur Friedhofseite ein Ehrenhof, zur Straße ein Turm mit einer Uhr, die anzeigt, dass die Zeit abläuft. Insgesamt ein starker Verzicht aufs Dekorative, statt dessen ein kantiger Auftritt der Bauvolumina. Innen werden die Farben der Glasfenster so abgestuft, dass diese von dunklen, harten Tönen an der Versenkungsanlage für die Särge, die von der Halle in die Technikgeschosse gleiten, zu weicheren Tönen im Eingangsbereich wechseln.

Das Tor zur Welt wird Führerstadt – Nationalsozialismus 1933–1945 (199)

Es gibt auch eine gute Nachricht aus dieser Zeit. Gebietsreformen sind in demokratischen Zeiten Gegenstand endloser Debatten, und am Ende einigt man sich auf den kleinsten gemeinsamen Nenner. Diktaturen brauchen dafür nur einen Federstrich. So entstand das längst überfällige Großhamburg-Gesetz von 1937, durchgeführt 1938, das den Zusammenschluss von Hamburg, Altona, Wandsbek und Harburg zum Staatsgebiet des heutigen Bundeslandes Hamburg verordnete. Damit wurde eine alte Forderung von Fritz Schumacher erfüllt, einen geschlossenen Entwicklungsraum um die City und den belebenden Hafen zu schaffen.

Fritz Schumacher selbst war mit der Machtübernahme in den Ruhestand versetzt worden, obwohl er nicht als Feind des neuen Regimes gelten konnte. Seine Meriten lagen eben in der Weimarer Republik. Er bleibt aber als Graue Eminenz und Ratgeber an Bord, wird sogar 1939 zum 70. Geburtstag durch einen wichtigen Vertreter der architektonischen Planung des Regimes, Rudolf Wolters, geehrt. Ein Mann namens Adolf Schuhmacher wird in seiner Position als Stadtplanungsamtsleiter versuchen, Hamburgs Städtebau neu zu organisieren – jedoch ohne spektakuläre Erfolge.

Stattdessen nimmt sich die Nazi-Führung selbst der propagierten Themen an. Adolf Hitler glaubte, eine Begabung für die Kunst und insbesondere die Stadtgestaltung zu haben und glaubte, sich damit »ewigen Ruhm« verschaffen zu können. Ab 1937 gab es Ausbauprogramme für die Gauhauptstädte sowie für Berlin, München und Hamburg. Nach den ersten Kriegserfolgen werden Berlin, München, Hamburg, Nürnberg und Linz zu »Führerstädten« erklärt. München wird zur »Hauptstadt der Bewegung«, Nürnberg ist die »Stadt der Parteitage« und Hamburg »das Tor zur Welt«. Das hat unmittelbare Folgen für Hamburgs Auftreten an der Elbe. Schon seit seinem Besuch 1935 in der Hansestadt, die ihn als traditionelle »Sozi«-Hochburg nicht sonderlich mochte, schwebte Hitler ein Ensemble aus Hochbrücke und Parteihochhaus vor. Ob Legende oder wissenschaftlich abgesichert – Hitler soll mit eigenen Skizzen über eine Hamburger Hochbrücke schwadroniert haben. Dabei orientierte er sich an

Die Planungen für das Elbnordufer waren martialisch – wurden aber nicht verwirklicht. Das Modell blieb erhalten.

den Brücken und Wolkenkratzern von Manhattan.

Hamburg nahm in diesem Punkt seinen ungeliebten Führer ernst. Es wurde ein Architektenwettbewerb ausgeschrieben, den Konstanty Gutschow (vgl. Nr. 212) gewann und deswegen in der Folge zum »Architekten für das Elbufer« ernannt wurde. Man kann es abkürzen: Nichts davon wurde verwirklicht, einige wenige Verdrängungskörper, die man zur Berechnung und Planung der Hochbrücke in den Strom versenkte, wurden am Elbufer verortet und gnadenlos vom Elbgrund geschluckt. Auch die besonders elegischen Modelle für das Parteihochhaus und ein Gauforum blieben Architektenträumereien, weil der Krieg andere Planungen vorschrieb.

Unter dem Strich war das Tausendjährige Reich ohne städtebauliche Erfolge in Hamburg; und was den Wohnungsbau im Vergleich zur Weimarer Republik betrifft, ist sogar als armselig zu bezeichnen. »Die Ortsgruppe als Siedlungszelle«, frei nach einer Schrift von Konstanty Gutschow, ist auch in Hamburg spürbar. Stilistisch wird »Blut und Boden« als eine verschärfte Variante des Heimatschutz-Stils zur Leitlinie; zu besichtigen in der Neustadt am Rademachergang (vgl. Nr. 204) sowie in Klein Borstel (vgl. Nr. 210).

Doch der Krieg zerstörte alle gigantischen Pläne. Ab 1943 zwang der »Totale Krieg« die Nazis dazu, den Hebel umzulegen: Wiederaufbau statt Träumerei, und je länger der Krieg dauerte, desto weniger war Zeit für Visionen. Konstanty Gutschow ist jetzt Kommissar für den Wiederaufbau, denn die Kriegsschäden sind besonders im Osten der Stadt gravierend. Bis zum nächsten Bombenangriff bleibt nicht einmal Zeit, richtig aufzuräumen. In der Innenstadt retten die Tarnmaßnahmen (der Hauptbahnhof wird als Kulissenmalerei in die Binnenalster verlegt) so manchen Einwohner.

Was bleibt, sind – anders als in München oder Berlin – nicht die Staats- oder Parteibauten (das Hamburger Kreiskommando der Wehrmacht ist erheblich zu trivial, vgl. Nr. 202), sondern Wehrbauten, das heißt Bunker. Einer davon wird später auf dem Heiligengeistfeld als Medienbunker eine ganz eigene Karriere machen (vgl. Nr. 214).

Ehem. Hochschule für Seefahrt (200)
1935
Rainvilleterrasse 4
Hans Meyer
Preußische Staatshochbauverwaltung

Natürlich ist der Entwurf noch der Weimarer Republik und einer modernen Geisteshaltung zuzuordnen, die eine kubistische Architektur favorisiert: elegant, horizontal und dynamisch. Dieser Staatsbau war daher eine große Provokation für die neuen Machthaber, die hier am Elbhang anderes planten (vgl. Nr. 199). Nach über 70 Jahren hat das Gebäude inzwischen seine Funktion als Seefahrtsschule verloren, bleibt aber we-

gen seiner klassischen, modernen Linie erhalten und wird umgenutzt.

Früheres Verwaltungsgebäude der Hamburg-Mannheimer Versicherung (201)
1935
Alsterufer 1–3
Gottfried Schramm, Erich Elingius

Am Ende der Außenalster, an der Nahtstelle zum streng geschützten Ensemble der Binnenalster, entstand 1934 ein wichtiger neuer Verwaltungsbau. Keine andere damals noch zu bebauende Lücke in der Hamburger Innenstadt hatte eine größere städtebauliche Bedeutung. Die Architekten Schramm und Elingius, aus der Tiefe des Raumes einer gemäßigten Hamburger Moderne kommend, lösten die Aufgabe und die damit verbundene ideologische Falle architektonisch – von allem ein bisschen, das aber perfekt. Das Flachdach der Moderne wird mit einer vereinfachten klassizistischen Fassade

kombiniert. Kein anderer ambitionierter Großbau jener Zeit drückt die bauliche Ungewissheit dieser Jahre besser aus. Da das Haus den Verlauf der Straße nachvollziehen musste, ist allerdings ein sehr schwungvoller Bau entstanden.

Generalkommando, später Standortverwaltung der Bundeswehr (202)
1936
Sophienterrasse 14
Distel & Grubitz

Ein Wehrkreisdienstkommando war eigentlich ein untergeordnetes Dienstgebäude der Wehrmacht und ist dennoch einer der wenigen Neubauten in Hamburg, die direkt für das Regime gebaut wurden.

Die spannungslose Fassade, die Autorität ausdrücken soll und trotz des schönen Grundstücks an der Außenalster kaum wahrgenommen wurde, verrät, dass sie genormt und nicht vom Genius Loci inspiriert war. Jahrzehntelang hat hier die Bundeswehr ihre Hamburger Standortaktivitäten verwaltet. Wenn jetzt das ganze Terrain privatisiert und verkauft wird, wird der Bund dies zu schätzen wissen und daran kräftig verdienen können.

Kriegerdenkmal der 76er (203)

1936
Dammtordamm
Richard Kuöhl

Richard Kuöhl war der Haus- und Lieblingsbildhauer von Fritz Höger und Fritz Schumacher und verantwortlich für feine Applikationen an den Meisterwerken des Hamburger Backsteinexpressionismus wie dem Chilehaus (vgl. Nr. 141). Wenn er ein Denkmal für die Traditionsvereine des Hamburger Infanterieregiments 76 entwarf und es als einen Brückenpfeiler der Zukunft formte, ist dies zunächst nicht zu kritisieren. Dagegen spricht allerdings, dass das Denkmal im Dritten Reich errichtet wurde und marschierende Soldatenkolonnen mit dem zweifelhaften Motto »Deutschland muss leben, und wenn wir sterben müssen« zeigt. In den

1980er Jahren führte dies schließlich zu einem unvollendeten Gegendenkmal des Wiener Bildhauers Alfred Hrdlicka.

Sanierungsgebiet Rademachergang (204)

1936
Rademachergang
Klophaus, Puls, Richter u. a.

ENSEMBLE Seit der Wende vom 19. zum 20. Jahrhundert erlebt der Bereich des Wallrings, also die heutige City, einen ungebremsten Ausbau. Trotzdem existierten in den 1930er Jahren immer noch Inseln

mit den stark sanierungsbedürftigen Gängevierteln, eines davon in der nördlichen Neustadt am Großneumarkt. Eine Besonderheit lag darin, dass hier – fast schon die Ausnahme – ein Wohngebiet realisiert wurde, das von gemeinnützigen Bauvereinen getragen wurde. Deswegen taucht man heute mitten in der geschäftigen City überraschend in eine heimelige Nachbarschaft ein, die rund um ein gediegenes Hummel-Denkmal (wiederum von Richard Kuöhl) eine Welt der steilen Dächer und Rundbögen darbietet. Und das alles aus rotem Backstein. Es waren daran übrigens Architekten beteiligt, die vor 1933 als klassische Modernisten galten. Dies und die Tatsache, dass von den ursprünglich sozial sehr schwachen, ausschließlich kommunistisch ausgerichteten Bewohnern die meisten vertrieben wurden, macht das Rademacherviertel zu einem besonderen baulichen Zeugen.

Blut und Boden – Traditionelles Bauen im Dritten Reich (205)

Die bauhistorische Forschung in der jungen Bundesrepublik Deutschland wurde immer wieder von der Frage überschattet, ob es denn einen nationalsozialistischen Baustil gegeben hatte. Insbesondere der Hamburger Historiker Hartmut Franck hat sich früh auch auf internationaler Bühne gegen diese Vereinfachung gewandt, und Werner Durth hat nachgewiesen, dass es weder eine »Stunde Null« noch eine totale Verleugnung der jeweils vorangegangenen Strömungen gegeben hat. Man kann deswegen auch für Hamburg feststellen, dass der lange Schatten eines Fritz Schumacher weit in die Bautätigkeit des Dritten Reiches fiel und sich die erfolgsverwöhnten Hamburger Architekten – wenn auch jetzt oft auf eigenes Risiko und ohne öffentlichen Bauherren – (erst einmal) treu blieben.

Trotz der plakativen Ausweisung als »Führerstadt« fehlen für Hamburg die »sichtbaren Zeugen der Herrschaft, die als Klischee des Bauens und Planens im Dritten Reich existierten: die Staatsarchitektur wie in Nürnberg, München oder Berlin, verbunden mit bekannten Architektennamen wie Albert Speer oder Paul Ludwig Troost«, stellt Stadtplanungsprofessor Dietmar Machule richtig fest. Das Generalkommando an der Sophienterrasse (vgl. Nr. 202) ist im Vergleich zu Münchner und Berliner Bauten bescheiden zu nennen; entsprechend zurückhaltend war seine Ausführung. Eindruck schindet höchstens das mediokre Sandsteinportal der ehemaligen SS-Kaserne »Germania« in Langenhorn (später als Krankenhaus genutzt, jetzt Konversionsfläche für ein neues Wohngebiet). Aber hinter dem martialischen Eingang geht es unter Walmdächern und mit Sprossenfenstern ganz einfach zu.

In Hamburg ist seit der Diskussion um einen Heimatschutz in der Gründerzeit (vgl. Nr. 111) immer ein stark traditioneller Zug bei der Baukunst zu spüren. Das Blut und Boden-Konzept der Nationalsozialisten entsteht weder hier noch anderswo in Deutschland im luftleeren Raum. Nach den großen Erfolgen im Arbeiter- und Kleinstwohnungsbau in der Weimarer Republik (vgl. Nr. 179) ist die Zahl der neuen Wohnungen stark rückläufig. Wenn 1932 noch 1.286 Siedlerstellen angeboten werden, sind es in den nächsten Jahren im Schnitt nur noch etwa 400. Wenn gebaut wird, dann etwas intimer in Siedlungen oder Reihenhäusern. Vorbildlich ist die Franck'sche Siedlung (vgl. Nr. 210) zu nennen. Natürlich musste man vor allem für Rüstungsarbeiter auch noch den Geschosswohnungsbau forcieren. Dabei verständigte man sich weitgehend auf langweilige, aber ökonomisch günstige Zeilenbauten unter Satteldächern.

Es ist mehr das »Bild«, das die Machthaber des Dritten Reiches und ihre Architekten interessiert. Die eingesetzten Baupflegekommissionen verhindern systematisch den Bau von Flachdächern, wie sie noch in der Weißenhofsiedlung propagiert worden waren. Immer wieder werden traditionelle Elemente aus deutschen Gauen herangezogen: Ziegel und Fachwerk als niederdeutsche Elemente, aber auch – wie im Falle der Schwarzwaldsiedlung (vgl. Nr. 211) – mitteldeutsche Vorbilder. Die Ergänzung der bestehenden Gartenstädte in Wandsbek, Fuhlsbüttel oder Berne passt ebenfalls gut ins Kalkül. Baulich wie politisch ist Hamburg eben keine Führerstadt geworden.

Schwarzwaldsiedlung

Ehemalige SS-Kaserne Germania in Langenhorn; später Krankenhaus Heidberg

Landhaus Dr. Hein **(206)**
1936
Tangstedter Landsstraße 28
Rudolf Lodders

Dieses Landhaus in seinem formalen Konflikt zwischen Moderne, wie sie das Bauhaus (Bullaugenfenster) propagierte, und einer nationalen Tradition des geneigten Daches und der rustikalen Attitüden steht für eine Reihe von Villen aus den 1930er Jahren. Rudolf Lodders (Schüler von Karl Schneider und Martin Elsässer), der mit den Grindelhochhäusern (vgl. Nr. 224) später Hochhäuser mit Flachdächern bauen wird, versucht in jenen Jahren viele Einflüsse unter einen Hut zu bekommen – dies ist auch an seinem eigenen Wohnhaus in Blankenese nachzuvollziehen.

Lutherkirche Wellingsbüttel **(207)**
1937
Up de Worth 23–27
Hopp & Jäger

Wellingsbüttel im Alstertal wurde nach dem Ersten Weltkrieg als Ausweichquartier und Alternative zu den Elbvororten nach festen Regeln durch die ATAG (Alstertaler Terrain- und Aufbaugesellschaft) aufgesiedelt. Je näher das Grundstück zur Alster lag, desto größer musste es sein. Es entstanden prächtige Backsteinvillen, darunter auch sehr expressive Landhäuser von Fitz Höger auf der Vorzeigestraße »Up de Worth«. Genau gegenüber entstand in den 1930er Jahren die »Dorfkirche« auf einem künstlich angelegten Kirchplatz, mit gedrungenem Turm und zierlichen Fachwerkapplikationen – ein klares Zeichen dafür, die Zeit zurückdrehen zu wollen, wenn man einer Villenkolonie einen solchen Mittelpunkt spendiert. Allerdings wurde gerade diese Kirche in der Nachkriegszeit, als viele neue Kirchbauten entstanden, dank ihrer hohen Qualität und ihrer Proportionen als Vorbild angesehen.

Altstädter Hof **(208)**
1937
Altstädter Straße 11–13
Rudolf Klophaus

Ein attraktives Grundstück des Kontorhausviertels blieb bis weit in die 1930er Jahre unbebaut; schließlich wurde die Lücke durch Wohnungsbau und Kleingewerbe geschlossen. Die klare Linie wie bei den benachbarten Backsteinkontorhäusern fehlt, alles wirkt hier verspielter und provinzieller. Im entsprechenden Band von »Hamburg und seine Bauten 1929–1953« fehlt jegliche Notiz. Hat man sich geschämt? Aus heutiger Sicht sicher bemerkenswert ist der Bauschmuck von Richard Kuöhl: zeitgemäß bilden die Olympischen Spiele das Thema.

Standardhaus/Essohaus **(209)**
1938
Neuer Jungfernstieg 21
Gottfried Schramm, Erich Elingius

Der Bauboom der neuen Kontorhäuser ebbt nach 1934 ab, einige Großbauten des

Kontorviertels wie der Sprinkenhof (vgl. Nr. 197) wurden noch zu Ende gebaut. Eine Ausnahme ist das »Esso«-Haus am Neuen Jungfernstieg, an der Stelle, wo Konstanty Gutschow Planungen für ein Hochhaus angestellt hatte (vgl. Nr. 209). Wie bei dem vom selben Architekten zur gleichen Zeit vollendeten Prien-Haus am Jungfernstieg/Colonnaden gelingt aber auch hier nur ein pathetischer, geometrisch ausgezirkelter Baukörper, der aus der Menge ähnlicher Bürohäuser dieser Zeit in Europa nicht herausragt. Es passt in die Zeit, dass der Eckturm an der Esplanade schon lange vor dem Krieg als Standort für Flaggeschütze ausgerüstet wurde.

Siedlung Klein Borstel (210)
1939
Wellingsbütteler Landstraße, Kornweg
Paul Alfred Richter und Hermann Frank u. a.

Die Brüder Frank waren in den 1920er Jahren als energische Protagonisten des Neuen Bauens aufgetreten; ihre »Laubenganghäuser« (vgl. Nr. 155) brachten ihnen internationalen Ruhm ein. In den 1930er Jahren dachten die Brüder um.

Um bauen zu können, errichteten sie auf eigene Rechnung die Frank'sche Siedlung in Klein Borstel am Kornweg: 547 Einfamilien-Reihenhäuser mit einer Minimalbreite von vier Metern und einer Wohnfläche von knapp 60 Quadratmetern. Natürlich wurde diese landschaftsverbundene Siedlung, diese Idylle aus Toren, Hecken, Pergolen und malerischen Durchblicken, schnell der Ideologie jener Zeit zugeordnet. Das ist aber nur die halbe Wahrheit, denn die perfekte Organisation ist durch qualifizierte Architekten erfolgt, die es schafften, selbst bei einer hohen Dichte (von Anfangs 224 Einwohnern pro Hektar) ein gleichermaßen privates wie auch gemeinschaftliches Gefühl des Wohnens zu erzeugen. Die Siedlung machte in den 1980er Jahren und später eine zweite Karriere, ausgerechnet mit der Müsli-Generation, als Lehrer und Ökos die Frank'sche Siedlung nach ihren Vorstellungen gestalteten.

Schwarzwaldsiedlung (211)
1940
Essener Straße 9–75
Paul Alfred Richter

Dass hart arbeitende Bergleute in der Gründerzeit durch weitgehend heimattümelnde Siedlungen mit Garten und Stallgebäuden aus ihren ländlichen Heimatgebieten angelockt wurden, gehört zur Geschichte des Ruhrgebiets. Als das Dritte Reich begann, gegen die Bestimmungen des Versailler Vertrages aufzurüsten und beispielsweise in Langenhorn rheinische oder Schwarzwälder Rüstungsbetriebe ansiedelte, wurden für Führungskräfte Siedlungshäuser im Schwarzwälder Stil mit schwarz-weißen Fachwerkwänden oder Schlagläden gebaut; Bunkeranlagen wurden dabei auch schon mal als Strohdachhäuser getarnt.

Konstanty Gutschow

***1902 in Hamburg, †1978 in Hamburg (212)**

»Gutschow kann wegen seiner politischen Verstrickung in den Jahren 1933–1945 nicht zur Leitfigur heutiger Planer werden, vor allem deshalb nicht, weil Gutschows Werdegang zeigt, wie der – bei fast allen Architekten und Städtebauern – vorhandene Wunsch, den großen Wurf zu realisieren, die Gefahr birgt, sich in Machtstrukturen zu integrieren.«

Elke Pahl-Weber

Der Hamburger Konstanty Gutschow (1902–1978) war gelernter Architekt und machte für damalige Zeiten eine Karriere, die derjenigen Albert Speers vergleichbar ist. Seine Lehrjahre verbrachte er nach Studien in Danzig und Stuttgart und Praktika bei Höger sowie an der Baustelle des Chilehauses im Büro von Fritz Schumacher. In jenen Jahren projektierte er ein provokantes, nie verwirklichtes Hochhaus an der Binnenalster. Gutschow trat schon 1933 in die SA ein, später auch in die Partei. Nach kleineren privaten Aufträgen ging er zur Projektierungsgesellschaft der Reichsautobahn und wurde deren Gebietsarchitekt Nordwest.

1937 gewann Konstanty Gutschow gegen Paul Bonatz den Wettbewerb für die Neugestaltung des Nordufers der Elbe (vgl. Nr. 199). Interessanterweise dachte man schon damals sehr ähnlich wie heute. Die Touristen sollten durch prächtige Architektur und Baukunst beeindruckt werden. Damals waren es vor allem »Kraft durch Freude« – Reisende wie auch ausländische Touristen, die soeben auf dem Passagierschiff den Atlantik überquert hatten, um sodann auf dem Strom Hamburg zu erreichen. Für die Passagiere der »Queen Mary II« baut man heute die Elbphilharmonie und die Perlenkette. Am 31. Januar 1939 entschied Hitler selbst, dass Gutschow Hochhaus, Gauforum und weitere Bauten realisieren sollte. Was dann in einer halbstaatlichen Institution an der Palmaille passierte, war eine Mischung aus Fanatismus und Aufbruch, und es war eine wirkliche Chance für einen begabten Architekten. Konstanty Gutschow hatte die Projekte seines Lehrmeisters Schumacher im Kopf, und hätte man ihm die veranschlagte Zeit von 20 Jahren wirklich gegeben, hätten die neue Elbuferstraße, die Parteibauten und der Weiterbau im Bestand sich für Hamburg durchaus positiv auswirken können.

Gutschow sollte aber nur sechs Jahre Zeit haben – es waren die Kriegsjahre. Zunächst als »Architekt des Elbufers«, einer monumentalen Phantasie, ähnlich wie jene von Albert Speer für die neue Reichs- und Welthauptstadt »Germania«. Ab 1941 kümmerte er sich als »Architekt für die Neugestaltung der Hansestadt Hamburg« auch um den Generalplan. Elbhochufer, Sportfeld und Hansische Universität blieben nur als Modell und Zeichnung erhalten. Auf die gleiche Weise wie Albert Speer, der statt Germania zu bauen nun Rüstung zu betreiben hatte, geriet auch »der Speer der Niederelbe« ab 1942 in eine Gegenposition, leitete das Amt für kriegswichtigen Einsatz und wurde noch unter den Nationalsozialisten für den Wiederaufbau zuständig. Je länger der Krieg dauerte, desto mehr wurden alte Grundsätze aufgegeben und stattdessen improvisiert. Erste Ideen für eine aufgelockerte, völlig neu zu organisierende Stadt sollten vor allem in Hamburgs Osten entstehen. Er blieb bis kurze Zeit nach Kriegsende noch in der Verantwortung und wird dann entlassen. Gutschow hatte in der Nachkriegszeit weniger Einfluss als andere seiner Kollegen (sein Bürovorsteher wird Planungsdezernent in Hannover), vielleicht auch deswegen weil er zu sehr am (Stadt-)Bild der neuen Machthaber mitgewirkt hatte. Eine Rolle als Graue Eminenz der Nachkriegsplanergeneration hat er trotzdem gespielt. In Hamburg ist sein Wohnhaus von 1939 in der Rissener Gudrunstraße 6[illegible] erhalten.

Das frühere Privathaus von Konstanty Gutschow in der Rissener Gudrunstraße

Rundbunker-System »Zombeck« **(213)**
1941
Moorweide etc.

Insgesamt zwölf Türme des Bunkersystems »Zombeck« wurden seit Kriegsbeginn in der Nähe von S-Bahn-Stationen, bei den Elbbrücken und am Hafen errichtet. Diese Türme galten als »bombensicher«. Ihre Wände und die Spitzen bestanden nur aus Stampfbeton und waren nicht bewehrt. Die Bomben sollten, wenn sie den Turm trafen, abgleiten. Offiziell 600 Personen, meistens aber viel mehr, betraten den Bunker über Rampen. Gegründet wurden diese Schutzbauten auf

einem Pfahlrost. Keiner der Türme hat Volltreffer erhalten, deswegen stehen sie heute noch - teilweise umgenutzt - hinter einem wohlfeinen Ziegelkleid und unter Dachziegeln, wie sich das für Hamburg gehört. Selbst in der Katastrophe galt noch eine gewisse Kleiderordnung.

Hochbunker Heiligengeistfeld, Hochhaus 1 **(214)**
1942
Feldstraße 66
Reichsministerium für Bewaffnung und Munition, Friedrich Tamms

Von Beginn des Krieges an reichte der vorhandene Luftschutzraum nicht mehr aus, der sich in der Regel in Kellern von öffentlichen oder Büro-Bauten befand. Die Hochbunker sollten zur Basis für die Flugabwehr ausgebaut werden. Die beiden Bunker am Heiligengeistfeld, wo

traditionell Jahrmärkte wie der »Dom« stattfinden (der Hochbunker 2 ist inzwischen abgerissen beziehungsweise neu umbaut worden), sollten bewusst historische Festungsanlagen kopieren. Eine entsprechende Verkleidung der Mauern ist nicht mehr zur Ausführung gekommen. Nach dem Krieg ist von hier aus die erste Tagesschau gesendet worden und später das erste Hamburger Medienzentrum entstanden.

Norweger-Siedlung **(215)**
1944
Wohldorf und Ohlstedt
Ellerbrookswisch & Kallmorgen

Zu den merkwürdigsten Erscheinungen des »Tausendjährigen Reiches« in Hamburg gehören drei Dutzend so genannte »Norweger Häuser«, deren Grundzutaten wie die Blockhauskonstruktion und die

begrünten Dächer tatsächlich durch Werner Kallmorgen bei norwegischen Firmen in Auftrag gegeben wurden. Die

Idylle – die Häuser stehen durchweg in charmanten Gruppen zusammen – wurde später als Hamburger Kernzelle eines ökologischen Gesinnungswandels angesehen. In Wahrheit dienten sie ausgebombten hohen Parteifunktionären als Fluchtorte, und das reichte bis zum Hamburger Reichsstatthalter Karl Kaufmann. Weit draußen, Kilometer weit entfernt vom Bombenterror und durch die grünen Dächer bestens getarnt. Es sind nicht alle Häuser erhalten, aber bei den übrig gebliebenen ist durchaus spürbar, dass ihre Bewohner eine Spur liebevoller mit ihnen umgehen als mit anderen Häusern jener Jahre.

Ehem. KZ Neuengamme (216)
1940–45
Jean-Dolidier-Weg 75

Es gehört zur furchtbaren Ironie der Geschichte, dass das ehemalige Konzentrationslager Neuengamme unmittelbar mit der Stadtentwicklung Hamburgs zu tun hat. Denn hier sollten von den Gefangenen jene Klinker in Massen gebrannt werden, die gebraucht wurden, um die »Führerstadt« Hamburg auszubauen (vgl. Nr. 199): Klinkerwerk, Außenlager, Gedenkstätte. In Folge der grausamen Arbeitsbedingungen und des Terrors sind hier etwa 50.000 Menschen zu Tode gekommen. Das Ziegelwerk besitzt eine gewaltige Rampe. Dies alles ist erhalten und wird heute eindrucksvoll als Gedenkstätte genutzt, spätestens seitdem der letzte fremde Nutzer, die Hamburger Justiz, ausgezogen ist und eine angemessene, sehr zurückhaltende Freiraumplanung den würdigen Rahmen setzt.

Gedenkstätte Plattenhaus (217)
1945
Kritenbarg 8
Architekt nicht bekannt

In den letzten Jahrzehnten ist am östlichen Endbahnhof der Linie S1 ein zweites nördliches Zentrum des Bezirks Wandsbek entstanden. Kein anderes Gelände im ehemaligen holsteinischen Landvorort hat sich so radikal verändert. Das hier ansässige Einkaufszentrum Alstertal gilt als das erfolgreichste Europas und ist Vorbild für viele innerstädtische Einkaufsarkaden. Umso überraschender und kurioser ist, dass sich ein einfaches kleines Beton-Plattenhaus einer ehemaligen Siedlung für Bombenopfer erhalten hat. Betonplatten und Ständer tragen ein flaches Satteldach. Gebaut wurde es von Häftlingen des KZ Neuengamme (vgl. Nr. 216). Es dient heute als Gedenkstätte.

35
37
35
37
18e

11

31

Auferstanden aus Ruinen – Wiederaufbau und Wachstumsjahre 1945–1975 (218)

Wenn es ein Bild für das Gegenteil einer blühenden Landschaft gibt, dann zeigt dies der Osten Hamburgs, beispielsweise 1946 der Arbeiter- und Kleinbürgerstadtteil Hamm. Die Straßen sind jetzt frei von Schutt. Der liegt auf den Grundstücken und ist meterhoch. Dazwischen stehen einige Grundmauern mit ausgehöhlten Fensterlöchern. Anstelle intakter Häuser wurden einfache Blechtonnen aufgebaut, man nennt sie Nissenhütten. Der Wiederaufbau beginnt mit Improvisationen.

Der Stadtbauhistoriker Werner Durth dokumentierte in den 1980er Jahren, wie sich Entwicklungslinien der Architektur und deren Netzwerke der Vorkriegszeiten fortführten und wieder verknüpften. In seinem Buch »Träume in Trümmern« behandelt er auch das Beispiel Hamburg. Die alte Forderung des Internationalen Stils nach Luft und Licht und Loslösung von historischem Ballast prägt hier die frühen Planungen wie den Generalbebauungsplan von 1947. Noch im Krieg war unter Leitung von Konstanty Gutschow (vgl. Nr. 212) ein Stab zum Wiederaufbau berufen worden. Gutschow wie auch Cäsar Pinnau, der Innenarchitekt der Neuen Reichskanzlei in Berlin, seit 1945 in Hamburg, arbeiteten für den Neuanfang. Dass Pinnau in dieser Stadt genauso willkommen ist wie die vertriebenen und zurückgekehrten Baumeister Gustav Oelsner und Ernst May, spricht für den liberalen Geist der Stadt.

Noch einmal meldet sich Fritz Schumacher zu Wort. Seine Theorien von Siedlungszellen und humanem Wohnraum haben sogar in der Nazizeit Gehör gefunden, doch er stirbt bereits 1947. Der ehemalige Altonaer Baurat Gustav Oelsner (vgl. Nr. 185) wird Referent für Aufbauplanung. »Dies als Beweis«, schreibt Werner Durth, »für sozialdemokratische Kontinuität, die 1933 unterbrochen worden war«.

1952 betritt Werner Hebebrand als Oberbaudirektor die planerische Bühne Hamburgs. Unter seiner Ägide werden die frühen Aufbaupläne fortgeführt und schließlich 1960 festgeschrieben. Die Ausrichtung an die Elbe war durch die Naziplanungen obsolet geworden, die Stadt entwickelte sich jetzt in die Gegenrichtung, so in den 1960er Jahren als City Nord in Winterhude (Nr. 263). Deutlicher konnte in einer Bürostadt mit getrennten

Wichtigste Verkehrsbaumaßnahme des Wiederaufbaus: Ost-West-Straße, heute Willy-Brandt-Straße/Ludwig-Erhard-Straße

Ebenen für Auto- und Fußgängerverkehr der Ideologie der Funktionstrennung nicht gehuldigt werden.

Insgesamt erfolgt nun ein Wieder- und Weiteraufbau nach den Prinzipien der Auflockerung und Gliederung. Die wachsenden Bedürfnisse des Autoverkehrs prägen die Stadt. Die schon von Fritz Schumacher, Konstanty Gutschow und anderen Planern ersehnte Ost-West-Querung wird als Ost-West-Straße vom Zeughausmarkt bis zum Deichtor das Muster der klein parzellierten Alt- und Neustadtbesiedlung endgültig überdecken. Die eigentliche Bebauung war schon 1942 durch alliierte Bomber zerstört worden.

Frühe Planungen wie die Entwicklung eines City-Bandes von Wilhelm Ohm (1949) hätten auch in der gesamten Innenstadt zu einer totalen Auflösung der überkommenen Strukturen führen können. Hamburg hat darauf verzichtet. Allerdings erinnern die arrogant in die Stadt gesetzten Grindelhochhäuser (vgl. Nr. 224) daran, was hätte passieren können. Der stark zerstörte mittlere Osten in Hamm, Hammerbrook oder Barmbek erhält nun eine offenere Bauweise im Geiste der drei- bis viergeschossigen Zeilenbebauung und des Satteldachs. In Anbetracht hoher Bäume in grünen Höfen durchaus eine brauchbare Idylle in der Großstadt, auch wenn hier nicht die urbane Kulisse der bourgeoisen Vorstädte Rotherbaum oder Eppendorf entstanden ist. Dafür blieb das Mietniveau vernünftig.

Natürlich zeigte der Wiederaufbau eine gewisse Unbekümmertheit: eingeschossige Ladenbauten schlossen Lücken, Altbauten wurden improvisiert weitergebaut oder aufgestockt. Als dann die größten Wunden geschlossen und Ersatz für den Verlust von der Hälfte des Wohnraums geschaffen worden war, wollte die Stadt wieder wachsen. Es gelang ihr, bis etwa Mitte der 1970er Jahre auf 1,7 Mio. Einwohner zuzulegen. Eine Zahl, die bis zum neuen Jahrtausend nicht wieder erreicht wurde (vgl. Nr. 301). Wie sie damals wuchs, wird heute nicht mehr gut geheißen. Die Großsiedlungen Osdorfer Born, Kirchdorf Süd oder Mümmelmannsberg sind genauso unmenschlich wie in Berlin, Paris oder London.

Evang.-luth. Notkirchen in Eppendorf und Hoheluft (St. Martinus und St. Markus) (219)

1949
Martinistraße 33, Heider Straße 1
Gerhard Langmaack

Der Mensch lebt nicht vom Brot allein. Es gehörte zu den vorrangigen Notprogrammen in Westdeutschland nach dem Krieg, die Kirchen möglichst schnell wieder aufzubauen oder, wenn das nicht möglich war, Notkirchen zu errichten. In Hamburg war der schon vor dem Krieg als Kirchenbauer anerkannte Gerhard Langmaack aufgerufen, ein standardisiertes Holztragwerk des Architekten Otto Bartning (dieses wurde

insgesamt knapp 50 Mal in Deutschland eingesetzt) für die Kirche St. Martinus in der Martinistraße zu verwenden. Die benachbarte Markuskirche (Foto) wurde von Jörn Rau betreut. Die Konstruktion zeichnet sich durch besonders wirtschaftliche Profile aus.

Geschosswohnungsbau Bellevue (220)

1950
Bellevue 19 und 21
Cäsar Pinnau

An diesem Mehrfamilienhaus für »Bessergestellte« wird eine gewisse Orientierungslosigkeit der unmittelbaren Nachkriegszeit deutlich. Für Villen ist (noch) zu wenig Geld vorhanden, aber mit gleicher Grandezza mehrere Familien

unterzubringen, traut man sich schon wieder. Fenstertüren, Balustraden, heller Putz – das ist die gebaute Sehnsucht nach dem Süden. Und wenn es auch zu diesem Zeitpunkt für viele Deutsche noch nicht möglich war, dorthin zu fahren, hier an der Alster konnten sie mediterranen Klischees und Träumen nachgehen – ob als Bewohner oder Passant.

Mehrfamilienhaus Bellevue (221)

Um 1950
Bellevue 20
Sprotte & Neve

Im Vergleich zum Vormodell (vgl. Nr. 220) aus demselben Baujahr kann der Unterschied nicht größer sein: puristisch in der Ausstattung und trotzdem schwungvoll im Detail. Dieses Haus kann nicht mehr als Spross einer hanseatischen Villen-

kultur bezeichnet werden, dennoch ist es als Mehrfamilienhaus der Urahn einer Generation von späteren Stadtvillen mit

Alsterblick – souveräner in der Gestik als so manche Epigonen von heute. Dazu reichte im Prinzip schon die elegante Balkonkonstruktion aus.

Wohnhaus Pinnau (222)

1951
Elbchaussee 245
Cäsar Pinnau

Cäsar Pinnau ist ein Phänomen in der deutschen Architektenlandschaft. Scheinbar mühelos gelingt es ihm, das Vertrauen von Albert Speer zu gewinnen und inner-

halb seines Planungsstabes wichtige innenarchitektonische Aufgaben wie 1938 die martialische Ausgestaltung der Neuen Reichskanzlei in Berlin zu erfüllen. Doch schon wenige Jahre nach dem Untergang des Dritten Reiches arbeitete er erfolgreich für den griechischen Reeder Onassis. Möglicherweise als einer der letzten Neoklassizisten vor der Postmoderne der 1980er Jahre kombiniert er, allerdings eine wesentliche Spur eleganter als sein Ost-Berliner Kollege Hermann Henselmann, national-traditionelle Motive. An seinem eigenen Wohnhaus schuf er eine Säulenloggia unter einem Pavillondach mit provencalischem Charme (vgl. auch seine Schiffe und Zweckbauten, Nr. 249 und 241).

Saturnmarkt (früher Nordwestdruck) (223)

1951
Saseler Damm 43
Sprotte & Neve

Eine Druckerei aus den Zeiten des Wirtschaftswunders in Poppenbüttel bediente sich der Stilmittel des Bauhauses. Der weiße, durch horizontale Fensterbänder geprägte Gewerbebau erhielt eine runde gläserne Ecke als Eingang und Treppenhaus. Überzeugend ist im Inneren eine gegenläufig gekurvte Galerie – ein Zeichen für den (Aufbau-)Schwung jener Jahre. Dahinter liegt eine große Sheddachhalle in Skelettbauweise. Sie fungiert heute als Bau- oder Multimediamarkt. Dies ist auch der Grund, warum das Bauwerk – allerdings stark verändert – überlebt hat.

Zwölf Apostel der Moderne: Die Grindelhochhäuser (224)

Die Hochhausscheiben am Grindelberg sind als eine Reinkarnation begrabener Ideale aus den 1920er Jahren zu verstehen. Die Grindel-Hochhäuser wurden zwischen 1946 und 1956 von einem Architekten-»Kollektiv« errichtet: Bernhard Hermkes, Hopp & Jäger, Rudolf Lodders, Albrecht Sander, Ferdinand Streb, Fritz Trautwein, Hermann Zess; kurzum: das Beste, was Hamburg zu bieten hatte. Britische Bomben hatten die westlichen Karrees einer Blockbebauung des 19. Jahrhunderts in Harvestehude nahezu ausradiert. Doch nach dem Krieg brauchten die Briten ein Hauptquartier für die Besatzungstruppen. Zunächst waren sie im unzerstörten Teil Rotherbaums einquartiert. Nun wollten sie neue Quartiere und die deutsche Einwohnerschaft entmieten. Dieses so genannte »Hamburg project« war unmittelbarer Auslöser für die Grindelhochhäuser; erste Pläne der Briten sahen hier Offizierswohnungen vor.

Die Geschichte allerdings war schneller als die Bauleute. Andere Städte wie Wiesbaden oder Mönchengladbach wurden zu Camps der Alliierten in einem entmilitarisierten neuen Westdeutschland. Der offizielle Verzicht auf das »Hamburg project« erfolgte am 21. Januar 1947, ein Ausstieg auf Raten. Der alliierte Bedarf schrumpfte monatlich und spielte spätestens 1949 keine Rolle mehr. Was also tun mit den Planungen und der begonnenen Baustelle? Eine engagierte Hochhausdebatte wurde zwischen Politik, Bevölkerung und Architektenschaft geführt. Aus heutiger Sicht war es aussichtslos, die Pläne der Alliierten noch zu stoppen.

Denn einmal bombastisch begonnen, mussten die Pläne ernst genommen werden. Wer sie heute einsieht, kann kaum noch die Arroganz nachvollziehen, mit der diese 200 Meter langen Scheiben ins Bild der Stadt gestellt wurden. Aber in ihrer Zeit verstanden oder mit den Protokollen damaliger Bürgerschaftssitzungen verglichen, wird klar, wie die Gruppe der jüngeren Architekten euphorisch vom Nährboden der klassischen Moderne aus beweisen wollte, dass man Fanale nur als hohe lichte Scheiben setzen kann. Der Krieg hatte die Hochhausprojekte der Nazis am Elbufer verhindert. »Jetzt erst recht«, sagten sie sich, so etwa Bernhard Hermkes: »Das Hochhaus-Projekt am Grindelberg ist eine erste Dokumentation moderner Baugesinnung und auch der erste großzügige Schritt zum Wiederaufbau der Wohngebiete unsrer Stadt«.

Die Grindelhochhäuser werden in Hamburg – ähnlich wie die Stalinallee im Berliner Osten und das Hansaviertel im Berliner Westen – zum Signal einer gesellschaftlichen Ideologie und Willenserklärung, wie man leben möchte. So ist denn der neue Grindel ein Spiegel der Urbanität beziehungsweise so war er gedacht: unten Läden, moderner Wohnungsbau, Büros, vor allem Verwaltung in Gestalt der Bezirksverwaltung Eimsbüttel mit Standesamt. In der historischen Rezeption werden die Bauten dann gnädiger behandelt als die späteren Großsiedlungen am Rande der Stadt. Sie galten als guter Standort, weil wohlhabende Bürger den Erstbezug übernahmen (bei immerhin knapp 4.000 DM Eintrittsgeld als Mieterdarlehen für eine Zwei-Zimmer-Wohnung erfolgte da schon eine Auslese).

Viele dieser ersten Nutzer blieben bis in die 1990er Jahre hier wohnen. Immerhin waren die Wohnungen mit Aufzug und Müllschlucker damals ausgesprochen komfortabel und die Aussicht sensationell.

Fassadendetail

Ursprünglich als Britisches Hauptquartier geplant: Hochhäuser am Grindel

Bürohaus Alsterufer (225)

1951
Alsterufer 50
Ferdinand Streb

Ein Blick auf den Grundriss macht deutlich: Die ausladenden Schwünge in der Fassade haben hier einen »Nierentisch« als Stadtmöbel erzeugt. Einer der ersten Hamburger Versicherungsneubauten schiebt in prädestinierter Lage an der Alten Rabenstraße seine raumgreifenden Hausflügel in das Alstervorland. Quadratische Öffnungen im »wehenden« Vorhang der Fassade waren nicht gerade typisch für die in die waagerechte Linie verliebte klassische Moderne. Hier adeln sie die viergeschossige Fassade, die auf einem Sockelgeschoss aufsitzt. Schwingen, auskragen, schweben – der Gelbklinker passt zum Alsterhimmel, und es verwundert nicht, dass Traumfabriken wie Werbeagenturen hier ihre Heimat fanden, als die Versicherer an andere Standorte abwanderten. Zu Recht wird der Bau »eine Inkunabel des Wiederaufbaus genannt« und derjenige, der sie errichtete – wie auch die gegenüberliegenden Gebäude –, war der Spiritus Rector dieser Bewegung: Ferdinand Streb (vgl. auch Alsterpavillon, Nr. 226).

Alsterpavillon (226)

1953
Jungfernstieg 54
Ferdinand Streb

Die Hamburger sind nicht zimperlich mit dem architektonischen Gut umgegangen, das die 50er Jahre an den Alsterstrand gespült hatte. Vieles ist wieder verschwunden oder wurde zugekleistert. Kein Wunder, wenn damals schnell, schlecht und sehr niedrig Lücken gefüllt wurden. Da half dann nur eine große Entfernung zur Innenstadt zum Überleben, sonst war der Immobiliendruck zu groß. Der Pavillon des Ferdinand Streb an der Binnenalster aus dem Jahre 1953, auf dem Grundriss des Vorgängerbaus entstanden, war eine Ausnahme und steht immer noch. Er überstand auch die jüngste große und strategische Umgestaltung des Jungfernstiegs von 2005/06. Die Überlebensmotivik ist klar: aus Ruinen auferstanden, auf halbrundem Grundriss, der Binnenalster zugewandt, steht er wie eine Vitrine, wie ein Flügel im Stadtraum. Unverrückbar.

Ohne Ecken, aber mit viel Schwung. Inzwischen lohnen allein viele Details im Innenausbau die Einkehr, auch wenn solche Perlen der Immobilienbranche nur noch von der den penetranten Gastronomieketten wirtschaftlich geführt werden können. Der Kollege Oberkellner der 1930er und 1950er Jahre wird schmerzlich vermisst. Ob er zurückkehrt? Die Hoffnung stirbt zuletzt.

Gartenstadt Hohnerkamp (227)
1954
Hohnerkamp, Bramfeld
Hans Bernhard Reichow u. a.

ENSEMBLE Wer heute in die Vorstädte von Hamburgs Nordosten gerät und sich nicht auskennt, ist vom Hohnerkamp

überrascht. Weder ist hier die wenig verbindliche und verdichtete Siedlungsform der 1930er Jahre anzutreffen noch ein sich wild weiter entwickelndes Einfamilienhausgebiet. Hier herrscht eine einheitliche Handschrift für Fassaden, Farbe und Form der Häuser vor. Sie sind flach gedeckt, einmal hoch und einzeln, dann wieder niedrig in der Reihe. Nicht wie auf dem Exerzierplatz der Gründerzeit in Block oder Zeile und rechtem Winkel, nein, weitgehend in offener Bauweise und freier Form. Ein Tanz auf der Nase der Formalisten und Traditionalisten, um zu zeigen, dass es auch anders geht. Die Wohngrundrisse sind klein und kompakt, die Gründergeneration der Bewohner ist heute alt und inzwischen weitgehend weggezogen oder verstorben. Das schafft oft Bedingungen für einen sozialen Brennpunkt. Aber der Hohnerkamp kippt nicht, weil er in unmittelbarer Nachbarschaft properer Einfamilienhausgebiete des Alstertals liegt. Der Hohnerkamp hat Charakter und stellt sich durch seine Einheitlichkeit als eigener Organismus dar. Das ist sicher Bernhard Reichow zu verdanken, der wie bei einem Ahornblatt organische Muster für die Straßenerschließung bevorzugte, so wie er es am deutlichsten in seiner Sennestadt bei Bielefeld gezeigt hat, in der es keine Kreuzungen gibt.

Reihenhäuser Hölderlinstraße (228)
1954
Hölderlinstraße
Ingeborg & Friedrich Spengelin

Die Spengelins waren das Traumpaar des Wohnungsbaus der 1950er und 1960er Jahre. Friedrich, der immer Großes im Auge hatte und zu den Gewinnern des Wettbewerbs »Hauptstadt Berlin« 1956 gehörte, traf auf Ingeborg, die ihn immer wieder auf den Boden holte, wenn die Träume zu teuer wurden. Hier, in einem ihrer Frühwerke, ist ein wunderbares Ergebnis ihrer fruchtbaren Zusammenarbeit zu erleben, und die Preiswürdigkeit war nicht zu unterbieten: knapp 70 Quadratmeter Wohnfläche für etwa 16.000 DM, das waren fast Vorkriegspreise. Und das ausgerechnet in Klein-Flottbek, wo sich in den 1930er Jahren die Gewinner der Weimarer Republik neben den Altreichen festgesetzt hatten. Es ist eine gelungene frühe Form der Verdichtung im Einfamilienhausbau, und eine soziale

dazu. Intime, geschützte Terrassen liegen vor gemeinschaftlichen Gärten mit alten Obstbäumen. Ein Modell, das man immer wieder in Hamburg kopieren wird – aber nicht immer in solcher Qualität.

Evang.-luth. Kirche St. Johannis (229)

1954
Bremerstraße 15
Karl Trahn

Ein Turm, schlank wie ein Campanile, weist den Weg nach Harburg. Allein diese himmelstürmende Geste reicht aus, um dieses Ensemble nachhaltig ins kollek-

tive Gedächtnis Hamburgs einzubeziehen. Beton und Gelbklinkerverkleidung sind typisch für die Zeit. Der Turm ist an den Seiten offen, die Glockenhaube in den Schaft integriert. Es ist eine große Kirche, denn damals bestand auch für Vorstadtkirchen der Raumbedarf in einer Größenordnung von 800 Plätzen. Wenn diese Kirche selbst im Ausland wahrgenommen wurde, so ist das einer geheimnisvollen Licht- und Raumführung zu verdanken. Weil die Gänge asymmetrisch geführt werden und die Emporen sich schwungvoll in die Kurven legen, entsteht in dieser Kirche eine sakrale Stimmung jenseits traditioneller Motivik. Leider hat sie in 1990er Jahren durch Umbau und Erweiterung ein wenig gelitten.

St.-Pauli-Landungsbrücken (230)

1955
Amt für Strom und Hafenbau

Es war der archimedische Punkt des Hamburger Binnenverkehrs. Von hier aus ging es nicht in die Welt, aber in den Hafen. Der historische Hochbahnring war so angelegt, dass er die Hafenarbeiter an der Station »Landungsbrücken«, früher »Hafentor«, ausspuckte. Nur über eiserne Pontons und die Hafenfähren war die andere Seite mit ihren Werften und Hafenbereichen erreichbar. Nach dem Krieg werden die Landungsbrücken in der Gewissheit wieder aufgebaut, dass der Hafen sich nicht weiter so entwickelt wie gewünscht, sondern dass drüben auf der anderen Seite Arbeitsplätze und Betriebe nach und nach verschwinden werden. 1955 lässt man trotzdem Betondächer »fliegen«, baut sehr elegant, ja schiffsmäßig, und will damit mitteilen: Wir trauen unserem Hafen noch viel mehr zu. Über einen Kilometer

lang sind die Hafenanlagen, und die Investition war richtig. Denn die Hoffnung auf einen florierenden Stadttourismus wurde belohnt. Die große Hafenrundfahrt ist obligatorisch geworden. Diese schwebende Aufbruchsarchitektur ist natürlich im strengen Hafenwind in die Jahre gekommen und verlangte nach Sanierung. Ende der 1990er Jahre wurde die alte Architektur dann mit einer hedonistischen Glas-Stahl-Ornamentik brüskiert. Leider. Ein Lichtblick: Die Architekten Adelhelm und Dittmer erweiterten die Landungsbrücken nach Westen mit Werkstattbauten für die HADAG-Reederei. Dort stellt sich jetzt die Frage: Was ist Schiff und was ist Haus?

Hamburgische Staatsoper (231)

1955
Dammtorstraße 28
Gerhard Weber
Kleffel Köhnholdt und Partner,
SML Architekten (Erweiterung 2005)

Die »Bürgeroper« gehört zu den schönsten Kulturbauten der Stadt, und damit ist nicht nur die Nachkriegszeit gemeint. Wie sie sich mit charmantem Schwung in die Dammtorstraße legt, die durch hohe Stadthäuser relativ statisch wirkt, ist anregend, wenn auch nicht typisch für Hamburg. Auch der musikalische Ruf der Hamburgischen Staatsoper ist bombastisch. Dennoch äußerte sich in den 1980er Jahren eine starke Unzufriedenheit mit dem Haus, die mit der Bauepoche zu tun hat. Dabei ist die damals übliche Travertin- und Messingglückseligkeit als Laune der Zeit zu tolerieren. Ärgerlich für viele kulturtragende Hamburger sind hingegen die Insignien einer »Bürgeroper«: Keine repräsentative Fronterschließung mit Vorfahrt, sondern zwei ebenerdige, triviale Seiteneingänge wie in einer Gesamtschule. Auch im Zuschauerraum wurde jegliche traditionelle Repräsentationsgeste unterlassen. Das hier ist kein Theaterbau mit geschlossenen Logen, sondern mit schwebenden Balkonen, und die Decke glänzt nicht mit Fresken, sondern folgt akustischen Gesetzen und der Optimierung der Beleuchtung. Wien oder Paris im Kopf, ist man damit in Hamburg unzufrieden. Dabei ist die Staatsoper einmal der Grundtypus für eine ganze neue Generation von Theaterbauten gewesen. Im Jahr 2005 wurden zwei Neubauten ergänzt und technische Malaisen abgestellt. So wurde der marode Bühnenturm entlastet; es gibt jetzt einen neuen Malersaal und eine attraktive Theaterkasse. Hamburgs Staatsoper wird auch weiterhin nicht mit den Paradebauten des Fin de Siècle mithalten können oder eine Ikone wie die Oper in Sydney sein. Hier kommt es doch mehr darauf an, in sympathisch schlichter Verpackung die große Oper auf die Bühne zu bekommen. Dafür jedoch ist diese inzwischen zu einer kleinen Stadt angewachsene Staatsoper sehr gut geeignet.

Sonderschule Eppendorf (232)
1956
Robert-Koch-Straße 15
Gerhart Laage

Ein junger Architekturabsolvent bekam vom Oberbaudirektor Werner Hebebrand eine Chance zu bauen. Sein Erstling sollte eine Schule sein und er gelang, auch wenn man heute vielleicht fragt warum, denn es gibt inzwischen viele dieser Schultypen. Es ist ein menschlicher, dänischer Maßstab, der hier nach Eppendorf kam, mit Klassenzimmern für Lernbehinderte, die intim wie Wohnzimmer sind.

Damals hieß es in einer architektonischen Würdigung: »Dieser Schulbau ist nicht nur Gehäuse für die erzieherische Arbeit, sondern er hat selbst eine erzieherische, eine befreiende und klärende Funktion.« Hätte Arne Jacobsen sie gebaut, sie würde in jedem internationalen Architekturführer vorkommen. So aber ist die Schule ein Geheimtipp für den Geist jener Jahre geblieben und der Erstling eines Architekten, der später zu den wichtigsten Stadtplanern und Wohnungsbauern des Landes zählen wird.

Wohnquartier Immenhof (233)
1956
Bei der Gertrudkirche
Geert Rechtern, Helmut Landsmann

Vier Hausgruppen in der Form eines Bumerangs legen sich konzentrisch um einen Kirchenbau aus der Gründerzeit, die Gertrudkirche auf der Uhlenhorst. Grüne Wohnhöfe wurden unter Fachleuten als eine stille Revolution angesehen, kombinierten sie doch die dogmatische Zeilenbauweise der Vorkriegszeit mit der Blockbildung aus der Gründerzeit. Es sind heute Zweieinhalb-Zimmer-Wohnungen mit großstädtischem Anschluss

(U-Bahnhof Mundsburg, Einkaufszentrum Hamburger Straße), die sich mit einem einzigartigen stadträumlichen Ensemble verzahnen: mit St. Gertrud und ihrem neogotischen Nadelturm direkt am idyllischen Kuhmühlenteich und neben einer sich dramatisch in die Kurve legenden Hochbahn zwischen Mundsburg und Uhlandstraße.

Parkhaus Bleichenhof (234)
1956
Bleichenbrücke 11, Große Bleichen
Sprotte & Neve

ABRISS Die frühen Parkhäuser der Innenstadt waren eine Huldigung an den neuen Götzen Auto und seine Verehrer.

Das Auto begann, ein Held zu werden; entsprechend machte es sich die Stadt untertan. Dieses Haus stellte die Karosserien und Kühlergrills wie in einem Schaufenster aus. Deswegen waren die Flächen zwischen den schmalen Brüstungen nicht verglast, sondern wurden durch ein türkisfarbenes Kleinmosaik verkleidet. Von einer Vollmotorisierung war noch lange keine Rede. Wer sich ein Auto leistete, war wohlhabend: »632 Wagenplätze, Benutzung frei für Kunden, die am Neuen Wall einkaufen, Große Tankstelle und Wagenpflege«, hieß es in einer Beschreibung aus dem Jahre 1957. Leider ist diese wunderbar authentische Fassade im Zuge des Neubaus einer weiteren Passage verschwunden und wurde mit Backstein feingemacht. Eine flüchtige Ahnung vom Original erhält man mit der anschließenden Eckbebauung der HASPA, der Hamburger Sparkasse.

Verwaltungsgebäude der Neuen Heimat (235)

1957
Lübecker Straße 1
Ernst May, Friedrichs, Brückmann, Haase

Hier trafen zwei Führungspersönlichkeiten des sozialen Wohnungsbaus im Nachkriegsdeutschland aufeinander: der Chef der Neuen Heimat, Albert Vietor, der oben in den Dachaufbauten seiner Konzernzentrale Hof hielt, und Ernst May, der das neue Frankfurt in den 1930er Jahren geprägt hatte. Nachdem er 1953 aus dem Exil Ostafrika zurückkehrte, entwarf er als Chefarchitekt der gewerkschaftseigenen Wohnungsbaugesellschaft das neue Hauptverwaltungsgebäude. Die auffälligen kupfernen Dachaufbauten

bringen Motive Le Corbusiers ins Spiel. Inzwischen ist die Gelbklinkerfassade, die skandinavische Motive nach Hamburg importierte, leider verschwunden. Sie wurde einer modischen Allerweltsfassade aus Sandsteinelementen geopfert. Trotzdem ist das Hauptquartier immer noch ein Meilenstein in der Geschichte der hanseatischen Gewerkschaftsbaukultur – man muss nur genau hinschauen.

Evang.-luth. Dreifaltigkeitskirche (236)

1957
Horner Weg 17
Reinhard Riemerschmid

KULT Dieser einzigartige Sakralbau hat eine persönliche Anmerkung verdient. Ihn Lieblingskirche zu nennen, ist mutig, weil der Autor dort nicht einem einzigen Gottesdienst beigewohnt hat, doch ist sie gerade bei stiller und einsamer Einkehr ein Ort mit spiritueller Ausstrahlung. Reinhard Riemerschmid, ein Neffe von Richard Riemerschmid, hatte den Wettbewerb für den Wiederaufbau der zerstörten großen Vorstadtkirche von Hamm gewonnen. Diese hatte im Hamburger Osten eine große Bedeutung wegen ihres Friedhofes, wo Alexis de Chateauneuf, Hinrich Wichern, Amalie Sieveking und andere begraben sind. Riemerschmid entwarf den Turm in der Silhouette des griechischen Buchstabens Alpha, das Kirchenschiff in Form eines Omega. Dieses Kirchenschiff sollte innen an die urchristlichen Gemeinden und die wandernden Stämme des alten Israel gemahnen. Ihre Betonbinder wirken deshalb wie Zeltstangen, der Raum wie ein aufgespanntes Tuch. So tendiert diese Kirche zwischen dem Provisorium eines Zeltes und dem Ewigkeitsanspruch eines Stahlbetonbauwerks. Der einzigartige Raumeindruck wird unterstützt durch das zum Altarraum aufsteigende Dach und seitliche Oberlichter.

Geschäftshäuser Neuer Wall (237)

1958
Neuer Wall 41–43
Godber Nissen, gmp Architekten von Gerkan, Marg und Partner

Es war der erste Versuch, in Hamburg eine Geschäftshausfassade aus Glas und Aluminium zu konstruieren. Dies und auch die intime Platz- und Raumbildung am Neuen Wall wären Grund genug, das Haus unter Denkmalschutz zu stellen. Mitten im Kern der City und in der Nähe der prosperierenden Passagen ist das aber unmöglich. Es wurde nachverdichtet. Die Architekten von Gerkan, Marg und Partner haben den Riegel in den 1990er Jahren ergänzt und dabei die alten Fassaden erhalten. Die Hamburger Modedesignerin Jil Sander hat hier ihren Hamburger Flagship-Store angesiedelt.

Auditorium maximum (238)

1959
Von-Melle-Park 4
Bernhard Hermkes

Das Wort »Campus« klingt nach Harvard und Yale, nach Schutzzone für Studieren-

de, bisweilen auch als Qualitätsausweis für Architektur. In Hamburg liegt er zentral und aus immobilienwirtschaftlicher Sicht unverantwortlich nah hinter dem Dammtorbahnhof. Dort war vor dem Ersten Weltkrieg ein erstes Vorlesungsgebäude für ein Kolonialinstitut gebaut worden, das ab 1919 der neu gegründeten Universität diente (vgl. Nr. 98). Dahinter breitete sich später der Hamburger Uni-Campus aus, mit Staatsbibliothek und dem »Philosophenturm« (eine Uni im Hochhaus!). Im Mittelpunkt des Campus steht ein polygonales Unikum, ein konstruktives Wunderwerk. Aber Bernhard Hermkes war ein erfinderischer Ingenieursarchitekt und seiner Zeit weit voraus, als er für das Audimax eine wunderbare Schalenkonstruktion mit 60 Meter Spannweite auf Stützen auflagerte, die vor der Fassade stehen. Damals war das eine technische Sensation. Und im Gegensatz zur zeitgleich entstandenen Berliner Kongresshalle immer noch ohne Mängel in Funktion.

Siedlung Groß Borstel (239)

1960
Beerboomstücken, Borsteler Chaussee, Moorweg, Koldeweystraße, Wigandweg, Köppenstraße, Klotzenmoor
Werner Kallmorgen

Groß und Klein Borstel liegen etwa zehn Kilometer auseinander. In Klein Borstel entstand am Kornweg zur Nazi-Zeit eine Reihenhaussiedlung, die heute Kult ist (vgl. Nr. 210). In Groß Borstel hat sie Werner Kallmorgen in gewisser Weise fortgesetzt. Seine neuen Reihenhäuser wirken ähnlich unprätentiös und bieten gleich große Wohnflächen auf ca. 80 Quadratmetern an. Trotzdem hat dieses Quartier eine andere ideologische Aus-

richtung, denn Punkt- und Laubenganghäuser ergänzen sie. Außerdem ist das imaginäre Vorbild Skandinavien im Spiel, das vor dem Krieg keine so große Rolle spielte.

Prototyp einer Wohnzeile (240)

1950/60er Jahre
Wiederaufbau in Eilbek, Barmbek, Hamm, Hammerbrook

Es ist ein bisschen so wie mit dem Mahnmal für den unbekannten Soldaten. Gewürdigt werden soll an dieser Stelle das durchschnittliche viergeschossige Wohnhaus, bei dem unter dem leicht abfallenden Satteldach so genannte Zweispänner, also zwei Wohnungen pro Geschoss,

erschlossen wurden. Die Häuser sind aus Ziegel und besitzen eine Klinkerfassade mit einfachen weißen Holzfenstern. Sie sind in Zeilen, manchmal auch in lockeren Blöcken aufgestellt. In den schlecht zu belichtenden Ecken standen oft eingeschossige Ladenbauten. Dieses Wohnhaus ist ein Prototyp für den Wiederaufbau, der leider in vielen Vororten dafür gesorgt hat, dass das dichte städtische Gepräge der Gründerzeit von einem fast ländlichen, mäßig verdichteten Quartiersbild abgelöst wurde.

Frachtschiff »Cap San Diego« (241)

1962
Landungsbrücken
Cäsar Pinnau

KULT Wenn heute ein Schiff in einem Hamburger Architekturführer verzeichnet wird, macht dies Sinn. Schiffe an Land sind seit dem Chilehaus ein elementares Thema Hamburgs. Schiffe, die auf Dauer

im Hafen festmachen, bilden eine ebenso feste Kulisse wie Bauwerke. Die »Cap San Diego« ist ein Glücksfall für Hamburg, weil sie kurz vor ihrem Ende als Seelenverkäufer unter portugiesischer Flagge heimgeholt wurde und als letzter überlebender Vertreter für die ehemals stolze Cap San-Flotte der Reederei Hamburg Süd steht. Ein Schiff, das noch aussieht wie ein Schiff und in seiner dynamischen Form Vorbild für viele heutige biomorph geformte Bauten sein könnte. Unter anderem hat der Architekt Volkwin Marg 1986 eine Initiative zur Rettung gestartet. Bemerkenswert ist, wie dieses Schiff bis zum Besteck in der Offiziersmesse als Gesamtkunstwerk erhalten wurde. Noch heute kann man das mechanische Wunderwerk der alten Schiffsmotoren bewundern und auf dem Schiff auch wie in einen Hotel übernachten.

Werner Kallmorgen

***1902 in Altona, †1979 in Heimhart (242)**

»Geh zu Kallmorgen, da lernst du was!«
Tipp unter Architekten
in den 60er Jahren

Einer der rührigsten und erfolgreichsten Hamburger Architekten, Werner Kallmorgen (1902–1979), wird post mortem zweifelhafter Ruhm zuteil, denn er ist der Architekt des Kaispeichers A am Kaiserhöft, das den dortigen Ursprungsbau von 1875 im historischen Backsteinstil der so genannten »Hannoverschen Schule« nach Kriegszerstörung und Sprengung 1962 ersetzte. Jetzt wird dieser elegante Backsteinquader zum Basement für die neue Elbphilharmonie (vgl. Nr. 448) und als »Startrampe« für das neue Hamburger Wahrzeichen des 21. Jahrhunderts an der Spitze der HafenCity dienen. Es wäre allerdings fahrlässig und ignorant, nur diese Seite Kallmorgens in die Architekturgeschichte Hamburgs eingehen zu lassen, denn er hat zwischen 1928 und 1974 etwa 400 Bauwerke betreut; die meisten davon wurden in Hamburg realisiert. Zu ihnen gehören solche, die im Stadtbild unübersehbar sind wie das SPIEGEL- und das IBM-Hochhaus (vgl. Nr. 258) sowie

Hochhäuser für die Fachhochschule am Berliner Tor oder das Allgemeine Krankenhaus Altona. Sie alle prägen die moderne Skyline Hamburgs nachhaltig.

Die lange Zeitspanne seiner kreativen Arbeit lässt ihn zum mitwirkenden Zeitzeugen der Moderne werden, auch weil er in Berlin und Dresden studierte. In Sachsen schloss er auch seine Studien ab und in Berlin beteiligte er sich in den 1920er Jahren am Wettbewerb des Turmhauses in der Berliner Friedrichstraße. 1928 entwarf er den Tiergartenring, dessen Realisierung eine erhebliche Urbanisierung dieses zentralen Berliner Bereiches mit sich gebracht hätte.

Schon im Hamburg der Vorkriegszeit setzte Kallmorgen Akzente seiner Auffassung von klaren kristallinen Baukörpern. 1929 entstand ein kleiner Wohnturm (Einfamilienhaus) mit breiter Dachkrempe, den er zusammen mit dem Schriftsteller Hans Henny Jahnn in Hamburg-Osdorf verwirklichte. Nach 1933 war er wie viele seiner Kollegen aus wirtschaftlichen Gründen zu Kompromissen gezwungen. Ein Reetdachhaus im Baurspark in Blankenese entsteht; in seinen (nicht realisierten) Entwürfen für das Thalia-Theater oder die geplante Hansische Universität klingen Reminiszenzen an Art Deco und Neoklassizismus an.

Es muss ein erzwungener Umweg gewesen sein, denn mit seinen Neubauten in den späten 1950er Jahren äußert er sich nur noch in kubischer und puristischer Weise. Als Paradebeispiel mag Kallmorgens Bau des Kaispeichers A dienen. Dessen Klinkerkleid bleibt auch nach dem Ende der Nutzung erhalten, auch wenn sich innen die Tragstruktur zu Gunsten einer wirtschaftlichen Tiefgarage für die neue Philharmonie ändern wird.

Kantig ist auch der Speicherblock T in der Speicherstadt. Dessen geradlinige Form scheint sich von den eklektizistischen Altbauten der historischen Speicherstadt distanzieren zu wollen, liefert aber nur eine neue Version eines alten Themas. In der Rezeption der modernen Hamburger Baugeschichte wurde Kallmorgen zum Symbol für eine eigenständige Hamburger Nachkriegsmoderne, die in Stil, Form und Material mit Respekt vor dem Alten eigenwillige Formqualitäten entwickelt. Es ist wohl das nachhaltigste Statement dieses wichtigen Hamburger Architekten, den man kurz nach dem Krieg noch als »Pinnauartiges Wesen« (vgl. Nr. 218) diffamieren wollte, der sich dann aber zweifelsfrei als Erneuerer profilieren konnte.

Dabei darf man sich von heute aus betrachtet durchaus freuen, dass der Städtebauer Kallmorgen über seine Planungen nicht hinauskam. Sowohl sein Plan für die Innenstadt von Hamburg (1947) als auch eine Studie über das südliche St. Pauli (1967) hatten in radikaler Ignoranz und mit 30stöckigen Hochhausscheiben sogar die Grindelhochhäuser in den Schatten gestellt. Werner Kallmorgen war einsichtig genug, in seinen späten Wohnprojekten wie dem Hexenberg in St. Pauli eine Rückkehr zum humanen Blockrandquartier zu wagen. Als Büroinhaber und Ausbilder prägte er in Hamburg eine ganze Architektengeneration, so etwa Volkwin Marg, der später das Hamburger Büro gmp Architekten von Gerkan, Marg und Partner – mitbegründete (vgl. Nr. 284).

Ursprünglich für die IBM gebaut: Lochkartenhaus von 1968

Evang.-luth. Hauptkirche St. Nikolai (243)

1962
Harvestehuder Weg 118
Gerhard & Dieter Langmaack

Auf einen Wiederaufbau der zerstörten Hauptkirche St. Nikolai auf der Nikolaiinsel wurde aus zwei Gründen verzichtet: Einmal hätte sie nach Zerstörungen durch den großen Brand und im Zweiten Weltkrieg innerhalb eines Jahrhunderts zweimal wiederaufgebaut werden müssen (vgl. Nr. 51). Zum Anderen gab es in der City nach dem Weltkrieg nicht mehr genügend Einwohner für alle Hauptkirchengemeinden. Deshalb wurden nur der Turm und die Kirchenruine als Mahnmal erhalten. Die Kirchengemeinde siedelte nach Eppendorf/Harvestehude über, wo eine neue Kirche gebaut wurde. In Anlehnung an das alte Vorbild entstand auch hier ein feiner, nadelspitzer Turm von 34 Meter Höhe. Der Kirchenraum hingegen wirkt eher wuchtig wie eine Arche und ist mit Schiefer ausgekleidet. Die sehr individuelle Stimmung im Inneren wird vor allem durch ein Mosaik von Oskar Kokoschka bestimmt. Wenn man will, kann man sich auf Spurensuche begeben: Im Turm wurde ein Fenster aus dem Jahre 1939 eingebaut, das noch für die alte Kirche vorgesehen war. Trümmerstücke der Altkirche wurden für den Taufaltar in der Turmvorhalle verwendet. Im Jahr 2004 erweiterte Carsten Roth die Kirche durch den Bau eines Gemeindezentrums (vgl. Nr. 415).

Großmarkthalle (244)

1962
Bankstraße, Klostertor
Bernhard Hermkes, Gerhart Becker

Mit der dreischiffigen Großmarkthalle präsentiert sich der Architekt Bernhard Hermkes als großartiger Ingenieur und konstruktiver Formenerfinder. Seine Betonbinder mit einer Länge von 48 Metern tragen doppelt gekrümmte Betonschalen mit einem erstaunlich dünnen Querschnitt von knapp 13 Zentimetern. Es fällt die spielerische, organische Führung von Dach und Konstruktion auf. Dennoch findet sich kein Detail, dass von Hermkes aus stilistischer Willkür gezeichnet wurde. Was zählt, sind ausschließlich konstruktive Bedingungen. Wenn die Profile sich verjüngen, haben sie dort auch weniger Belastung zu tragen. Bernhard Hermkes, der an der TU

Berlin Baukonstruktion lehrte, gelang schon damals, was heute in der Architektur angestrebt wird: unter riesigen Dächern flexible Nutzungslandschaften anzubieten. Von außen ist die dreifache Schale in dieser Größe ein signifikanter Nachbar der neuen HafenCity. Bei einer imposanten Nutzfläche von 40.000 Quadratmetern ist dieser Bau immer wieder auch für andere Nutzungen im Gespräch gewesen, hat aber (zusammen mit einem Erweiterungsbau für Blumen, 1984) seine Funktion als Großmarkthalle bisher behalten.

Polizeipräsidium **(245)**
1962
Beim Strohhause 31
Hans Atmer, Jürgen Marlow, Hans Th. Holthey, Harro Freese, Egon Jux

Wie für viele Großprojekte nach 1945 zeichnet auch hier ein Konsortium von bekannten Architekten dieser Zeit verantwortlich, diesmal eine Arbeitsgemeinschaft der beiden 2. Preisträger im Wettbewerb. Insbesondere die Gruppe um den späteren Köhlbrand-Brückenbauer Egon Jux (vgl. Nr. 270) ließ sich derart stark von einem unrealisierten Entwurf von Le Corbusier für Algier (1938) beeinflussen, dass man später von Plagiat sprach. Das konstruktivistische Layout der Fassade, die Pilotis, auf die das Haus aufgeständert ist, sowie die Schatten spendenden Stahlbetonbalken und -stützen, die wie Lamellen als Sonnenschutz dienen, sind tatsächlich starke Indizien für die Transformation von Entwurfsmerkmalen, wie sie durch Le Corbusier geprägt wurden. Leider wurden frühzeitig starke Schäden an der Fassade registriert. Auch das ist aus der Frühmoderne bekannt, die zwar über geniale Ideen, aber nicht über die entsprechende konstruktive Umsetzung verfügte. Trotzdem ist heute kaum vorstellbar, dass dieses für Hamburger Verhältnisse radikal moderne Haus auf der Abbruchliste stand, weil der Nutzer, die Polizei, weder glücklich mit dem zeitlichen Ausdruck der 1960er Jahre im Interieur war, noch die anstehende Grundsanierung bezahlen wollte. Es kam zu einer »Neu«-Hamburger Lösung: Die Architekten Bothe, Richter, Teherani bauten in Alsterdorf auf dem Gelände der Polizeischule für einen Investor ein neues Polizeipräsidium, auf einem symbolischen Grundriss in Form eines Polizeisterns. Die Polizei mietete die Flächen. Der Investor bekam dafür den Altbau für weitere Vermarktung an die Hand, den dieselben Architekten modernisierten. So sind am Ende alle glücklich. Auch wenn in der Fassade Authentizität und das Filigrane des Altbaus etwas litten, steht das Gebäude heute, was Konstruktivität und Bedeutung im sich neu formulierenden Quartier am Berliner Tor (vgl. Nr. 420) betrifft, gut da.

Ernst-Barlach-Haus **(246)**
1962
Baron-Voght-Straße 50a, Jenischpark
Werner Kallmorgen

Das unaufgeregte und bescheidende Museum für eine Dauerpräsentation der

Werke Ernst Barlachs ist ein »Haus im Park«. Auch wenn es von außen provokant abweisend und zugeknüpft wirkt, fordert es auf geheimnisvolle Weise zum Eintreten auf. Der Besucher wird belohnt, denn der Bau öffnet sich zu einem Innenhof. Das Haus erinnert an Motive des Barcelona-Pavillons von Mies van der Rohe. Man wollte lange nicht verstehen, warum ausgerechnet das Ernst-Barlach-Haus in direkter Korrespondenz mit dem Jenisch-Haus stehen sollte (vgl. Nr. 25). Doch je länger diese »Ehe« besteht, desto plausibler erscheint die Verwandtschaft beider Baukörper, die sich durch kräftige Quader definieren.

Botanischer Garten – Pflanzenhäuser (247)

1963
Wallanlagen
Bernhard Hermkes, Gerhart Becker

Der Sinn ist einfach: In einer Kombination aus Cycadeen-, Subtropen- und Tropenhaus mit Kakteen und südeuropäischer Flora sollte in den Wallanlagen ein Bildungsauftrag erfüllt werden. Hamburg sollte exotische Pflanzen kennen und entdecken lernen. Die Pflanzenschauhäuser sind Juwelen in »Planten un Blomen« und konstruktiv sehr anspruchsvoll. Der Versuch, in der Hansestadt feuchtes und schwüles Klima künstlich zu erzeugen, führt zwangsläufig zu Korrosionsschäden an der Konstruktion im Inneren. Deswegen hat der Architekt hier die Tragkonstruktion nach außen verlegt. Der lebhaften Form der Glasbaukörper waren ursprünglich »Mittelmeerterrassen« zum Wallgraben vorgelagert. Doch haben solche Pflanzen im Hamburger Schmuddelwetter keine wirklichen Überlebenschancen. Sie sind inzwischen durch resistentere heimische Gewächse verdrängt worden.

Unilever-Haus (248)

1964
Dammtorwall 15
Hentrich & Petschnigg

Im Fußball-Weltmeisterschaftsjahr 2006 schmücken gleich drei »Blue goals« die Dachlinie und betonen den Y-Grundriss. Denn das Unilever-Haus ist weithin sichtbar bis zur Außenalster. Deswegen war das Hochhaus anfangs verhasst, da es die gediegene Skyline Hamburgs völlig neu definierte. 2.000 Beschäftigte fanden hier ursprünglich Platz, doch der Lebensraum des letzten innerstädtischen Gängeviertels war vernichtet, wo erheblich mehr Menschen gelebt hatten. Dort befand sich auch eines der letzten Innenstadtbordelle. Indirekt ist dieses Hochhaus mit seinen 22 Etagen der Auslöser für die Planung der City Nord. Denn mehr als ein Uni-Lever-Haus wollte sich Oberbaudirektor Hebebrand innerhalb des Wallgebietes nicht gefallen lassen. Obwohl es als Bürohochhaus für den ursprünglichen Konzern nicht mehr gebraucht wird, ist es mit seinen drei Flügeln eigentlich ökonomisch günstig um einen Kern herum organisiert. Seine lichtgrüne Vorhangfassade passt sich ans Hamburger Klima und

die entsprechenden Lichtverhältnisse an. Vielleicht wirkt die Fassade deshalb so weich und melancholisch.

Hamburg Süd (249)

1964
Ost-West-Straße 59–61
Cäsar Pinnau

KULT Das Bürohaus entstand nach amerikanischen Vorbildern. Es trug eine der ersten Hamburger Vorhangfassaden und steht an der Ost-West-Straße, die in ihren ersten Jahren wie ein amerikanischer Highway wirkte. Der Architekt beherrscht hier den gängigen Trick von niedrig und hoch perfekt. Das Haus schimmert durch Gläser und Paneele grün – eine perfekte Coverversion des Lever House (1952) von Skidmore Owings und Merill (SOM): »Bemerkenswert ist die Gliederung der Baumasse in einen Sockel und eine davon abgelöste, kubisch-orthogonale Hochhausscheibe«, heißt es im Lexikon der Architektur des 20. Jahrhunderts über das Lever House – und liefert dabei auch eine präzise Beschreibung von Hamburg Süd. Die aus thermisch-energetischen Gründen inzwischen notwendig gewordene Fassadensanierung hat das Hochhaus ohne Einbußen seiner Fassadeneleganz überstanden.

Finnlandhaus (250)

1966
Esplanade 41
Hentrich & Petschnigg

Es hätte auch anders kommen können: Eine klassizistische Allee wie die Esplanade würde man heute pflegen; sie gehört in ihrer Alsternähe zu den Topadressen der Stadt. Im Krieg war sie teilweise zerstört worden, daher sollte sie – wie es damals en vogue war – mit Punkthäusern aufgelockert werden. Das Finnlandhaus und das BAT-Haus blieben die einzigen Beiträge zu dieser falschen Planung. Der Bau ist allerdings dank seiner Hängekonstruktion und seinem dezenten Auftreten ein eleganter Alsteranrainer. Dafür gibt es oben eine Art Hut, unter dem die Fahrstuhltechnik etc. versteckt ist. Insgesamt ein Haus, das Hamburg

schmückt, weil es in dieser Qualität nicht viele davon gibt.

Ev.-luth. Kirche St. Simeon mit Gemeindezentrum (251)

1966
Sievekingsallee 12
Friedhelm Grundmann, Herbert Kuhn

Wuchtig und eckig, dabei aber nicht aufgefaltet expressiv wie die Kirchen-

bauten von Gottfried Böhm, sondern modern strukturiert – beinahe in einer Qualität wie Le Corbusier es vermochte – hat Friedhelm Grundmann Kirchen in Hamburg gebaut. Zusammen mit Hans Kock erarbeitete er in Hamm, einem stark kriegszerstörten Stadtteil, fast bildhauerisch eine monolithische Form für Schiff und Turm. Diese kubische Anmutung ist typisch für jene Zeit: »Béton brut« am Dachgebälk, das an den späten Le Corbusier erinnert.

Finnische Seemannskirche (252)

1966
Ditmar-Koel-Straße 6
Dieter Langmaack, Pentti Ahola

Zeitgleich entsteht im Hafenviertel der Neustadt eine Art »Finnische Botschaft« für die Seeleute, die eine Kapelle, Wohnungen und Veranstaltungsräume umfasst. Sie ist eine Gemeinschaftsarbeit des bewährten Hamburger Kirchenbauers, Dieter Langmaack, Sohn von Ger-

hard Langmaack, mit dem Finnen Pentti Ahola und zeigt in klaren Formen die unnachahmlich bescheidene und einfache Anwendung von Ziegeln. Bündige Fenster in richtiger Proportion veredeln die Fassaden und beweisen, warum skandinavische Baukultur in der »südskandinavischen« Hansestadt so willkommen ist. Die kleine Kapelle sticht durch ihre geschwungene Apsis sofort ins Auge.

Haus Grundmann (253)

1966
Eickhoffweg 42a
Friedhelm Grundmann

Die Spindel der Wendeltreppe prägt sich plastisch in die Front ein, gewaltige Wasserspeicher und ein gebogener Kamin-

abschluss fallen an diesem Privathaus sofort auf. Der Architekt stammt aus Breslau und ist tief mit der Architektur der Frühmoderne verbunden. Sein eigenes Wohnhaus mit Atelier steht in einem der Wohngebiete, die dem Kern von Wandsbek zugeordnet sind, aber heute in Durchschnittsarchitektur ertrinken. Einfaches Kalksandsteinmauerwerk ist in der Backsteinstadt selten, doch gerade deswegen wirkt es hier wohltuend und verstärkt den Baukörper in seiner plastischen Wirkung. Die Verwandtschaft zu den Kirchenbauten des Architekten wird deutlich (vgl. Nr. 251).

Reemtsma Freizeitzentrum (254)

1967
Luruper Chaussee 147
Godber Nissen

Das Haus ist ein Dokument des freien hanseatischen Kaufmannsgeistes und der Fürsorge für die Mitarbeiter. Zu Zeiten als die Tabakindustrie in Hamburg noch bedeutend genannt werden konnte, entstand zur Erholung und Pflege der Arbeitskraft ein innerbetriebliches Freizeitzentrum. Hinter transparenten Fassaden aus Glas und Stahl hatten Schwimmbad und Sauna, Sportanlagen und Clubräume Platz. Das Ensemble wird durch eine freundliche Gartenlandschaft gefasst. Die

meisten Räume in den unterschiedlichen Bauteilen entwickeln über diesen Garten hinweg Blickbeziehungen.

Hallenbad Sechslingspforte (255)

1967
Sechslingspforte, Ifflandstraße 21
Horst Nissen, Rolf Störmer

Auch wenn es heutige Architekten nicht wahrhaben wollen: Große und leichte Flächentragwerke wie die beiden gekoppelten Hyper-Spannbetonschalen sind weder eine Erfindung der Computeranimation noch eine Neuheit. Gerade in den 1970er Jahren reizte es die Ingenieure, mutige und weit ausladende Dachkonstruktionen wie das Dach der Alsterschwimmhalle mit Flächentragwerken von 100 Meter Länge zu errechnen und zu ermöglichen. Dabei neigten die Architekten dazu, in der Euphorie von Pionieren zu übertreiben. Die stechenden Dächer erzeugten Aufmerksamkeit, und weil zur gleichen Zeit im fernen Sydney ein Haus mit ebenfalls sehr mutigen Dachlandschaften fertig

gestellt wurde, nannten die Hamburger das Hallenschwimmbad großspurig ihre »Schwimmoper«. Sie liebten diese aber nicht, weil viele funktionale Abläufe schlecht geplant waren. Von räumlicher Großzügigkeit ist in den Nebenräumen nur wenig zu spüren. Bauschäden zeigten sich nahezu zwangsläufig in dieser experimentellen Konstruktion. Später wurde oft darüber nachgedacht, diese exaltierte Halle aufgrund kommunaler Geldknappheit wieder zu schließen. Der Ingenieur der Halle, der Stuttgarter Jörg Schlaich, hat inzwischen sehr viele Hamburger Bauten mit beeinflusst (siehe Überdachung Museum für Hamburgische Geschichte, Nr. 138, ZOB am Hauptbahnhof, Nr. 412).

U-Bahnhof Schlump (256)

1968
Schäferkampsallee, Beim Schlump
Horst Sandtmann

Die Bahnhöfe der Hochbahn aus der Epoche vor dem Ersten Weltkrieg sind Schmuckstücke der Jugendstil- und Re-

formarchitektur und inzwischen alle renoviert. Der Bahnhof des Knotenpunkts zwischen U2 und U3 gehört zur Phase der Netzerweiterung und des Ausbaus nach dem Zweiten Weltkrieg und entstand einige Jahre später, nachdem Egon Eiermann seinen Deutschen Pavillon für die Weltausstellung in Brüssel konzipiert hatte. Dessen Frische und Kühnheit übernimmt der gläserne Vorstadtbahnhof, der seine Tragkonstruktion nach außen stellt. Er zeigt noch heute, dass auch die 1960er Jahre gute Architektur hervorbringen konnten. Traurig ist allerdings, dass dafür ein Pavillon-Bahnhof der frühen Jahre des Wiederaufbaus geopfert werden musste, der nicht einmal ein Jahrzehnt bestehen durfte.

LANGNESE

Falsche Großmannssucht in Großsiedlungen – Osdorfer Born, Mümmelmannsberg, Kirchdorf Süd (257)

Eine neue Heimat sollten diese Siedlungen sein und beweisen, wie der fruchtbare Geist des sozialdemokratischen Wohnungsbaus der Zwischenkriegszeit fortzusetzen wäre. Bis zu 20.000 Wohnungen im Jahr wollte man in den 1960er Jahren bauen, verdichtet und hoch, in industrialisierter Bauweise. Kein Schelm, der bemerkt, wie sich auch hier im Westen Plattenbauweise verinnerlicht und verherrlicht hat, weil die Form der Ökonomie zu folgen hat. Bei Projekten dieses Maßstabes (Osdorfer Born 5.000, Mümmelmannsberg 7.200, Kirchdorf Süd 5.000 Wohnungen) ist nachvollziehbar, dass sie an der Peripherie des bisherigen Siedlungsraumes liegen mussten – also draußen vor der Tür.

Interessant und irgendwie typisch für Hamburg ist die merkwürdige Entwicklung, dass ursprünglich keine dieser Großsiedlungen an das Netz des Schnellbahnverkehrs, also an S- und U-Bahn, angebunden wurde. Das widerspricht der damaligen Planungsweisheit, die davon ausging, dass sich Wohnverdichtung immer nur um einen Bahnhof des schienengebundenen Nahverkehrs herum rentiert. Nicht nur von links stehenden Gruppen wurde dabei Absicht unterstellt, nach dem Motto: Diese Siedlungen sollte man sich selbst überlassen und isolieren. Von offizieller Seite wurde mit den (zu) hohen Kosten für eine U- oder S-Bahn argumentiert. Besonders fällt dies in Kirchdorf Süd am Rande der Elbinsel Wilhelmsburg auf, wo zwar ein direkter Autobahnanschluss, aber kein Bahnhof besteht. Die Siedlung südlich des historischen Wilhelmsburger Kerns war in Folge der großen Flut von 1962 realisiert worden, sollte also das Dilemma der von der Flut bedrohten Siedlungskerne lösen. Trotzdem hat bisher nur Mümmelmannsberg einen U-Bahnanschluss erhalten – und das erst 20 Jahre nach Fertigstellung.

Je später diese Siedlungen gebaut wurden, desto erklärter ist der planerische Wille erkennbar, sie zu staffeln, zu terrassieren und zu gliedern. Was allerdings im Ergebnis nicht davon ablenken konnte, dass jeglicher humane Maßstab verloren ging, weil die Architekten wie mit Legosteinen im Baukasten zu planen schienen. Als Zeichen des beschränkten Planungs- und Gestaltungswillens musste Farbe herhalten, was in dem berühmten Lied von Hans Scheibner gipfelte: »Erst kommen die roten Balkons, dann die blauen Balkons, dann die gelben ...« Oder umgekehrt.

Eine ernsthafte Kritik erfolgt heute nicht mehr, weil kein Kritiker sich mehr in diese Siedlungen verirrt. Auch werden sie gern in Architekturbüchern wie dem Standardwerk »Hamburg und seine Bauten« verschwiegen. Sie wurden in den 1960er Jahren gebaut – zu einer Zeit, als man den Begriff »Wohnungswirtschaft« sehr wörtlich nahm. Allerdings darf man schon behaupten, dass diese Siedlungen ein wenig gediegener ausfielen als die vergleichbare »Banlieu« in Paris oder auch das Märkische Viertel in Berlin. Doch aufgrund der Wohnungsgrößen und einer durch die Vermassung beschworenen Verwahrlosung entstanden soziale Brennpunkte.

Heimat für 5000 Menschen: Großsiedlung Osdorfer Born

IBM- und SPIEGEL-Haus (258)

1968
Brandstwiete 19, Ost-West-Straße 23
Kallmorgen & Partner

ENSEMBLE Beide Häuser bilden ein modernes östliches Stadttor zur Ost-West-Straße. Ihr Durchbruch durch die City gehört zu den problematischen städtebaulichen Entwicklungen Hamburgs. In der ersten Phase ihrer Bebauung ist sie durch das Bekenntnis zu Solitärbauten im Hochbau in vorkriegsmoderner und amerikanischer Tradition gekennzeichnet. Das sind einzeln stehende Hochhäuser in Skelettbauweise mit Vorhangfassaden, die im Einzelfall von erstaunlicher Qualität sind. Die beiden Häuser von Werner Kallmorgen am Deichtor gehören zu diesen und sind in einem guten Zustand. Der östliche Bau trägt eine glatte Lochfassade aus eloxiertem Stahlblech und erinnert programmatisch an den ersten Nutzer, die IBM und ihre Welt der Lochkarten (Verdammt lange her ...). Er hat seinen Nutzer an diesem Standort überlebt. Das SPIEGEL-Haus mit feinem, außen liegendem Stahlbetonskelett wird seinen Nutzer

noch verlieren. Man kann dies als Hinweise sehen, dass solche Zweibund-Bürohochhäuser ihre wirtschaftliche Nutzfunktion eingebüßt haben – letztlich ist die verbleibende Netto-Nutzfläche pro Geschoss zu klein. Aber als markante Miniatur-Hochhäuser prägen beide das Stadtbild; sie sind so ziemlich das erste, was ICE-Passagieren bei ihrer Anfahrt auf die Hamburger City auffällt. Außerdem befindet sich im SPIEGEL-Haus ein farbenfrohes Zeitdokument von Werner Panton für das Design der Kantine. Sie steht daher unter Denkmalschutz.

HEW-Kundenzentrum (259)

1968
Spitalerstraße 22
Gerolf Garten, Werner Kahl

Der ehemalige Hamburger Energieversorger HEW (Hamburgische Electricitäts-werke) zeichnete sich in den 1960er Jahren durch ein außergewöhnliches Interesse an Architektur aus (vgl. auch HEW-Hochhaus Nr. 264). Hier entstand in sensibler Arrondierung des großartigen Ensembles der Mönckebergstraße ein Kundenzentrum, um eine letzte Baulücke nach dem Krieg zu schließen. Dabei trifft die Schichtung horizontaler Fensterbänder in schwungvoller Fassadenführung auf die stoisch wirkende, senkrechte Fassadenführung der durch Schumacher geprägten Ordnung in dieser Straße. Die konkav gebogene Fassade lockt die Besucher in das Kundenzentrum und fasst den innenstädtischen Platz gekonnt ein. Zur Zeit der Fertigstellung war dieses Haus fast schon Kult, denn zusammen mit der dunkelbraun eloxierten Stahlblechfassade verkörperte es den Absetzungsprozess von der Spätmoderne, die bereits verkommen und in ihrem Ausdruck stilistisch verarmt war. Jenseits der Verpflichtung auf den Zeitgeist überzeugt heute immer noch, wie passgenau das Haus in sein Umfeld eingefügt worden ist und den Stadtraum dadurch aufgewertet hat.

Haus Laage (260)

1968
Süllbergtreppe 3a
Gerhart Laage

Mitten im Treppenviertel war dieses Haus bei Fertigstellung eine Provokation:

Flachdach und Beton – so etwas gehört nicht in die Blankeneser Heimeligkeit. Heute gilt dieses Haus als Dokument von Mut und Beharrlichkeit. Inzwischen wirkt der Beton wie Felsgestein und das gehört an den Berg – pardon: an den Geesthang. Der Architekt wohnt seit Jahrzehnten mit seiner Familie in diesem Haus und hat es innen kongenial eingerichtet. So wurde es zum Museum der Ideen aus den 1960er Jahren, als sich die neuen Einfamilienhäuser von jeglichem Heimatschutzelementen trennten und unter Flachdächern und mit Panoramafenstern einen freien Wohnstil propagierten. Wie üblich bei Hanghäusern, die in Hamburg in der Minderzahl sind, ist auch hier die Organisation »verkehrt«: Betreten wird das Haus in der Mitte, gewohnt wird oben – mit weitem Blick auf die Elbe und die norddeutsche Tiefebene.

Reihenhäuser Övelgönne (261)

1968
Övelgönne 3–5
Godber Nissen

Elbaufwärts, am östlichen Eingang des ehemaligen Fischer- und Seemannsdörfchen Övelgönne (vgl. Nr. 31), entstanden zehn Reihenhäuser in verdichteter Bauweise. Sie sind allerdings geschickt den Hang hoch gruppiert und terrassiert an-

gelegt, so dass sie fast wie Einzelhäuser wirken. Architektonisch vorbildlich sind sie deswegen, weil sie auf teurem Grund direkt an der Elbe im schlichten Selbstverständnis nach skandinavischem Vorbild gebaut wurden. Unter Satteldächern entstanden einfache Grundrisse, allerdings mit exzellentem Elbblick ausgestattet.

Terrassenhäuser Holsteiner Chaussee (262)

1969
Holsteiner Chaussee, Reemstückenkamp
Ingeborg & Friedrich Spengelin

Berg und Tal, modellierte Hauslandschaft zu Zeiten, als die inhumanen Großsiedlungen den Maßstab vorgaben. Deswe-

gen gilt dieses Projekt als Prototyp für eine neue Auffassung im verdichteten und mehrgeschossigen Wohnungsbau. Heute würde man es ein Leuchtturmprojekt für die richtige Richtung im Wohnungsbau nennen. Eine Komposition aus Flach und Hoch, aus Elementen des Einfamilienhausbaus und ihren privaten Gärten mit sehr guter Organisation in den Wohnungen auf der Etage. Das Ehepaar Spengelin (vgl. Nr. 228) hat sich immer wieder um Innovationen im Wohnungsbau verdient gemacht. Hier, unter dem Eindruck der misanthropischen Hamburger Großsiedlungen ihrer Zeit, war ihre liebevoll intime Mischung besonders überzeugend. Atrium- oder Maisonette-Wohnungen und qualifizierte Reihenhäuser in der Verdichtung lenken davon ab, dass Fassaden und Materialien weiterhin einem spröden Gesamteindruck verpflichtet blieben. Dennoch zählt dieses Beispiel zu den wenigen Höhepunkten des Hamburger Wohnungsbaus in der Nachkriegszeit.

Alles erste Preise in der autogerechten Stadt: Die City Nord (263)

Die Planung der City Nord um 1960 war eine Pioniertat, Neuland und Wagnis zugleich. In Hamburg und anderen Großstädten lagen bis dahin die Standorte der großen Firmen und Behörden innerhalb der City. Der Hamburger Baudirektor Hebebrand hatte allerdings erkennen müssen, dass Umfang und Höhe weiterer Verwaltungsbauten das Stadtbild ruinieren und zudem die infrastrukturellen Möglichkeiten Hamburgs überfordern würden. In einer Art städtebaulichem »Outsourcing« wurde die »Geschäftsstadt Nord« geplant und – um es plakativer zu machen – als City Nord propagiert.

Die City Nord wurde am Nordrand von Winterhude hinter dem Stadtpark auf dem Terrain von Kleingärten errichtet. Sie folgte nach dem Willen des Stadtplaners Hebebrand den städtebaulichen Leitideen der »funktionellen Stadt«, die 1933 von dem CIAM IV (Congrès Internationaux d'Architecture Moderne) erarbeitet und 1943 von Le Corbusier unter dem Titel »La Charte d'Athènes« (»Charta von Athen«) veröffentlicht wurde. In diesem Umfang und dieser Komplexität gab es keine direkten Vorbilder für die City Nord; und es gibt auch keine Nachfolger.

Die Mitte sollte begrünt sein; dieses Motiv wurde aus dem Siedlungsbau übernommen. Zudem sollten unterschiedliche Verkehrsebenen für Automobile und Fußgänger mögliche Konflikte zwischen den unterschiedlichen Geschwindigkeiten verhindern. Auch diese Idee stammt aus den 1920er Jahren, genauso wie die Visionen von Hochhausstädten. Im Unterschied zu den ungeordneten Hochhauslandschaften der USA plante Hamburg mit zentralen Achsen, symmetrischen Grundrissen, einheitlichen Gebäudetypen und großzügigen Freiflächen – sozusagen eine Idealstadt des 20. Jahrhunderts, die man auch als »Stadtlandschaft« bezeichnen kann. Die heterogene Gestaltung der Gebäude und deren isolierte Anordnung im »fließenden Raum« waren dabei ausdrücklich erwünscht.

Die City Nord wird von einer sechsspurigen Hauptstraße, dem Überseering, erschlossen. Die ursprünglich geplante überregionale Anbindung, die Osttangente in Richtung Flughafen und ein Autobahnring zwischen Barmbek, Horn und Eimsbüttel, wurden bisher nicht realisiert. Die schienengebundene Anbindung beschränkt sich auf die periphere U-Bahnstation Sengelmannstraße und die S-Bahnstation Rübenkamp. Andere geplante Stadtbahnsysteme kamen bisher ebenfalls nicht zur Ausführung. Deswegen beherrscht das Auto die Szene. Für den Fußgängerverkehr wurde in fünfeinhalb Metern Höhe die »zweite Ebene« geschaffen – ein System aus Treppen, Rampen und Brücken, das direkt zu den Haupteingängen der Gebäude führt.

Die einzelnen Bürohäuser stehen wie eitle und eigensinnige Schönheiten betont isoliert. Damit kamen die Planer zum einen den unterschiedlichen Bedürfnissen der Investoren entgegen, zum anderen entsprach diese Lösung dem damaligen Leitbild von der »Stadtlandschaft«.

Der Charakter eines Ensembles wurde nicht angestrebt. Dafür wurde für beinahe jedes Projekt ein eigener Architekturwettbewerb ausgeschrieben; die realisierten Bauten sind alles erste Preise. Viele der Bürobauten haben ihre ursprüngliche Bedeutung als Hauptquartier einer Versicherung oder eines Unternehmens der Mineralölbranche inzwischen verloren. Aufgrund der hohen Qualität werden sie aber weiter genutzt. Nur im östlichen, später besiedelten Teil wurden und werden viele Häuser abgebrochen und ersetzt. Sie waren in Zeiten des Baubooms zu schnell und zu schlecht gebaut worden.

Heute ist die City Nord ein Bezirk wie aus einer anderen Zeit, aber man spürt, dass er seine Daseinsberechtigung hat. Auf dem Immobilienmarkt behauptet sich dieses anachronistische Modell einer monofunktionalen Stadt weit besser als die City Süd, die einige Jahrzehnte später in Hammerbrook (vgl. Nr. 348) folgte.

Luftbild der Geschäftsstadt Nord – auch City Nord genannt.

Hauptverwaltung der HEW (264)

1969
Überseering 12
Arne Jacobsen, Otto Weitling Assoc.

KULT Es ist wohl das eleganteste Hochhaus Hamburgs, vielleicht Norddeutschlands. Vier Scheiben sind parallel gegeneinander verschoben. So wirkt das HEW-Haus von allen Seiten schmal und niemals massiv. Die Enden der Scheiben sind mit Naturstein geschlossen, die Seiten als Vorhangfassaden ausgebildet. Der geringe Abstand der senkrechten Sprossen von 62,5 Zentimetern bedingt das elegante Profil der dunkel getönten »Curtain walls«; auf Großraumbüros wurde weitgehend verzichtet. Die Innenwände können bei einer Mindestraumbreite von 3,75 Metern im Modul von 187,5 Zentimetern versetzt werden. Das bedeutet, dass eine vielschichtige Nutzung ohne große Umbaumaßnahmen möglich ist, beispielsweise als Gruppenbüro. Das Haus wurde mehrfach saniert und modernisiert, insbesondere im Bereich des unten liegenden Kasinos und der Sondernutzungen, die immer noch eine Art Showroom für Möbel und Design des genialen Dänen Arne Jacobsen sind.

Christianeum (265)

1972
Otto-Ernst-Straße 34
Arne Jacobsen, Otto Weitling Assoc.

Dieser beeindruckende Erfolg Jacobsens (vgl. Nr. 264) führte zu einem Nachfolgeauftrag für eine völlig andere Nutzung mit einem anderen Bauherrn. Weil dem Bau des Elbtunnels das alte Christianeum zum Opfer fiel, wurde in Klein Flottbek ein Ersatzbau erstellt. Es hätte eigentlich nichts schief gehen dürfen, denn die Dänen sind im intimen, dörflichen Schulbau erfahren. Mit dem HEW-Hochhaus hatte Jacobsen eine beeindruckende Visitenkarte hinterlassen. Möglicherweise aber steht das Gymnasium in den kleinteiligen Elbvororten am falschen Ort. Im Landeanflug auf Fuhlsbüttel wird der Baukörper, der sehr flach, aber so groß wie mehrere Sportplätze ist, sofort als Super-Ufo registriert. Die Schule selbst ist eine kompakte Kleinstadt unter einem Dach, mit klarer Erschließung und Orientierung, mit Straßen und Plätzen. Der Unterschied zu vielen anderen Schulen der 1970er Jahre, die sich in unkonzentrierter Pavillonbauweise im Waschbeton verlieren, tut gut. Doch leider sind entscheidende Details, die das architektonische Niveau der Schule hätten weiter heben können, von der Finanzbehörde verhindert, d. h. schlicht eingespart

worden. Dies betraf die Materialauswahl und großzügigere Raumführungen. Geniale Architekten brauchen eben kongeniale Bauherren.

Kattwyk-Hubbrücke (266)

1973
Salzgitter Stahlbau GmbH,
Gg. Noell & Co. August Prien

Nur die Wasserlandschaften Hamburgs bringen solche Bauvorhaben hervor wie Europas größte Hubbrücke aus Stahl. Sie verbindet das westliche mit dem östlichen Hafenufer der Süderelbe. Das 100 Meter breite Mittelstück wird hydraulisch so-

weit nach oben verschoben, dass auch bei mittlerem Niedrigwasser eine Durchfahrtshöhe von 54 Metern garantiert ist. Die Stahlkonstruktion besteht aus pfostenlosem Fachwerk; die Hubtürme sind als fünfstöckige Rahmen ausgeführt. Die Kattwyk-Hubbrücke ist eine kombinierte Eisenbahn- und Straßenbrücke. Ihre filigrane Ausführung lässt sie in der rustikalen Hafenlandschaft zu einer eleganten Ausnahme werden.

Congress-Centrum Hamburg (CCH) und Radisson SAS Hotel (267)

1973
Marseiller Straße 2,
Jost Schramm, Gert Pempelfort

Hamburg und Hochhäuser – das ist ein bekanntes Reizthema. Dabei könnte der

Blick auf das schlanke Scheibenhaus des Radisson SAS Hotels am Dammtor als Nachweis dienen, dass die Hamburger Skyline dadurch aufgewertet wird. Durch die Auflösung in mehrere Bauscheiben wirkt das hohe Haus niemals massiv oder behäbig, sondern immer vital. Unterstützt wird diese Charakteristik durch ein zusammenhängendes Fenstervlies mit horizontaler Gliederung durch breite Profile. Architektonisch langweiliger sind die niedrigeren Bauteile für das Kongresszentrum. Es ist aber im Maßstab menschlicher als die Kongressmaschine des ICC in Berlin. Weil dass CCH immer zusammen mit dem benachbarten Messegelände vermarktet wurde, blieb die sinnvolle Auslagerung des Messebetriebes aus und wurde am ursprünglichen Standort erweitert (vgl. Nr. 447). In der Folge musste auch das CCH vergrößert werden. Um den Rosengarten in »Planten un Blomen« nicht zu gefährden, wurde ein neuer Bauteil unterirdisch angelegt.

Wohnhaus Harvestehude (268)

1974
Harvestehuder Weg 55
Helmut Wolff, Dieter Schlühr

Es war eine Revolte, als dieses Haus sich gegen die feinen Putzhäuser von Harvestehude vorschob, und eine Ablösung der gewachsenen Gediegenheit der Alsterstadthäuser anzuzeigen schien. Aber wie so oft zeigte sich auf den zweiten Blick, dass man auch mit Glas und Beton fein gegliedert und anständig bauen kann. Innen gibt es hier individuelle Eigen-

tumswohnungen zwischen 80 und 145 Quadratmetern, teilweise als Maisonette über zwei Etagen gestaltet. Es ist sicher diesem Haus zu verdanken, dass auch diese Viertel inzwischen modern weiter bebaut werden können. Dabei kommt es vor allem auf das richtige Maß und die Proportionen an.

Alnwick-Harmstorf-Haus (269)

1974
Klopstockstraße 1
Riecke & Karres

In der Mitte der 1970er Jahre wird ein Paradigmawechsel in der Baukunst sicht-

bar. Mit diesem Haus gelingt ein heute wichtiger Kompromiss: Respekt vor der klassizistischen Zeile dänischer Häuser am Beginn der Elbchaussee, aber auch ein eigenständiges Profil durch einen modernen Kopfbau hinter gerundeter Vorhangfassade. So signalisiert das Bürohaus beides: das Selbstbewusstsein der Reederei und das der Architekten, die das erfolgreiche Büro von Werner Kallmorgen weiterführten (vgl. Nr. 242) – und mit diesem akkuraten Haus sicher auch in seinem Sinne.

Köhlbrandbrücke (270)

1974
Freihafen
Egon Jux, ARGE Köhlbrand-Hochbrücke

Aus dem ambitionierten, aber übertriebenen Plan einer Elbbrücke zu Zeiten des Nationalsozialismus ist nichts geworden, die Treibsände der Elbe haben dies ver-

hindert (vgl. Nr. 199). Die Hochbrücke im Hafen ist das, was die Elbphilharmonie (vgl. Nr. 448) noch werden möchte: ein modernes Wahrzeichen Hamburgs. Die Schrägseilbrücke spannt sich in 54 Meter Höhe frei über einen halben Kilometer Länge. Unter ihr passieren große Pötte die mehr als 300 Meter breite Fahrrinne des Köhlbrand. Sie legt sich dabei in eine weite, imposante Kurve, die beiden Pylone wirken wie übergroße Stimmgabeln. Lange vor der Erasmusbrücke in Rotterdam (Architekt: Ben van Berkel, 1997) wurde damit in Hamburg großen Wert auf den architektonischen Ausdruck eines Ingenieurbauwerks gelegt.

Hauptverwaltung der Hamburg-Mannheimer Versicherung (271)

1974
Überseering 45
Graaf Schweger & Partner, Lothar Loewe, Ingeborg & Friedrich Spengelin

Die »Hamburg-Mannheimer« kann als der Prototyp des deutschen Großraumbüros der 1970er Jahre gelten: Arbeiten in zusammenhängenden Bürolandschaften, nur durch einen halbhohen Sichtschutz vom Nachbarn getrennt. Grundriss und Konstruktionsschema sind hier aus einem 60-Grad-Raster entwickelt, die Gebäudeenden sind terrassenartig abgestuft. So wirkt der Verwaltungskomplex wie eine prismatisch gebrochene Großplastik. Außengalerien kennzeichnen die Großraumbüros, geschosshohe Verglasungen die Pausenräume und fensterlose Türme die Nebentreppenhäuser. In den Gartengeschossen laufen das Restaurant und andere Gemeinschaftszonen optisch hinein in die grüne Parkmitte der City Nord – getrennt nur durch große Glasflächen. Die Hauptverwaltung der Hamburg-Mannheimer Versicherung ist typisch für diese Generation von Komplettangeboten an den Arbeitnehmer. Um die Standortnachteile der künstlichen Bürostadt aufzufangen, wurden die Bürohäuser mit Sporteinrichtungen, Läden, Tennisplätzen etc. ausgerüstet. Der gute Angestellte konnte sich zwischen Aufstehen und Schlafengehen hier aufhalten – Arbeit und Freizeit unter einem Dach. Man musste nur noch mit dem Auto morgens in die Tiefgarage fahren. Diese autarken Bürohäuser für mehr als 2.500 Mitarbeiter sind Kleinstädte unter einem Dach – nur gewohnt wird noch zuhause. Trotz elementarer Umstrukturierungen in der Versicherungsbranche funktionieren diese Häuser immer noch. Im internationalen Architekturdiskurs waren sie allerdings Auslöser für die Planung alternativer Büroformen, wie sie in Holland entwickelt wurden.

Postscheckamt City Nord (272)

1975/77
Überseering 18
Weber & Partner

FLOP Der Versuch, eine aufgelockerte Pyramide zu bauen war redlich, ist aber gescheitert und leider in Form und Material misslungen. Das ehemalige Postgebäude liegt schräg gegenüber vom Gebäude der Hamburg Mannheimer, erreicht aber nicht dessen lockere Gliederung. Abgetreppte Gebäudeenden verleihen dem Komplex bloß die Großform eines »Hügelhauses«. Die Kantine und weitere Großräume sind in einen terrassenartigen Sockel integriert. Im Detail vernichtet aber die Fertigteilarchitektur mit ihren scheinbar endlosen Betonbändern jede überzeugende Maßstäblichkeit.

Nach dem Europäischen Denkmalschutzjahr wird die Stadt konservativer 1975–1989 (273)

Es handelt sich um einen verhältnismäßig kurzen Abschnitt der Stadtentwicklungsgeschichte – er dauert gerade einmal 15 Jahre. Aber er liegt zwischen zwei Einschnitten der Stadtgeschichte mit unterschiedlichem Profil. Den ersten bildet das »Europäische Denkmalschutzjahr 1975« und er ist architekturgeschichtlicher Art. Wer dieses Jahr als Architekturstudent oder praktizierender Planer erlebt hat, kann sich erinnern, wie heftig die Zäsur war. Studienarbeiten im Sinne der Flächensanierung waren von heute auf morgen verpönt, hässliche Häuschen, die gerade noch auf der Abbruchliste standen, entpuppten sich plötzlich als Perle für die Denkmalpflege. Flachdach war gestern, jetzt wollten alle Satteldächer. Studenten lernten wieder ihre baugeschichtlichen Grunddaten. Die Architekten zitierten an ihren Bauten aus allen Epochen, die älter als 100 Jahre waren. Die Postmoderne warf ihren Schatten auf Deutschland, auch auf Hamburg, aber wieder einmal bewahrte ihr klarer Verstand die Hamburger davor, alles zu ernst zu nehmen oder bedenkenlos zu übernehmen.

Die Hamburger Postmoderne ist wie die Hamburger Moderne weniger radikal. Fast scheint es, als hätte man an die große Zeit des Backsteinexpressionismus anknüpfen können. Das Kontorhaus erfährt eine weitere Renaissance. Stahl, Glas und Eisen finden zueinander, was für Hamburg nicht so neu ist. Gut ist, dass die Stadt jetzt weitergebaut und nicht mehr neu erfunden wird wie 1945. Der Krieg hatte vieles zerstört. Danach hatten falsch verstandene Philosophien der Moderne und ihre Statements wie City Nord, Ost – West – Straße und die Großsiedlungen das Wesen der Stadt extrem bedroht und ihr wirkliches Gesicht überschminkt.

Etwa 1975 werden die Hebel auf Stopp und dann auf volle Kraft zurück gestellt. Natürlich geraten einige Vorzeigestücke der Architektur zu konservativ, aber vielleicht musste das so sein, um Aufmerksamkeit zu erzielen. Das wichtigste Stadterneuerungsszenario war das Passagenviertel. Es bringt wieder Leben in die Innenstadt. Die Passagenarchitektur ist überdurchschnittlich bis markant, weil die agierenden Architekten wieder

Rund um den Michel: Blick auf die Neustadt, die Landungsbrücken und den Hafen

ihr erlerntes Handwerk zeigen und nicht wie vorher bei der Architektur der Moderne in Ideologien verfangen sind.

Es gibt auch einen neuen Oberbaudirektor: Egbert Kossak. Dieser stammt aus Hamburg – Winterhude, versteht die Stadt und hatte an einer der wichtigen deutschen Universitäten, der TU Stuttgart, Städtebau gelehrt. Er kennt die wichtigsten architektonischen Protagonisten Hamburgs seit Jahrzehnten. Er erfindet das großartige Instrument der Stadt-Bauforen, holt internationale Planungsprominenz in die Stadt und schließlich ganz Hamburg zurück an die Elbe (vgl. Nr. 363). All das führt zur Qualitätsverbesserung beim Bauen. Alte Viertel wie die Mottenburg in Ottensen werden auf brillante Weise revitalisiert. Die Stadt muss sich nicht nur an der Hafenstraße mit Hausbesetzern auseinander setzen, die das alte Hamburg vor Willkür und Spekulation retten wollten. Von heute aus gesehen – wie im Fall der berühmten Eppendorfer Haynstraße 1 – mit großem Erfolg, auch wenn die Protagonisten von damals inzwischen etablierte Rechtsanwälte etc. geworden sind.

Die Stadt wurde konservativer, was seit 1919 das erste Mal der Fall war. Aber sie rettete sich selbst vor dem Untergang, jedenfalls was ihr Erscheinungsbild betraf. Dummerweise hatte die Entwicklung einen Webfehler. Die Stadt gedieh, aber es liefen ihr die Einwohner davon; die gesamte Region wuchs, aber vor allem ihr Speckgürtel. Dort wollen die Menschen schlafen und Steuern zahlen, arbeiten und ihre Kinder in Hamburg zur Schule schicken. Hamburg dachte nach und erfand später das Leitbild von der »grünen Metropole«. Die Rettung oder besser die Kehrtwende von der stagnierenden zur wachsenden Metropole ist einem anderen Umstand zu verdanken: dem Fall der Mauer 1989 und in der Folge der Wiederverfügbarkeit des Hinterlandes im Osten, worunter man Mecklenburg – Vorpommern oder gleich den ganzen Ostseeraum verstehen kann. Die Wiedervereinigung ist der zweite Einschnitt. Er ist von politischer und wirtschaftlicher Art. Hamburg wird zur Boomtown und bereitet sich intensiv auf das 21. Jahrhundert vor.

Hausgruppen, die sich wie Hufeisen zur leicht hügeligen Parklandschaft öffnen (Gartenarchitekt Raimund Herms). Die

Öffentlichkeit hat Zutritt. Dazu gehören nicht nur Pflege- und Wohneinheiten für Senioren, sondern auch ein Schwimmbad und ein Restaurant. Die Anscharhöhe hat zu einem frühen Zeitpunkt Maßstäbe für Altenwohnanlagen gesetzt, nicht zuletzt weil es gelang, dicht stehende Hausgruppen sinnvoll zu durchgrünen.

Ehem. IBM Deutschland (277)
1977
Überseering 24
Dissing & Weitling

Nach dem gigantischen Erfolg des HEW-Hauptquartiers (vgl. Nr. 264) wurde das Büro von Arne Jacobsen, das inzwischen von den Architekten Dissing und Weitling weiter geführt wurde, beauftragt, in der City Nord ein weiteres Bürohaus für die IBM zu bauen. Von außen wirkt der silbrig glänzende Container, der auch liebevoll »Keksschachtel« genannt wird, dank der abgerundeten Ecken und der

Metall-Glas-Fassade nicht wie ein Haus, sondern wie ein UFO. Innen ist das Bürohaus jedoch überraschend konservativ gestaltet. Hier in der City Nord, wo das deutsche Großraumbüro seine größten Erfolge feiert, existieren vorrangig zweibündige Zellenbüros. Nur an den Gebäudeenden und den kurzen Quertrakten werden auch Großraumzonen geboten. Die IBM ist inzwischen an das Berliner Tor umgezogen (vgl. Nr. 420), das alte Haus wird heute von Tchibo genutzt.

Helmut-Schmidt-Universität (278)
1978
Rodigallee, Holstenhofweg 85
Heinle Wiescher und Partner

In den 1970er Jahren wurde für die »Bürger in Uniform« der Bundeswehr die Offiziersausbildung umstrukturiert: Offiziere sollten einen Hochschulabschluss besitzen. Am Hamburger Standort in Jenfeld

wurde ein Schwerpunkt für Pädagogik, Wirtschaft, Elektronik und Maschinenbau gesetzt. Ingenieure und Architekten legten mit einer außenliegenden Konstruktion aus Stahlfachwerkträgern eine Art gebaute »Ingenieursvorlesung« vor. Die einzelnen Bauteile, d.h. die Geschossplatten konnten an diese Fachwerkträger gehängt werden, so dass unterschiedlich große und stützenfreie Räume entstanden – eine geniale Konstruktion.

Hamburg-Bau (279)
1978
Poppenbüttel, Göderseeweg
div. Architekten, gmp Architekten von Gerkan, Marg und Partner, Steidle & Partner u. a.

ENSEMBLE Die Veränderungen in der Architekturszene nach 1975 brachten

auch eine Änderung im Siedlungswesen mit sich. Das Einfamilienhaus, ohnehin nicht auf der Bau-Wunschliste der Architekten und Stadtplaner, erfuhr eine neue Bewertung. Die Fachleute widmeten sich nun verdichteten Formen von Wohnhäusern. Ausgerechnet in Hamburg-Poppenbüttel, jenseits der Endstation der S-Bahn, wurde in einer Bauausstellung der Typus eines modernen Stadthauses präsentiert (Architekten gmp), den man aus den innerstädtischen Vierteln des ausgehenden 19. Jahrhunderts wie Harvestehude kannte. Kettenhäuser, Reihenhäuser und Hausgruppen ergänzten das Ensemble der Bauausstellung. Architektonisch sind dies allemal Augenweiden, weil durch Reihung von guten Details, gleichen Dachhöhen und Neigungen harmonische Straßenzüge entstanden sind. Sie besaßen außerdem den Vorteil, in der Verdichtung Raum und Geld bei der Beschaffung von Grundstücken zu sparen. Sicherlich sind sie ihrer Vorbildfunktion gerecht geworden und wurden in Hamburg häufig kopiert. Direkt nebenan entstand jedoch das, was des Bauherrn Wille ausdrückt: eine kunterbunte Mischung aus Dächern und Materialien, auf eigenem Grundstück, mit Hecke, Garten und Garage. Architekten nennen solche Areale liebevoll »Wildschweingebiete«.

Fabrik in Altona (280)

1979
Barnerstraße 36
gmp Architekten von Gerkan, Marg und Partner

Ein Paradigmenwechsel ganz anderer Art vollzog sich in Ottensen an einer alten Munitionsfabrik, die ein Kommunikationszentrum für Jugendliche im damaligen Arbeiter- und späteren wichtigen Multi-Kulti-Viertels Hamburgs wurde. Die Fabrikhalle, die in ihrer Form mit einer Basilika vergleichbar ist, verfügte über Galerien aus Holz. Eine wirkliche Architektenleistung bestand darin, auch nach einem schweren Brand das Veranstaltungszentrum wieder aufzubauen und mittels Abbruchmaterialien authentisch zu gestalten. Hier wurde mit einem alten Altonaer Industriekran als Landmarke vor dem Eingang der Anfang zu einer erfolgreichen Marotte gesetzt: Wo

immer es sinnvoll erscheint, versucht Volkwin Marg bis heute, alte Kräne in seine Bauwerke zu integrieren.

Geschäftshaus Mientus (281)

1980
Neuer Wall 48
Graaf, Schweger & Partner

Mit dem Paradigmawechsel in den 1970er Jahren war nicht mehr Wiederaufbau, sondern Weiterbau das Thema. Dies hieß auch Lücken zu schließen, wo immer dies erwünscht war. Eines der filigransten Beispiele dafür ist das Geschäftshaus Mientus, das schmal wie ein historisches Hamburger Stadthaus ist und genauso auf einem »handtuchgroßen« Grundstück zwischen dem Neuen Wall und dem Fleet steht. Die beiden Stirnseiten aus Naturstein ähneln sich, weil beide die Prin-

zipien Sockel, Mitte und Dach anwenden wie auch eine traditionelle Dreiteilung aufweisen. Hier betonen die Architekten die Fassade stark vertikal und rufen das alte Hamburger Stadthaus ins kollektive Gedächtnis zurück.

Heinrich Bauer Verlag (282)

1980
Burchardtstraße 11
Graaf, Schweger & Partner

Direkt neben dem Chilehaus zu bauen, ist in Hamburg ein Risiko, verleiht aber

auch Sicherheit: Maßstab, Baulinien und -höhen sind in diesem Teil des Kontorhausviertels wie ein ehernes Gesetz definiert. Die Architekten mussten einen kleinen, etwas niedlich geratenen Verlagsaltbau aus den 1950/60er Jahren erweitern. Es gelang ihnen, eine neue Fassade mit Lisenen an diesem Ort einzuführen, die im Kontrast zu den Klinkergiganten nebenan gefällig und nicht historisierend wirkt. Die beinahe unerträgliche Hauslänge wird durch einen nasenförmigen Glaserker in voller Haushöhe gegliedert: diese »Spitze« ist ein Gruß an das Chilehaus (vgl. Nr. 141) gegenüber, und das ist gut so.

Wohnhaus Onckenstraße (283)

1980
Onckenstraße 18
Dieter Jannsen

Der Villenbau im Hamburger Westen zeichnet sich seit Beginn des 20. Jahrhundert durch einen kompetenten Umgang mit Ziegel und Klinker aus. Wahrscheinlich ist es diese Kompositionsart aus rotem Haus und grünem Garten, die eine harmonische Grundstimmung erzeugt. Mitte der 1970er Jahre stoppt der inzwischen recht ungehemmte Umgang mit weißem Putz, Flach- oder Pultdächern. Dieses Haus dreht seinen Satteldachgiebel zur Straße und orientiert sich mit seinen Traufen an den vorgegebenen Höhen der Altbauten. Die Loggia im Erdgeschoss ist diagonal eingestellt, der darüber liegende Balkon verleiht dem Haus so eine hohe Plastizität. »Französische« Fensterformate sorgen zusätzlich für Abwechslung.

Meinhard von Gerkan *1935 in Riga

Volkwin Marg *1936 in Königsberg

(284)

Vor die Wahl gestellt, entweder dank unverkennbarer Handschrift und künstlerisch-individueller Eigenart zum architektonischen Markenzeichen zu werden oder aber im Sinne optimaler Problemlösung mit jeweils durchaus unterschiedlichen Formen zu reagieren, wählten gmp das Zweite.«

Werner Oechslin

Als Meinhard von Gerkan und Volkwin Marg 1965, nur ein Jahr nach ihrem Diplom an der TU Braunschweig, in Hamburg ein Büro gründeten und gleich das Großprojekt Tegeler Flughafen in Berlin stemmten, war der Wiederaufbau in Deutschland in trocknen Tüchern. Die erste Nachkriegsgeneration von Architekten wie Gottfried Böhm, Günter Behnisch oder Oswald M. Ungers hatten sich noch mit schwungvoller und expressiver Baukunst zu Wort gemeldet und die damals sterbende Architektur des Funktionalismus intuitiv und inspirativ über die Runden gerettet.

gmp hatten es dagegen schwerer, die Zeit war weder reif für Spielereien noch für akademische oder gar avantgardistische Experimente geeignet. Das Wirtschaftswunderland Deutschland brauchte jetzt funktionale Infrastrukturen wie Großkliniken, Flughäfen oder Bürostädte in solchen Dimensionen, dass das ursprünglich filigrane Vokabular der Moderne mit ihren Imponderabilien wie Glas, Stahl und Beton wie verschmutzte und abgenutzte Instrumente einer dahin gegangenen Zeit wirkte.

Bei Großbauten wie dem Flughafen Tegel (1965–1975), der Deutschen Shell-Hauptverwaltung in Hamburg (1970–1974) oder dem Europäischen Patentamt (1971–1980) in München machten stilistische Kapriolen und Designversessenheit wenig Sinn. Was für gmp zählte (und immer noch zählt), ist der architektonische Raum, umschlossen durch konstruktive Elemente, deren Proportionen und Maße seit der Antike bekannt sind. Ihre Baukörper gehorchen der Strenge geometrischer Urmuster wie Kreis, Quadrat und Dreieck.

Schon in einem frühen programmatischen Essay von 1982 redet Meinhard von Gerkan über »die Verantwortung des Architekten« und spricht sich gegen elitären Hochmut und Ideale aus, die zu Dogmen werden. Damit war er vielen Kollegen meilenweit voraus, die sich in den 1980er und 1990er Jahren durch markante Zeichenhaftigkeit profilieren wollten. Modisch zu sein ist für gmp ein Fremdwort geblieben und jene Kollegen, die es sind, strafen sie mit dem abwertenden Titel »Kollektionisten« ab. Wenn die beiden großen Terminals am Hamburger Flughafen, deren Dachlinie den Flügelschlag eines Vogels im Aufstieg nachzeichnen, kaum zu unterscheiden sind, auch wenn 15 Jahre zwischen ihrer jeweiligen Fertigstellung liegen, spricht das für Kontinuität und Haltung.

Der Nährboden für ihre Understatement-Architekturen ist das hanseatische Hamburg: »Mit Hamburgs Geschichte verknüpft ist die stets spürbare Ambivalenz zwischen architektonischer und städtebaulicher Lösung«, so Werner Oechslin, und damit meint er trotz des gigantischen Ziegelensembles des Hamburger Hanseviertels (1980) mehr als die Verbundenheit zum Backstein: die Verbundenheit mit der traditionellen Architektur des jeweiligen Kontextes.

Das signalisiert beispielhaft der »Gateway to Central Europe«, der neue Berliner Hauptbahnhof am Spreebogen. Nur vordergründig ist er eine Glashalle, deren tragende Teile grenzwertig reduziert sind und wie ein High-Tech-Mahnmal wirken. Das eigentliche Verdienst aber ist der topographische Wert des ursprünglichen Entwurfes, der den städtebaulichen Halt wie ein gewaltiger Kragen für die feinen Texturen eines Bandes für die Hauptstadt bietet. Und deswegen zählt es zu von Gerkans größten Niederlagen, dass aus vorgeblich bahntechnischen Gründen die Eleganz der Bahnsteighalle durch eine Verkürzung zum kümmerlichen Fragment wurde.

Trotzdem trugen gmp federführend zu einer neuen Corporate Architecture des öffentlichen Bauens in der Berliner Republik bei: mit den Dorotheenblöcken für den Bundestag, dem neuen Tempodrom, der Niederlassung der Dresdner Bank am Pariser Platz, der Doppel-Landesvertretung von Mecklenburg-Vorpommern und Brandenburg und dem Um- und Ausbau des alten Berliner Olympiastadions zur glitzernden Event-Schüssel des 21. Jahrhunderts, die von außen betrachtet sich aber treu geblieben ist.

Mit der deutschen Schule in Peking (2000) gelang dann endgültig der internationale Durchbruch; zur Zeit sind über 30 Projekte in China im Bau, und mit der neuen Stadt Luchao Harbor City südlich von Shanghai, rund um einen kreisförmigen See, werden die Werte von gmp auch in Shanghai ankommen: Transparenz, Geometrie und ein bisschen Hamburger Alsterflair.

Die Königin der Passagen: Hanseviertel

DIER AB 1-
← SB
SUN
25
CUTS

Hamburgs Antwort auf das Schmuddelwetter: Passagenzauber (285)

Bis etwa Anfang der 1970er Jahre blieb sich Hamburg mit seinem spröden Charme treu. Richtig glänzen konnte die Backsteinstadt nicht, war sich aber ihrer verborgenen Schätze und Reichtümer bewusst, beispielsweise einer jungen deutschen Musikszene: »1975 – Jungs war das gemütlich, da wurde die Musik noch mit der Hand gemacht!«. Auch die Innenstadt Hamburgs bekam ein neues Gesicht. Soweit es die City betrifft, war die gute alte »Mö«, die Mönckebergstraße, seit Schumacher das kommerzielle Zentrum des Einzelhandels, mit großen Warenhäusern bebaut, die den Charme von Verbrauchermärkten versprühten. Mit wenigen Ausnahmen war das aber nicht das Angebot einer Weltstadt. Halbherzig wurde die Straße renoviert, aber ein großartiger Boulevard wird sie nie werden, eher die »City arm« bleiben ...

Weil dagegen der Rathausmarkt (vgl. Nr. 286) ein geschickteres Face Lifting erfuhr, wurden nun die Straßen nördlich des Rathauses und im Hinterland wieder interessanter. 1977 wird ein altes »Kaufmannshaus« von Peter Schweger derartig geschickt zu neuem Leben erweckt, dass plötzlich alle auf den Kiez rund um die Großen Bleichen und den neuen Wall schauen. Schweger deckelt den Lichthof haushoch mit Glas und nutzt regengeschützte Innenräume für den Einzelhandel. Das Kaufmannshaus ist eine Art Quartiermacher für die spätere Königin der Hamburger Passagenlandschaft, das Hanseviertel. Ein kriegszerstörter Block wird ebenfalls repariert; am Anfang kann man sich nicht so recht vorstellen, was die Architekten wollen: Sie nützen den Rückraum als Passagenraum. Sillems Bazar, Hamburgs vergessene erste Passage, dort wo heute der Hamburger Hof steht (vgl. Nr. 57), war ihr Vorbild. Dabei setzten die Architekten von gmp radikal auf Backstein und hanseatische Messingwappen sowie maritime Motive in den Keramikböden. Die »Königin der Passagen« zog einen Passagenboom nach sich.

Nach wenigen Jahren sind es bereits fast ein Dutzend, je nach Zählweise. Herauszuheben ist neben dem Hanseviertel die Galleria des Schweizer Architektenehepaars Trix und Robert Haussmann. Eine blanke Orgie in Marmor und in Schwarzweiß, allerdings hinter Backsteinfassaden. Sie bildet den Höhepunkt der Postmoderne in Hamburg, wirkt aber weder peinlich noch überflüssig. Das gesamte Bild einer Kulissenarchitektur für den Großstadteinkauf ist stimmig. Allerdings gehört zum Erfolg eine wichtige Anekdote. Die Rückkehr zur Handwerklichkeit, beispielsweise im Hanseviertel und seinem kuppelgekrönten schwungvollen Eckbau, war mit dem deutschen Bauhandwerker dieser Zeit allein nicht zu machen. Kurzerhand wurden, was heute normal ist, polnische Maurer importiert. Wer genau hinschaut, kann unter dem Glockenspiel aus andersfarbigen Steinen den Schriftzug »Polen« entdecken.

Links: Galleria, Rechts: Gänsemarktpassage

Rathausmarkt **(286)**
1982
Rathausmarkt
Klaus Nickels, Ohrt & Partner

Die gute Stube der Stadt kann sich jeweils mit dem Zeitgeschmack und dem ihrer Bürger auseinandersetzen. Fritz Schumacher hatte 1932 den Platz »republikfein« gemacht. Das bedeutete: Kaiserdenkmal raus, eine stille imposante Stele rein, die an die Opfer des Ersten Weltkrieges gemahnte. Später verstarb der Platz im Chic der 1950er Jahre. Der Wettbewerb in den 1980er Jahren brachte neue Möglichkeiten, weil der Straßenring für Bus und Tram um den Platz obsolet geworden war. Der Busverkehr verläuft nun vom Rathaus aus hinter einer Reihe von Glastonnenpavillons. Diese postmodernen Stadtmöbel waren von Anfang an als geschmäcklerisch und zu grob geschnitzt verschrieen. Sie haben sich aber funktionell bewährt und dienen als Paravent zwischen Platz und Busspur. Der Platz selbst ist heute Hamburgs größter Aktivposten als Eventfläche, seine nahtlosen Übergänge in Sitzstufen zur Kleinen Alster wie auch mit der Reesendammbrücke in Anbindung an die von Fußgängern beherrschten Einkaufsstraßen ist der rechte Glacis für das Rathaus. Der Platz war die erste Kampfansage an die »tote City« und inzwischen herrscht hier urbane Vielfalt auch über die Ladenschlusszeiten hinaus.

Wiederaufbau Evang.-luth. Apostelkirche **(287)**
1982
Bei der Apostelkirche 1, Lappenbergsallee
Prof. Bernhard Hirche, Friedhelm Grundmann, Otto Rehder

Einem Brand im Jahre 1977 fiel auch die Apostelkirche zum Opfer (Architekten des Urbaus von 1894 waren Erwin von Melle

und Peter Gottlob Jürgensen). Der Wiederaufbau berücksichtigte den starken Rückgang von Kirchgängern bzw. Mitgliedern der Kirchengemeinden zu einem sehr frühen Zeitpunkt. Die eigentliche Kirche liegt nun im Obergeschoss, die öffentlichen Gemeinderäume mit gutem Zugang unten. Der Südflügel ist gläsern gedeckt und fungiert als Vorhalle.

Stadtvillen Rahlstedt (288)
1984
Am Sooren
APB Beisert Wilkens Grossmann-Hensel, Findeisen Galedary

Wie mit ihren Stadthäusern (vgl. Nr. 290) wollten APB auch im Siedlungsbau Grenzen der Machbarkeit überschreiten und neue Möglichkeiten erkunden. Die Stadtvillen in Rahlstedt gelten jedoch als eine Art Rückwendung im Wohnungsbau, von Architekten, die sich gerade um den sozialeren Wohnungsbau verdient gemacht hatten. Backstein und der Anspruch, »Villa« zu sein, erscheint als konservativ. Bleibt anzumerken, dass Stadtvillen heute zum gängigen Repertoire der Hamburger Immobilienwirtschaft gehören.

Wohngebiet Anzuchtgarten (289)
1985
Maienweg, Hindenburgstraße, Brabantstraße
Anton C. Alberts

Die Wolfgang-Borchert-Siedlung auf einem ehemaligen Anzuchtgarten des städtischen Gartenamtes war eine erste Reaktion von Hamburger Architekten auf das ewige Vorbild Holland, mit dem die Hamburger konfrontiert waren. Allerdings gibt es hier keine Kanäle und der Bezug zum Wasser beschränkt sich auf den nahen Alsterkanal,

so wie ihn Fritz Schumacher in der Zwischenkriegszeit hat anlegen lassen. Aber die Dichte der Bebauung, die Achtung der Rechte von Fußgängern und die Abwechslung von Baukörpern durch geneigte Dächer, Erker und Schuppen (für Fahrräder) erinnern sehr wohl an den Wohnungsbau des westlichen Nachbarn in den 1970er Jahren. Mit dieser Siedlung und ihrem Erfolg waren die Großsiedlungen in Hamburg jedoch endgültig obsolet.

IBAU-Haus (290)
1986
Rödingsmarkt 35
APB Beisert Wilkens Grossmann-Hensel, Findeisen Galedary

Kaum vorstellbar ist heute, dass dieses Stadthaus mit seinem Tonnengewölbe im Dachgeschoss eine Kulturrevolution aus-

gelöst hat. Nicht deswegen, weil es ein tief blaurotes (wie im Kontorhausviertel) Backsteinkleid mit postmodernem Gedöns und harten Farben im Eingangs- und Treppenhausbereich trägt – nein, es war die Chuzpe, mit der die Architekten sich mit dem ganzen (Wiederaufbau-)Viertel hier am Rödingsmarkt anlegten und die ortsübliche vertikale Baustruktur unterm Flachdach mit ihrem Haus in Frage stellten. Am liebsten würde man diese, so sagten die Architekten damals, Stück für Stück niederreißen und durch solche schmalen Kontorhäuser ersetzen. Sie hatten recht, weil mit ihrer Bauweise die alten Hamburger Traditionen (vgl. Nr. 6) aufgenommen wurden und sich ein Ensemble dieser Qualität an dieser Stelle gut machen würde. Es war eines der kleinsten, aber bis heute nachhaltigsten Signale für den 1975er-Paradigmawechsel in der Architektur.

Kindertagesheim Zeiseweg (291)

1987
Zeiseweg 15–17
Conrad Holthey,
Wolfgang Schultz-Coulon

Eine Kita als kleine Stadt mit Türmchen und im passenden Kinder-Maßstab gefiel den Nutzern und Eltern sofort. Immerhin besuchen 150 Kinder im Alter von 3 Monaten bis 13 Jahren die »Einrichtung«. Architekten tun sich mit solch primitiven Baumustern manchmal schwer. Aber die Heiterkeit der Bauten überzeugte alle Kritiker. Vielleicht wirkt alles besonders beschwingt, weil die Tagesstätte ausgerechnet vor dem Hintergrund einer alten steinernen preußischen Infanteriekaser-

ne (vgl. Nr. 54) entstanden ist – größer kann ein Unterschied in der Architektur kaum sein.

Wohn- und Geschäftshaus Grindel (292)

1987
Grindelallee 100
gmp Architekten von Gerkan,
Marg und Partner

Die Grindelallee wurde im Krieg stark zerstört; ihre innerstädtische Enge und Höhe sowie den Baumbestand hat sie verloren. An der wichtigen Kreuzung mit

der Rentzelstraße simuliert ein kräftiger Putzbau, wie wichtig diese Kreuzungen früher waren und dementsprechend umgesetzt wurden. Zwei Zutaten prägen den Putzbau: die runde Ecke, die von einer gläsernen Rotunde gekrönt wird, und Balkone aus zarter Stahlkonstruktion, die mit Glasloggien besetzt sind. Im Großstadtverkehr bilden diese Zubauten hier keinen Selbstzweck, denn sie sind sowohl als energiebewusster Puffer wie auch als Schleuse gegen den direkten Lärm zu verstehen. Das Treppenhaus in der Straßenecke ist rund und wurde nach hinten mit Glasbausteinen verkleidet. Zusammen mit den filigranen Geländern steht es als Beweis dafür, wie einfach es ist, ein gutes Treppenhaus zu gestalten.

Turnhalle Hansa-Gymnasium (293)

1987
Hermann-Distel-Straße 25
MRL Markovic Ronai Lütjen Voss

An einen Schulbau von Fritz Schumacher anzudocken, erzeugt normalerweise

Schweißperlen auf der Stirn des Architekten. Nicht jedoch, wenn man »seinen« Schumacher gut kennt und sich an Pläne für eine alte Ballspielhalle hält, die Schumacher 1912 selbst noch für das Hansa-Gymnasium projektiert hatte. Die neue Turnhalle steht jetzt dort, wo die abgebrannte Aula und – wie früher üblich – darunter im Souterrain die in den 1960er Jahren abgebrochene Turnhalle standen. Die Architekten provozieren ein bisschen, wenn sie dem leicht wirkenden Tonnendach vor die Mauerschale Pfeilerreihen stellen, die an einem echten Neubau dieser Zeit für fachlichen Unmut gesorgt hätten. Auch die abgetreppte, symmetrische Form der Glassteinfenster an der Stirnwand scheint aus einer anderen Zeit zu stammen – doch im Schatten des Altmeisters sind Stimmung und Abstimmung hier genau richtig und beweisen indirekt die Modernität Schumachers.

Kindertagesstätte Kohlhöfen (294)

1987
Kohlhöfen 22
Patschan Werner Winking

Es ist ein munteres Bauensemble für eine Kindertagesstätte in der nördlichen Neustadt – direkt dort, wo mit der ersten Bücherhalle (vgl. Nr. 86) einst besonderer Wert auf eine soziokulturelle Betreuung der unteren Schichten gelegt wurde. Man könnte es dabei belassen, die hübsch gruppierte Anlage um eine mehrgeschossige Halle zu würdigen. Die Backsteinarchitektur wirkt ruhig. Es sind die weißen Stahlaccessoires für Treppen oder Arkaden, die auffallen. Interessant ist der Kontrast zur weißen Schule gegenüber. Diese ist knapp 20 Jahre jünger (vgl. Nr.

436) und stammt vom Architekten Asmus Werner und seinen Partnern, der auch an der Kindertagesstätte beteiligt war.

Winterhuder Fährhaus (295)

1988
Hudtwalckerstraße, Bebelallee,
Winterhuder Kai
Schweger & Partner

Es war ein wunderschöner alter Gelbputztempel, das Winterhuder Fährhauss von 1865. Doch es wurde ersetzt, birgt heute Hamburgs erfolgreichstes Boulevardtheater und wird eingefasst von Wohn- und Geschäftshäusern. Die auffällige Pavillongestalt der meisten Bauteile wirkt wie vieles aus jener Zeit fassadentechnisch

überinstrumentiert. Aber die Stadtreparatur im Übergang von Eppendorf nach Winterhude war sehr anspruchsvoll, musste sie doch zwischen dem großstädtischen Winterhuder Marktplatz und der Flusslandschaft an der Alster vermitteln. Das ist ihr gelungen: An der Bebelallee durch mehrgeschossige Häuser, zum Fluss hin durch Stadthäuser. Bemerkenswert: Geneigte Dächer waren in jeder Kombination wieder en vogue.

Medienhaus Restaurant Eisenstein (296)
1988
Friedensallee 7–9
Peter Dinse, Isabell Feest

KULT ENSEMBLE Zeitgeist-Architektur ist zunächst immer ein Schimpfwort, erst später bezeichnet sie Auslassungen von

historischem Wert. Als die Architekten Teile der alten Schiffsschraubenfabrik Zeise umbauen durften, ahnten sie nicht, was sie anrichteten, denn sie bereiteten den späteren Werbefirmen, die hier Land nahmen, das Terrain (vgl. Nr. 319). Damals wurde im ersten Schritt ein Verwaltungsteil aufgestockt und erweitert, erste Firmen zogen ein. Kern war das Restaurant »Eisenstein«, das sich genau dieser Materialien bediente und deswegen »Kult« wurde, weil Peter Dinse Eisenrahmen vor altes Mauerwerk setzte: Die Wand als Kunstwerk. Bartresen und -regal wirken noch heute martialisch, aber niemand entfernt sie, weil sie einfach zu schwer sind. Es ist das erste Beispiel des »Ruß«-Revival in Hamburg. In der Folge wurden die alten Hallen zum Kino- und Begegnungszentrum umgebaut. Dinse Feest und ihr späterer Partner Zurl begannen mit dem Bau eine ganz eigene Karriere auf der Schnittstelle von Architektur und Interior. Diese führte sie bis nach Berlin, wo sie das Meilenwerk und die Hamburger Vertretung beim Bund gestalteten.

Techniker Krankenkasse (297)
1989
Bramfelderstraße 140
Schweger & Partner

Die TKK zählt zu den Hamburger Bürogroßbauten (700 Mitarbeiter allein bei der TKK, zuzüglich Fremdmieter), mit denen Anfang der 1990er Jahre das Kontorhaus innovativ revitalisiert wurde. Mit dem Entwurf von halbrunden Gruppenraum-Büros wurde ein dritter Weg zwischen Großraum- und Einzelbüro beschritten. Die prägende Figur der Halbkreise wird darüber hinaus an der Gartenseite zum Charakteristikum der ersten beiden Bauabschnitte, da sie eine aparte Kulisse für die Gartenhöfe und die sozialen Einrichtungen wie das Kasino bilden. Architektonisch trägt die Kasse nach innen ein modernes Gesicht aus Glasstahl. Außen versucht sie insbesondere am Ring 2, also an der Habichtstraße, backsteinern das traditionelle Milieu Barmbeks aufzunehmen. Der denkmalgeschützte Kopfbau der ehemaligen Margarinefabrik Voss (Expressionismus) und eine alte Gründerzeithalle konnten zwar nicht in das Nutzungskonzept integriert werden, künden aber als steinerne »Brosche« am Glaskleid des Neubaus vom Gegensatz der Zeiten (vgl. Nr. 147). Das vermögen auch die schrägen Glaskaskaden des dritten Bauabschnitts der TKK, die

1997 fertiggestellt wurden. Im denkmalgeschützten Kopfbau ist das Hamburgische Architekturarchiv untergebracht.

Hypothekenbank **(298)**
1989
ABC-Straße 13–17
Dietrich und Hermann

Das Hamburger Architekturjahrbuch nannte es einen »weißen Schwan« und spielte damit auf die backsteinernen Nachbarbauten hier mitten in der City an. Putzbauten haben es, was die Reputation betrifft, in Hamburg schwer. Dieser aber stammt von Kölner Architekten und sie haben den Schwung der ABC-Straße in die Fassade transplantiert, die auf elf Säulen zu schweben scheint.

Mehr noch: Ein zylindrischer Dachaufbau scheint demonstrieren zu wollen, dass rund schön ist. Tatsächlich zählt dieses Bankgebäude zu den eleganteren Exemplaren in der Innenstadt, auch wenn es sich nur um eine recht einfache Putzfassade handelt. Putz ist allerdings immer noch in Hamburg ein Ärgernis, denn inzwischen ist auch dieses Haus sichtbar in die Jahre gekommen.

Passage Planten un Blomen **(299)**
1989
Planten un Blomen, Jungiusstraße, Marseiller Straße
me di um Architekten

Es ist wahrscheinlich mit einer Länge von 400 Metern eines der ausgreifendsten Bauwerke Hamburgs und dient dazu, eine regengeschützte Verbindung zwischen Messe und Kongresszentrum zu schaffen. Die einzelnen Dächer, die auf Steinsäulen ruhen, schieben sich raupenartig durch einen Teil von Planten un Blomen. Also ein Hochbau im Garten. Die durchbrochenen Wandscheiben und Stützen tragen ein rot-

weiß-gestreiftes Outfit – es war die Zeit, als auch in Hamburg die Postmoderne ernst genommen wurde.

Behindertenwohnhaus Billrothstraße **(300)**
1989
Billrothstraße, 79–81
Hans Mensinga, Dieter Rogalla & Partner

Ein Behindertenwohnhaus wird bezüglich seiner humanen Maßstäblichkeit von seinen Bewohnern ganz besonders gründlich unter die Lupe genommen. Dabei zählt nicht nur das Unwort »barrierefrei«, sondern auch die gesamte Ausstrahlung. Der eingefügte Neubau passt sich ein, ohne sich anzupassen, Geste und Proportion spiegeln die gedrungenen Altonaer Gründerzeithäuser mit ihren überhohen Fenstern wider. Ein schmaler Erker in der Fassadenmitte erinnert an die typischen Mittelrisalite dieser Straße.

Volkwin Marg

Friedhelm Grundmann

Jörg Friedrich

EHW

William Alsop
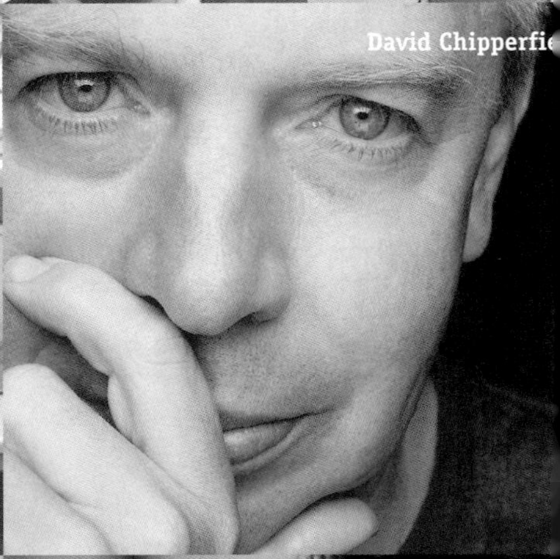
David Chipperfie

Böge Lindner Architekten

Carsten Roth

Spine^2

Hadi Teherani

Günter Wilkens

Jacques Herzog

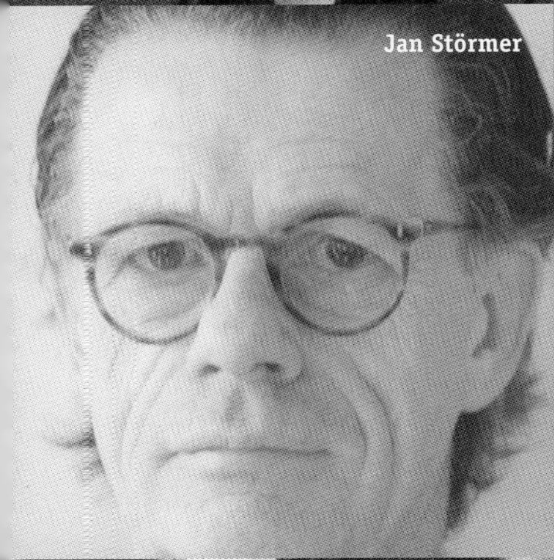
Jan Störmer

Uwe Köhnholdt

Blauraum Architekten

Peter Schweger

Wachsende Stadt – Der Aufbruch ins 21. Jahrhundert 1990–2007 (301)

Egbert Kossak, Hamburgs Oberbaudirektor von 1981 bis 1998, verhalf in den 1990er Jahren immer häufiger auswärtigen Architekten systematisch zu Wettbewerbsteilnahmen und Bauten. Wenn Richard Meier, Norman Foster, Will Alsop, Massimiliano Fuksas, Otto Steidle, Léon Wohlhage oder Oswald M. Ungers in dieser Stadt bauten, hat dies dem angestrebten Image einer weltoffenen Hafenstadt genützt. Allerdings glaubt Egbert Kossak heute, dass »neben den feierlichen Importen der heimische Bodensatz an Erfahrung mit dem Orte ebenfalls zählt«. Und so setzt man mittlerweile in Hamburg auch auf den eigenen Nachwuchs.

Der Vorteil für die Stadt ist tatsächlich der, dass junge Hamburger Architekten nicht wie holländische Berufsanfänger auf einen großen Namen wie Rem Koolhaas fixiert sind, sondern – typisch für Hamburg – die Welt ihr Feld ist. Ein Hamburger Architekt, der heute maßgebend ist, wie zum Beispiel Carsten Roth, wurde durch die Wiener Hochschule für Angewandte Kunst mit Gustav Peichl beeinflusst, Marc-Olivier Mathez durch seine Schweizer Heimat, Jörg Friedrich durch Italien, Hadi Teherani durch den britischen Hightech-Stil. Natürlich prägt immer auch noch die Arbeit der »Elder Statesmen« Hamburgs Erscheinungsbild. Deswegen ist festzustellen, dass Hamburgs Architekturszene von der Vielfalt und dem Nebeneinander unterschiedlicher Architektengruppen lebt, deren hauptsächliches Merkmal nicht der Stil, sondern eine Haltung ist: Solidität und Anspruch, mit Seriosität und Qualität.

Im Vergleich zu den 1920er Jahren, als Schul- und Wohnbauten dominierten, sind die Schwerpunkte heute anders gesetzt. Keine andere Bauaufgabe hat Hamburg in den 1990er Jahren so umfassend geprägt wie Bauten und Projekte für die Medienstadt, die sich dabei überraschenderweise in erster Linie als Weiterbau, als Sanierung und dann als Medien-Innenarchitektur präsentiert.

Eine gewisse Bewegung hat es beim Kontorhausbau in den 1990er Jahren gegeben, wobei im Falle der mit Glas überdachten Atrien auch Berlin und andere Städte von Hamburg gelernt haben. Wenn Architekten wie BRT ihr »Doppel-XX« oder ihr »Deichtorcenter« (vgl. Nr.

man-House«; mit umfangreichem Service und Concierge und einem entsprechend hohen Mietpreis für knapp 75 Wohnungen, die einen geschützten Hof in der Form eines verkürzten Hockeyschlägers einrahmen. Die Erdgeschosszonen sind Läden und Restaurants vorbehalten. Zur ABC-Straße hin liegen Büros. Mutig und ungewöhnlich an der Fassade ist die Auswahl eines hellen Klinkers mit weißen und grauen Streifen, womit sich die Architektur auf den Typus des Grün-

derzeithauses in Vororten wie Eppendorf bezieht.

Ost-West-Hof (314)

1992
Herrengraben 74
MPL Markovic Ronai Lütjen Voss

Das Projekt wurde durch ein subtiles Zusammenspiel von bevorzugten Materialien dieses Jahrzehnts (Beton, Stahl, Zinkblech, Glas und Stein) innen und außen zu einem Vorreiter einer Neuen Moderne, der Hamburger Spielart der Moderne: Es wurde ein »New Kid in Town« – ein flaschengrün schimmernder Rundbau setzte sich beherrschend in die Flucht der Ludwig-Ehrhard-Straße. Die Glasfront läuft verjüngend nach unten und wird dort durch schräg gestellte Säulen gestützt. Oben überragt ein ebenfalls halbrundes Flugdach das Bauwerk. So entsteht eine fast neckisch zu nennende Erinnerung an Verkehrskanzeln oder Kontrolltürme der 1950er Jahre. Was heiter und beschwingt wirkt, besitzt eine gewisse Angestrengtheit, denn der Anschluss an den Baubestand eines früheren

Bauabschnitts des hier residierenden Bankhauses geschieht als Blockkante. Damit wurde ein Wechsel in der Bebauung dieser Straße markiert, die in den 1950er Jahren als Magistrale mit aufgelockerter Bauweise gestartet war. Innen will das Gebäude mit aufwendiger Erschließung und repräsentativem Treppenhaus den alten Hamburger Kontorhaustypus neu interpretieren.

Büro- und Geschäftshaus Johannisbollwerk (315)

1992
Johannisbollwerk 16
APB Architektengruppe Planen und Bauen

Zwischen zwei spitzwinklig aufeinander zulaufenden Straßen des Hafenviertels wurde eine Baulücke auf schwierigem Restgrundstück mit dem Makel der »Nichtbebaubarkeit« gefüllt: mit einem

Bürohaus, das sehr körperhaft wirkt. Zwei Straßen – zwei Fassaden: An der schmalen Ditmar-Koel-Straße dominiert eine disziplinierte Putzfassade, die oben in den Staffelgeschossen ein Spaliergitter trägt. Zum Hafen hin antwortet die strenge Stahlfassade mit vielen quadratischen, neungeteilten Fenstern symbolisch auf die alten Eisenmuster der Hafenarchitektur, und zwar mit dem Angebot, im Staffelgeschoss auch mit Hafenblick wohnen zu können. Eine perfekte Location für Spielfilme mit Hamburger Flair. Die Büroflächen werden durch ein Atrium in der Mitte gespalten und belichtet – mit dem Vorteil, dass auch die hinten gelegenen Büros noch einen direkten Hafenblick erhaschen.

Astra Halle (Holstenbrauerei) (316)

1992
Hopfenstraße 15, Bernhard-Nocht-Straße
ASW Silcher Werner + Partner

ABRISS Die Lade- und Lagerhalle der St.-Pauli-Brauerei im gleichnamigen Stadtteil war trotz ihrer 12.000 Quadratmeter Nutzfläche ein moderater bis sensibler Eingriff in ein Umfeld kleinteiliger Wohnbebauung. Die rotblauen Backsteinfelder des Stahlfachwerks wechselten sich mit vertikalen Fensterbändern ab; rundliche Ecktürme wurden mit sanft gebogenen Glasscheiben hinterlegt. Eine ondulierte halbhohe Ziegelwelle vermittelte zwi-

schen Fassade und Straßenraum, und das überkragende Trapezblechdach lag auf Stahlfachbindern auf, die wie bei einer Zeltkonstruktion an sechs Pylonen aufgehängt wurden. Bei so viel architektonischem Feinsinn ist es bedauernswert, dass diese Halle einem neuen Quartier auf dem ehemaligen Bavariagelände weichen musste. Dort gönnt sich die »wachsende Stadt« eine Stadtkrone mit hohen Häusern unter dem nostalgischen Titel »Brauer-Viertel«.

Ehem. Fährterminal und Kreuzfahrtcenter (317)

1992
Van-der-Smissen-Straße 1–3
me di um Architekten,
William Alsop Architects

Das Fährterminal der früheren England-Fähre ist inzwischen zum normalen Bürogebäude geworden. Billigflieger machen

die Seeverbindung überflüssig. Deswegen wirken die Anspielungen auf die Architektur der anlegenden Fähren mit Bullaugen und Reling, insbesondere auf der Flussseite, schon wie sentimentale Nostalgie, doch immer noch produzieren »tanzende« Stützen maritime Ausgelassenheit und gute Stimmung. Das Büro des Bauherrn in der oberen Etage am östlichen Ende gehörte anfangs zu den bevorzugten Film-Locations in der Hansestadt. Das Restaurant unten erinnert an kalifornische Ambienti. Beiden gemeinsam ist der schönste Blick auf den Elbstrom, der sich hier in die Kurve legt und von lauter Hamburgensien gekrönt wird. Von hier aus wird man den schönsten Blick auf das neue Wahrzeichen Hamburgs, die Elbphilharmonie haben (vgl. Nr. 448).

Wohnblöcke Steilshoop (274)
Mitte der 1970er Jahre
Burmester & Ostermann, Candilis Josic Woods, Garten & Kahl, John Sur, Bakema & Weber, Heinz Graf, Peter Schweger, Köster & Stübing, Matthaei & Elschner, Patschan & Winking, Schramm & Pempelfort, Hans-Georg Tinneberg

FLOP Man wollte aus den Fehlern lernen, die in Berliner, Hamburger und Münchner Großsiedlungen gemacht wurden (vgl. Nr. 257) und nicht mehr seelenlos und mit der Geste des Baumeisters vorgehen, der seine Pläne mit Legosteinen umsetzt. Aber was kann man wirklich anders machen, wenn man 6.000 Wohnungen für 20.000 Bewohner errichten will? Man wählte unterschiedliche Architekten aus, legte Wert auf eine gute Grundrissqualität mit vorbildlicher Belichtung aller Zimmer, schuf parkähnliche Bereiche und begrenzte die Gebäudehöhe. Statt Zeilenbauten und Punkthäuser sind nun Wohnblöcke entstanden, die einen parkähnlichen Hof einrahmen. Nur: wie sollten hier Privatheit und Intimität entstehen – also zwei Dinge, die beim Wohnen zum Wohlfühlen dazu gehören – wenn der Hof über 200 Meter lang ist? Die Wohnungen und auch die Ziegelfassaden sind von ordentlicher Qualität. Allerdings erzeugt die maßlose Verdichtung im Bereich des Ladenzentrums und der dort vorherrschende Beton eine latente Tristesse. Letztendlich ist Steilshoop ein Problemstadtteil geworden. Und auch in diesem Fall trägt die Architektur eine Mitschuld, weil bis zu zwölf Geschosse übereinander unmenschlich bleiben. Der gute Wille zählt trotzdem, weil sich Hamburg danach endgültig von den Großsiedlungskonzepten abwandte (vgl. Nr. 341, Allermöhe-Ost).

Mehrfamilienhaus Scheideweg (275)
1975
Scheideweg 3
APB Beisert Wilkens Grossmann-Hensel, Findeisen Galedary

Mag das Haus heute wenig sensationell, sondern geradezu selbstverständlich wirken, so war es doch damals eines der wichtigsten Zeichen für den Wechsel, der sich Mitte der 1970er Jahre im Denken und Entwerfen vollzog. Die weitgehend horizontale Linie der modernen Nachbarhäuser durch eine Vertikale zu stoppen, dem Haus darüber hinaus durch die Aufgliederung in drei Abschnitte (Balkon – Treppenturm – Balkon) ein Gesicht zu verleihen – das alles machte deutlich: Die Architekten wollten wieder Häuser bauen, die als solche erkennbar sind. Gleichzeitig wird mit dem Treppenturm

ein würdiger Akzent für den gesamten Straßenraum gesetzt.

Wohnanlage Anscharhöhe (276)
1977
Nedderfeld, Tarpekenbekstraße
Patschan Werner Winking

ENSEMBLE Die Anscharhöhe bildet einen Höhepunkt der Hamburger Stiftsbauten. Eine Ergänzung dieses kleinen sozialen Campus brachte im Anschluss an einen Wettbewerb von 1974 verstaffelte

Jumbohalle der Lufthansa Technik **(318)**
1992
Weg beim Jäger 193
Deutsche Lufthansa Werft
gmp Architekten von Gerkan, Marg und Partner

Die Jumbohalle auf der Lufthansawerft wird von einer riesigen Bogentragkonstruktion gekrönt, die in Gestalt und Spannweite der Fehmarnsund-Brücke ähnelt. Ein Teil der übrigen Tragkonstruktion der 150 Meter langen und 26 Meter hohen Halle liegt außen und macht den Verlauf der riesigen Zugkräfte sichtbar. Diesen mächtigen, aber präzisen Bauteilen wird an einem benachbarten Werkstatt- und Büroriegel zusammen mit gewellten Tonnendächern gläserne Leichtigkeit gegenübergestellt. Nebenan steht die Lackierhalle (Architekten: Patschan Werner Winking). Beide Hallenbauten schließen das Flugfeld Fuhlsbüttel nach Westen ab. Sie sind auf Anfrage bei der LufthansaTechnik zu besichtigen.

Hanse-Merkur Versicherung **(319)**
1993
Siegfried-Wedells-Platz 1
APB Architektengruppe Planen und Bauen

Dies ist ein Beispiel für ein imposantes innerstädtisches Verwaltungsgebäude, das fünf typische Villen des Großbürgertums aus dem 19. Jahrhundert integriert beziehungsweise verbindet. Die Gebäudeansicht am Alsterglacis versucht, sich durch weiße Putzfassaden, eine taktvolle Gliederung und Staffelgeschosse den Volumina der alten Bürgerhäuser in etwa anzugleichen. Im Herzen der zweiflügeligen Anlage ist ein Hof zur überglasten Halle geworden, in der die alte Villa Wedells das klassische Motiv eines Hauses im Haus verkörpert. Die Gegend war seit

dem Krieg bevorzugter Standort für die Hamburger Versicherungsbranche, wie die benachbarte Iduna (Architekt: Georg Wellhausen) beweist. In den späten 1960er Jahren wuchsen die räumlichen Ansprüche und der Exodus in die City Nord begann.

ART
SKY

später wurde es renoviert und erhielt sieben blitzweiße Stadtvillen mit luxuriösen Mietwohnungen als Nachbarn. Alle diese Häuser sind einheitlich entworfen und ausgestattet. Sie begleiten jeweils rechts und links eine zentrale Allee, die auf den sanierten Altbau zuläuft. Die zweigeschossigen Neubauten (plus Staffelgeschoss) bergen jeweils fünf Wohnungen im Stil der klassischen Moderne. Erker, Balkone oder eingezogene Dachterrassen sind hier nicht wie üblich nur zu Zwecken einer Erweiterung des Wohngrundrisses erwachsen, sondern bilden integrale Bestandteile einer ausgewogenen Komposition der Baukörper und Fassaden. Der Architekt Rogalla widerstand der Versuchung, die üblichen Luxuswohnungen des Alstertals im Landhausstil zu entwerfen, sondern entschied sich für die Formensprache seiner eigenen Herkunft: die inzwischen klassisch genannte Moderne.

Kunstverein, Freie Akademie der Künste (329)

1993
Klosterwall 23
Störmer + Partner, Floder & Simons

Gegenüber den umgebauten Deichtorhallen (Architekt: J. P. Kleihues) wurden zwei weitere Markthallen (vgl. Nr. 109) mit ihrem baulichen Grundcharakter von 1917 beziehungsweise 1951 erhalten und trotzdem zeitgemäß für eine Performance der schönen Künste aufbereitet, also mit flexiblen Ausstellungsflächen unter Tages- und Kunstlicht in gegensei-

tiger Ergänzung ausgestattet. Sie bieten jetzt Institutionen Platz, die wegen der Erweiterung der Hamburger Kunsthalle (Oswald M. Ungers, vgl. Nr. 352) ihr ursprüngliches Domizil aufgeben mussten. Ins Auge fällt vor dem Kunstverein eine Art Vitrine (12 mal 12 Meter), die als gläserne Leinwand die Kunst nach außen tragen soll und sich inzwischen wie eine kommerzielle Litfasssäule als zusätzlicher Werbeträger erwiesen hat. Noch skurriler ist ein freistehender Treppenturm aus feinem Lochblech, der die Freie Akademie der Künste unter dem Tonnendach mit der Außenwelt verbindet. Dritter Nutzer ist der Berufsverband Bildender Künstler, dessen Eingang und Räume zum Glockengießerwall liegen.

Erweiterung der Speicherstadt (Kehrwiederspitze) (330)

Anfang der 1990er Jahre
Am Sandtorkai, Kehrwieder
Kohn Peddersen Fox, gmp Architekten von Gerkan, Marg und Partner, Kleffel Köhnholdt Gundermann

ENSEMBLE Aus heutiger Sicht erscheint der Weiterbau der Speicherstadt mit einer neuen Kehrwiederspitze, die als »Hanseatic Trade Center« bekannt ist, weit weniger spektakulär. Damals jedoch, zu Beginn der 1990er Jahre, hatten mehrere Architekturwettbewerbe auf alle Experimente verzichtet und die mutigen Entwürfe von Alsop & Störmer oder des Römers Massimilliano Fuksas verworfen. Was gebaut wurde, ist kantig und aus Ziegel, wie man an den Bauten von Kohn Perdersen Fox (New York) besonders deutlich sieht. Die Architekten von gmp machten dort weiter, wo sie mit dem Zürichhaus (vgl. Nr. 312) aufgehört hatten, und bauten im Jahre 1999 eine Staffel von Kontorhäusern mit gläsernen Atrien. Optisch herausragend, aber vielleicht doch an den hohen Ansprüchen der extravaganten Kehrwiederspitze gescheitert, ist die gebogene Hochhausscheibe mit spitzer Nase und elliptischem Dachhut (Architekten: Kleffel Köhnholdt Gundermann). Eigentlich ein elegantes Bauwerk, aber die Hamburger hatten sich damals an diesem Standort ein Haus mit der markanten Qualität der Freiheitsstatue gewünscht und ein Backsteinschiff erhalten. Leider tendiert auch der Wohnanteil wieder einmal gegen Null. Der entstandene runde Turm beherbergt Büros und verdient kaum eine Würdigung in einem Architekturführer. Vom heutigen Standpunkt aus kann man sich mit der dichten, kantigen Urbanität der Baublöcke anfreunden. Sie wird im Osten von der verspielten Speicherstadt (vgl. Nr. 60) auf feinsinnige Weise konterkariert. Und was die »Freiheitsstatue« betrifft, freut man sich jetzt auf die Anschlussbebauung durch die Elbphilharmonie auf dem Kaispeicher A (vgl. Nr. 242).

DG Hyp (331)

1994
Rosenstraße 2
Schramm von Bassewitz Hupertz Limbrock

Zwei bestehende Parkhäuser und der Erweiterungsbedarf der früheren »DG Hyp« in einer City-Zone, die als Hinterhof der Spitalerstraße definiert war, wurden in einem Projekt vereinigt. Dieses sollte zusammen mit Umfeldmaßnahmen (neue

Geschäfte, Straßenausbau) zur Aufwertung und Vernetzung mit den wichtigsten Einkaufsstraßen und dem Gerhart-Hauptmann-Platz beitragen. Zwei Entscheidungen führten dazu, dass bei einer 200 Meter langen Front die beiden Bauten, die durch eine Brücke verbunden sind, überraschend beweglich und schwebend wirken. Zuerst wurde die Fassade horizontal dreigeteilt; der mittlere Bauteil ist »fest« gestaltet und mit einer weitgehend geschlossenen Ziegelfassade verkleidet, was sich u. a. aus der Parkhausnutzung ergibt. Dieser »Kern« liegt auf einer verglasten Ladenzone und trägt ein eingezogenes Staffelgeschoss mit einer Gitternetz-Fassade aus Stahl und Glas. Außerdem folgt die Fassade dem gekurvten Verlauf der Straße. Die bei diesen massigen Baukörpern zur Innenbelichtung notwendigen Innenhöfe wurden nach japanischem Vorbild als artifizielle Naturminiaturen gestaltet.

Neuer Dovenhof (332)

1994
Brandstwiete 1
Kleffel Köhnholdt Gundermann

Im Vergleich mit den gegenüberliegenden Hochbauten des Internationalen Stils für den SPIEGEL (vgl. Nr. 258) ist der neue Dovenhof ein »Schritt zurück in die Zukunft« und ein janusköpfiger Spross des Kontorhaustyps. Dort, wo zehn Geschosse übereinander getürmt sind, ist er ein halber Solitär. Besonders zur ehemaligen Ost-West-Straße hin bildet der Bau eine schroffe Blockrandwand, als wolle er nachträglich ganz allein das ursprünglich zerrissene Straßenbild der Ost-West-Magistrale wieder heilen. Bündig eingesetzte, zusätzlich schallisolierende Glasscheiben vor den eigentlichen Fenstern veredeln nicht nur das Outfit, sondern sind an dieser Stelle zwingend notwendig, um den Straßenlärm fernzuhalten. Besonders im Eingangsbereich (ver-)spielen die Architekten: Blau-rote Steine, Messingkandelaber und keramikverkleidete Säulen bezeugen recht aufdringlich ihre Referenz an die expressionistischen Nachbarn im Kontorhausviertel. Innen wiederum geht es kontrastreich zu: Das notwendige Kontortreppenhaus wird zu einem Glasatrium mit vier martialischen Aufzugstürmen, die an Flaktürme erinnern

und aus Beton brût bestehen. Über dem Hof ist wie ein Regenschirm ein Glasdach im Kreissegmentbogen aufgespannt. Das für die frühen 1990er Jahre in Hamburg für Neubauten beinahe obligatorische Flugdach des alles überragenden Kopfbaus nimmt dessen gebogene Linie auf.

Alstervilla (333)

1994
Alsterufer 38
Ingrid Spengler, Manfred Wiescholek

Es war ein Befreiungsschlag innerhalb der Hamburger Architekturdebatte, als diese charaktervolle Stadtvilla, die ihre feinen Beziehungen zum Werk von Le Corbusier und des Japaners Tadao Ando erahnen lässt, die Standards einer Alsterbebauung neu festlegte. Stadtvillen in Hamburg dienen heute häufig als multifunktionale

Bauwerke, was den hohen Grundstückspreisen geschuldet ist. In diesem Fall sind gleich neun Wohnungen, ein Konsulat sowie eine Parkgarage dort untergebracht. Zweischichtiges, emailliertes und mattiertes Glas steht in subtilem Kontrast zum glatten, fein gezeichneten Beton. Mit dem schwebenden Vorbau und dem Dach wird dem Bau die Strenge genommen. Es gefiel den Architekten außerdem, dem klaren Quader einen parabelartigen Anbau zur Seite zu stellen. Dieser, wie auch dreieckige Erker an der anderen Hausseite, dienen vor allem dazu, die Nutzfläche mit gut verkaufbarem Alsterblick zu vergrößern.

Mellinpassage (334)

1994
Alsterarkaden 9–12, Neuer Wall 11–13
Wolfgang Schulz-Coulon (Rekonstruktion Neuer Wall 11, Alsterarkaden), Ockelmann Rottgardt & Partner (Rekonstruktion Neuer Wall 13, Alsterarkaden und Mellinpassage)

Hinter dem Jungfernstieg, im Bereich des Neuen Walls, hat sich im Laufe der Jahrzehnte der Tempelbezirk der Markengeschäfte etabliert: Von »Bulgari« über »Hermes« bis zu »Jil Sander« sind inzwischen alle großen Namen präsent. Nach dem Brand in den Alsterarkaden im Jahre 1990 entstand der Bereich um das ehemalige Fahninghaus (heute Hermes) neu. Dabei wurde eine der ältesten Passagen der Hansestadt mit dem sensiblen Händchen kreativer Restauratoren wieder mitten ins Gefüge der City einbezogen. In einer Mischung aus dem Hedonismus der 1990er Jahre und freigelegten originalen Hinterglasmalereien sticht die Mellinpassage von der kleinen Alster zum Neuen Wall durch und erinnert weniger an Hamburg als an Wien oder das Paris des Fin de siècle. Die weit über Hamburg hinaus bekannte Buchhandlung von Felix Jud ist hier untergebracht.

Stadionüberdachung Wolfgang-Meyer-Stadion (335)

1994
Hagenbeckstraße 124
ASW Silcher Werner & Partner

Über der Eisfläche des Stellinger Stadions ist eine bewegte Zeltlandschaft entstan-

den. Dazu wurde eine Membranhaut über ein inneres Tragsystem von vier 20 Meter hohen Masten und einer zusätzlichen Unterspannung durch acht Luftstützen gezogen. Diese Luftstützen sind mit Regenschirmen vergleichbar, die von unten gegen die Membranhaut gedrückt werden. Die Nähe zu Hagenbecks Tierpark regt dazu an, den Vergleich zwischen der Konstruktion und dem Skelett größerer Säugetiere zu suchen und macht klar, wie vorbildlich der Bauplan der Natur ist.

Hamburger Sparkasse Barmbek (336)

1994
Fuhlsbüttler Straße 166–168
Benedict Tonon

Banken und Sparkassen neigen seit jeher zur Selbstdarstellung durch Architektur. Das Ergebnis ist meist zu blank und zu edel. Hier in Barmbek, an einem Schlüsselpunkt des alten Arbeiterstadtteils – direkt in der Achse der Fuhlsbüttler Straße –, stehen die Zeichen auf Zurückhaltung und nehmen die Vorgaben des benachbarten Ziegelbauwerks aus den 1920er Jahren auf. Der Kopf des Geschäftshauses ist verglast und dabei wie die alten Nachbarn klassisch waagerecht gegliedert. Die Seitenwangen sind aus Backstein; genau so stellt man sich einen Tresor im Arbeiterviertel vor – festgemauert und unverrückbar.

Musical-Theater im Hafen (337)

1994
Norderelbestraße 6
Urban-Project Raumdesign, Klaus Latuske

Das frühere »Metropoltheater« ist heute das »Theater im Hafen« und Heimatspielstätte für »den König der Löwen« und andere Musicals. Im Kern unter einem gelb schimmernden Zelt als temporäre Spielstätte errichtet, die nach wenigen Jahren problemlos entsorgt werden könnte, hat der »Altbau« später eine gläserne Vorsatz-

kanzel für vielerlei Nutzungen wie Restaurant und Lobby bekommen. Der Erfolg als Musicaltheater rechtfertigte den nachträglichen Aufwand. Das Theater ist Vorposten des geplanten »Sprunges über die Elbe«. Deswegen ist es zurzeit von der City am Südufer über Land nur per Halbtagesreise zu erreichen. Alternativ gibt es eine Schnellverbindung übers Wasser von den Landungsbrücken. Dort im nassen Element spiegelt sich der markige »fliegende Bau« und inszeniert sich täglich neu.

Binnenhafen Harburg mit MAZ Mikroelektronik-Anwendungszentrum (338)

1994
Harburger Schlossstraße 6–12
Architekturbüro Streb

Wie auch am Nordufer der Norderelbe in der City, in St. Pauli und Altona, hat sich eine Ablösung des Hafenbetriebes in kleinen, aber festen Schritten ereignet. Die Urzelle dieses Regenerationstrends

liegt eindeutig im ehemaligen Hamburger Binnenhafen, wo sich eine dynamische Mischung aus Restaurants, Dienstleistung und Forschung entwickelt hat. Hier, in der Nähe zur Technischen Universität Hamburg-Harburg, haben sich dann genau die Industrien angesiedelt, die mit NT oder Biochemie umschrieben werden. Das Mikroelektronik-Anwendungszentrum (MAZ) von Martin Streb bildete 1994 den Auftakt zu dieser Erfolgsgeschichte, soweit es die Architektur betrifft. Das schlanke Laborgebäude steht quer ab zum Wasser, die Köpfe unter schwebenden Dächern sind recht martialisch ausgebildet. Innen und außen überrascht der sparsame Ausbau. Trotzdem erzielt das Haus einen ganz individuellen Charme, denn auch die entwickelte Technik soll Ressourcen sparen – das Haus ist die bauliche Umsetzung dieses Programms. Der kommerzielle Erfolg dieser Ideenschmiede sorgte dafür, dass ab 1999 in der Nachbarschaft weitere Bauabschnitte verwirklicht werden konnten, zwar nicht mehr so filigran, aber doch ansehnlich.

Umbau einer Autofabrik, Architektenatelier (339)

1994
Rentzelstraße 10 b
Carsten Roth

Der Umbau einer alten Autofabrik am Grindel gehört zum Frühwerk des inzwischen sehr erfolgreichen Architekten Carsten Roth. Damals wusste sich die Architekturkritik noch nicht zwischen

»erlesenem Manierismus oder Genesis einer sehr konsequenten persönlichen Kreativität« zu entscheiden. Was den

Umbau der Fabrik betrifft, so hat Roth – damals eine Sensation – mit einem einfachen Material wie Schalplatten gearbeitet und sich und dem Bauherrn eine hoch präzise »Rohbauästhetik«, also alle Leitungen über Putz liegend, geliefert. Einer der letzten Hamburger Autoaufzüge steht im Originalbau bereit. Im Jahre 1997 hat dann der Architekt in den heruntergekommenen ehemaligen Nebengebäuden sein Atelier eingerichtet. Dieses ist innen ein Festival des Minimalismus aus bestem Sichtbeton und gezieltem Licht von allen Seiten. Außen verzaubern eine Freitreppe, ein freigestellter Fensterrahmen und die auskragenden Sonnenschutzdächer, als sei dies alles ein Schaufenster des Architekten. Solche Details lassen den trivialen Gewerbehof zu einem Garten der Architekturskulpturen werden.

Hafenbahnhof (340)

1994
Dradenauer Deichweg
me di um Architekten

Hamburg lebt von der hervorragenden Hafen-Logistik: Je schneller, desto wohl-

habender. Wenn es dann um die Architektur des Zentralbahnhofs geht, in dem der Schienenverkehr koordiniert wird, darf die Technik von subtiler Ästhetik überlagert werden. Der erste größere Hamburger Bahnhofsneubau seit Kriegsende liegt im Hafengebiet und wird von einem Turmbau gekrönt, der eine flache, schwebende Kanzel trägt. Von hier aus wird der Rangierbetrieb der Hafenbahnen gesteuert. Auffällig sind »Regenschirm«-Stützen, welche die herausragende Kanzel tragen. Die Geschossebene ist so breit wie der Turm hoch ist und nach den Regeln des Goldenen Schnittes positioniert. Das Gesamtgebäude besteht aus zwei stehenden und zwei liegenden Baukörpern. Im Flachbau ist das Betriebsgebäude untergebracht.

Neuallermöhe-Ost (341)

1984–94
Rahel-Varnhagen-Weg, Anita Rée-Straße, Henriette-Herz-Ring, Fanny-Lewald-Ring u. a.
Architektenbüro Petzold-Hansjakob (Funktionsplan), Patschan Werner Winking (städtebaulicher Rahmenplan), APB Architektengruppe Planen & Bauen, Johannes Lupp, PPL Planungsgruppe Prof. Laage, nps Architekten Nietz Prasch Sigl, Planum, Stabenow & Siemonsen u. a. (Bebauung)

ENSEMBLE In Hamburg gestaltete sich der Abschied von den Großsiedlungen der 1960er und 1970er Jahre in Raten. Schon am Ende der Siebziger waren Siedlungen wie Steilshoop oder Tegelsbarg in Poppenbüttel wieder niedriger, kompakter und blockbildend entworfen worden. Mit Allermöhe-Ost wurde dann in den 1980er Jahren frei nach holländischen Vorbildern ganz offen eine Gartenstadtidylle anvisiert, die sich in einer teils natürlichen, teils künstlichen Kanallandschaft etablieren sollte. Und tatsächlich überzeugt hier der reizvolle Bezug der Wohnungen zum Wasser oder Reihenhäuser mit Carports. In den 1990er Jahren mussten dann in Allermöhe-Ost die Wohnbauten, deren Verdichtungsgrad sich im Nachhinein als zu wenig wirtschaftlich erwies, mit Schulen, Läden oder Kirchen etc. ergänzt

1990er Jahre typisches Industrie-Remake, und die Aufstockung für Wechselausstellungen im kriegszerstörten dritten Geschoss. Dort tragen neue, schräg nach außen gestellte Stützen konisch zulaufende Fachwerkträger, so dass das mittlere »Schiff« der Industriebasilika optisch erweitert wirkt. Inzwischen ist ein weiterer Altbau hinzugekommen und »Trude«, das Gerät, mit dem die vierte Elbröhre gebohrt wurde, ist als Großskulptur am Kanal ausgestellt worden.

Bürohaus Elbberg (361)
1997
Elbberg 1
BRT Architekten Bothe Richter Teherani

Auf einem spektakulären, aber im Grunde »unbebaubaren« Grundstück am Elbberg

steht spitzwinklig und – was die Fassaden betrifft – janusköpfig ein Bauwerk, das als Büro-Lofthaus ausgewiesen ist, also über große, frei zu gestaltende Räume im Inneren verfügt. An der Elbseite wurde das Haus auf schräge Pilotis gestellt und erhielt einen Ganzglas-Vorhang mit fünf Erkern. Die perfekten Biegungen des Betons und der Fenster sowie die subtil in die glatten Fassaden versenkten Sonnenjalousien und die dynamisch geschwungenen Fassaden lassen an ein besseres »Art Deco« oder an die Aerodynamik von Raymond Loewys' Studebaker-Sportwagen denken. Auf der Rückseite im Norden ging man mit dem Glas sparsamer um, dafür übernimmt hier eine schuppenartige Kupferhaut die Führung.

Erweiterung/Sanierung Deutscher Ring (362)
1998
Ludwig-Erhard-Straße 22
BHL von Bassewitz Hupertz Limbrock

In den 1990er Jahren wurde die Hauptverwaltung des Deutschen Rings erweitert und modernisiert. Im Jahre 1964 war am westlichen Ende der neuen, durch die Stadt gebrochenen Ost-West-Straße ein Hochhaus gebaut worden, das eindeutig ein Vertreter der aufgelockerten Stadt im Sinne der 1920er Jahre und Le Corbusiers war. Der vorerst letzte Bauabschnitt konterkariert dieses städtebauliche Leitbild allerdings und findet zur straßenbegleitenden und blockbildenden Form zurück. Das Hochhaus, dessen Vorhangfassade zu den frühen Beispielen dieser Bauweise in Hamburg gehörte, wurde mit heutiger Technik im Rahmen aktueller Energievorschriften nach der Maßgabe, optisch möglichst nahe am historischen Vorbild zu liegen, saniert. Wenn man sich als Autofahrer von unten, also von Osten, dem gläsernen »Schiffskörper« nähert, macht dieser Bau eine gute Figur und ist eine Aufwertung am Ende der Straße sowie vorläufiger Endpunkt einer langen städtebaulichen Entwicklung, deren Motto lautet: Vom »Zoo der Einzelgänger im Park« zurück zum Blockrand, wie er in europäischen Metropolen üblich war.

Die Perlenkette – Neues Leben am Hafenrand (363)

Schon wenige Jahre nach dem Ende der Dienstzeit des Oberbaudirektors Egbert Kossak (1981–1998) ist seine strategisch-kreative Hauptleistung unbestritten: die strikte Förderung einer Rückwendung zum Elbstrom. Nach dem Zweiten Weltkrieg hatte sich die Hansestadt rund um die Alster eingerichtet, konnte aber bis dato ihren eigentlichen Kern an der Elbe nur unvollständig wiederherstellen. Der Stadtplaner erfand dafür auch eine »Marke«, einen Titel: Er wollte die vielen nun freigewordenen Hafengrundstücke mit feiner Architektur aufwerten, eine »Perlenkette aufziehen«. Dazu bediente er sich auch internationaler Architekten und ließ viele Wettbewerbe ausschreiben. Nicht alle Vorhaben sind realisiert worden. Aber zwischen Deichtor und Neumühlen ragen nun – was bei einer Flussfahrt besonders gut zu bestaunen ist – viele gläserne Großbauten, aber auch gelungene Modernisierungen heraus. Es sind dies von Westen nach Osten: Die Glaskuben in Neumühlen, auch als Polderbauten bekannt (vgl. Nr. 407), Um- und Erweiterungsbauten im Fischereihafen sowie der alte England-Fährterminal (vgl. auch Nr. 317). Westlich des Altonaer Fischmarkts wurde in den 1990er Jahren damit begonnen, die ehemaligen Speicher und eine Mälzerei umzunutzen. Dabei wurden die wuchtigen Industriefassaden erhalten, aber durch Aufstockungen und Zubauten ergänzt. Im Speicher, der heute die Deutschlandzentrale von Greenpeace beherbergt, dominieren eine zweigeschossige Aufstockung und ein neuer Aufzugsturm. Heftig umstritten waren die benachbarten Neubauten des Rotterdamer Architekten Kees Christiaanse. Man bezweifelte, dass diese Bürobauten Durchblicke für die bestehenden Häuser lassen würden, die nun in der zweiten Reihe stehen. Es ist dann alles nicht so schlimm gekommen, allerdings fehlen weitere Bauabschnitte noch.

Der Bereich rund um das Stilwerk wurde im Zusammenhang mit dem sonntäglichen Fischmarkt der erste gelungene urbane Umnutzungsversuch am Hafenrand. Weiter im Osten gehören auch der Verlagsneubau von Gruner + Jahr (vgl. Nr. 305) sowie die Speicherstadt dazu (vgl. Nr. 60). Etwa in Höhe der U-Bahnstation Baumwall (vgl. auch Nr. 103) wurden am Herrengraben und weiter im Norden auf der Fleetinsel weitere Baulücken geschlossen. Dadurch entstand ein erster gelungener Link zwischen Elbe, City und Alster, unter anderem über die gefürchtete Barriere der Ost-West-Straße hinweg. Ein zweiter Verbindungsweg entsteht jetzt von der Binnenalster über die neue Europa-Passage weiter zum Domplatz bis zur HafenCity. Ohne die »Perlenkette« wären die Planungen für eine HafenCity allerdings gar nicht erst möglich geworden.

Zwei Hamburger Perlen: links Stadtlagerhaus, rechts Verlagshaus Gruner+Jahr

Neuallermöhe-West (364)

1998

FPB Freie Planungsgruppe Berlin (städtebauliches Konzept), APB Architekten von Bassewitz Patschan Hupertz Limbrock, Busack Göb, nps Architekten Nietz Prasch Sigl, DFZ Dinse Feest Zurl u. a.

ENSEMBLE Die Siedlung wurde seit 1994 nach Westen um etwa 4.000 bis 5.000 Wohnungen erweitert (städtebaulicher Entwurf: Freie Planungsgruppe Berlin). Die Charakteristika von Allermöhe-West sind eine noch deutlichere Block- und Raumbildung, mehr Geschosse und eine höhere Verdichtung. Siedlungsphilosophisch folgte der Grachtenstadtidylle ein strenges Besiedlungs- und Straßenraster, ein Spiegel der sich immer wieder ändernden Leitbilder. Wie auch in Allermöhe-Ost gehören Grundriss- und Fassadenqualitäten oder Wohnkonzepte hier leider nicht zu den europäischen Vorzeigebeispielen, wie es sie etwa in Holland oder Wien gibt. Auch in Allermöhe-West reizt eher die Besichtigung der Schulen, wie des ausdrucksstarken Schulrundlings der Gesamtschule Allermöhe-Mitte oder des Bürgerhauses: Sie sind eindrucksvolle Solitärbauten im eintönigen Ziegelmeer.

Atelierwohnungen Rothenbaumchaussee (365)

1998

Turmweg 1–31

Atelier 5

Die Schweizer Architekten von »Atelier 5« gelten in der internationalen Architekturszene als direkte Erben des späten Le Corbusier und seiner Ideen für den Wohnungsbau. Die schmalen Reihenhäuschen aus »reinem« Beton ihres Projektes »Halen« fehlen in keinem Architekturführer. Hier bebauten sie das Terrain in ihrer eigenen Tradition mit dicht gestaffelten Stadthäusern, die das Prädikat »sinnvoll verdichtet« verdienen. Grüne Dachterrassen und Loggien sorgen für einen engen Bezug zu Gartenhöfen mitten in der Stadt. Die Nachteile werden allerdings auch immer brutaler sichtbar: dass weiße Putzhäuser dem Hamburger Klima stand-

halten, hatte schon Fritz Schumacher in Frage gestellt.

Centre Court Rotherbaum mit Überdachung (366)

1998

Hallerstraße 89

Schweger & Partner, BHL von Bassewitz Hupertz Limbrock

Im sportlichen Aufschwung der Boris-Becker-Ära wurde der Centre Court zu einem »Wohnzimmer« der deutschen Tenniscracks. Um das Turnier am Rothenbaum im Mai vom Wetter unabhängig zu machen, wurde eine Überdachung als »Mega-Regenschirm« entworfen, die wahlweise offen oder geschlossen sein kann. Die sich über 100 Meter freispannende Stahlseilkonstruktion für das Membrandach aus transluzentem Material kann in wenigen Minuten geöffnet werden (Konstruktion: Werner Sobek). Inzwischen ist der Standort mitten in den besten Wohnvierteln Hamburgs schon wieder umstritten, da der Centre Court ausgebaut werden müsste, um konkurrenzfähig zu bleiben. Auf dem Gelände entstand für den »Club an der Alster« ein kleines Schwimmbad mit hölzernen Umkleiden (Architekt: Holger Schmidt).

Wohn- und Geschäftshaus Poppenbüttel (367)

1998
Langenstücken 20
Kleffel Köhnholdt Gundermann

Es ist ein Ausflug in die Vergangenheit des progressiven Landhausstils, wie er zu Beginn des 20. Jahrhunderts z. B. in den Elbvororten und im Alstertal geprägt wurde. Im Nachhinein wird deutlich, wie großartig die Gebäude gebaut worden waren. Heute finden in diesem Neubau hinter blauroten Wittmunder Torfbrandklinkern, abgerundetem Satteldach und einer ähnlichen Kubatur nicht nur ein Einfamilienhaus, sondern gleich zwei zu-

sätzliche Wohneinheiten und dank eines ausgebauten Souterrains auch Büro- und Gewerbeflächen Platz. Das Haus versucht, bestehende Gestaltungs- und Besiedlungsvorschriften aus den 1920er Jahren würdig umzusetzen. Inzwischen hat das abgerundete Dach in dieser Straße nahe des S-Bahnhofes Poppenbüttel Schule gemacht. Zwei weitere giebelständige Häuser, allerdings mit sehr farbigen Putzfassaden, kreieren jetzt zusammen mit dem Haus Nr. 20 so etwas wie eine indirekte Gestaltungsvorschrift für zukünftige Neubauten auf Langenstücken. In dieser Straße ist auch die katholische Kirche St. Bernhard mit interessanten Kirchenfenstern von Ludwig Schaffrath zu finden.

Christophorus-Schule (368)

1998
Bergstedter Chaussee 205
Schubert + Partner

Die Bergstedter Christophorus-Schule ist eine Schule für lernbehinderte Kinder im

Rahmen der Waldorf-Pädagogik. In ihrem Kern bildet sie ein Fünfeck, von dem auf zwei Ebenen Klassen- und andere Fachräume abgehen. Alle Klassenräume, die mit ihrer Form an menschliche Zellkörper erinnern, gruppieren sich schützend um einen Morgenkreisraum. So ist die Schule ein bauliches Sinnbild für Gemeinschaft und fördert in ihrer raumgestalterischen Struktur die Individualität. Räumlich und farblich kontextuell folgen alle Bauabschnitte der anthroposophisch-organischen Bauweise. Auffällig ist das markante Schmiedegebäude, dessen Baukörper sich schneckenförmig um einen Schornstein wickelt und an eine Architektur wie den Einsteinturm in Potsdam (Mendelsohn) erinnern soll.

Multimedia Centrum Rotherbaum (369)
1998
Rothenbaumchaussee 78
Foster and Partners

ENSEMBLE Die Auflassung des alten HSV-Stadions und seiner Nebenflächen bescherte Hamburg in der Mitte des beliebten und teuren Stadtteils Rotherbaum eine große Bebauungsfläche, deren Nutzungsschema lange zur Diskussion stand. Am Ende wurden die Grundstücke vornehmlich mit Eigentumswohnungen und Bürohäusern bebaut. Norman Foster baute ein Multimedia Centrum an die Rothenbaumchaussee, dessen streng gegliederte Glasfassade und ein weit auskragendes Dach die signifikanten Merkmale sind. Das Dach verdeckt dabei das nicht unumstrittene erste Medienzentrum, das über den Resten eines ehemaligen Hochbunkers entstand und nun den Übergang zum Tennis-Centre am Rothenbaum anzeigt. Architekt Peter Kulka bringt mit seinem schwarzen Meteoriten vorn an der Rothenbaumchaussee eine optische Beruhigung in den Block.

Schümann-Flügel des Museums für Kunst- und Gewerbe (370)
1999
Steintorplatz 1
Alsop & Störmer

Es ist eine tolle Implosion, eine Erweiterung von innen, welche die ehemalige Gewerbeschule erfuhr, die eine Entwicklung zu einem der wichtigsten norddeutschen Museen gemacht hat. Der Schümann-Flügel, benannt nach seinem Stifter, wird in einen der beiden Lichthöfe des Altbaus gesetzt und nimmt vor allem die Musikinstrumenten-Sammlung des Stifters auf. Zusätzlich bietet er Platz für Sonderausstellungen. Es gibt einige Dinge, die den Besucher dazu bringen, den Atem anzuhalten. Dazu gehören die wunderbar durchsichtigen Stahlgewebe, die vor den Glasfassaden hängen, so wie der anmutige japanische Minimalgarten im Hof. Kurzum: In der unmittelbaren Nachbarschaft des Hauptbahnhofs und des ZOB – also den zentralen Hamburger Drehscheiben – hat man diese Ruhe- und Meditationsinsel nicht erwartet.

Doppel-XX **(371)**
1999
Heidenkampsweg 58
BRT Architekten Bothe Richter Teherani

KULT Es ist eines der besten Kontorhäuser dieser Architekten und lebt von einem ganz einfachen Trick. Gebaut wird ein Bürohaus auf dem Grundriss eines doppelten X. Darüber wird eine Art »Käseglocke« (hört Hadi Teherani nicht gern) gestülpt. Man kann es auch ein Aquarium nennen. Diese »Superbox« ist in dieser desolaten Bürovorstadt ein starkes städtebauliches Statement. Innen schaffen BRT nicht nur ein Kontorhaus mit Atrium, sondern nutzen durch die doppelte Fassade auch ökologische Vorteile, denn ein sehr großer Bereich funktioniert hier wie ein Wintergarten, dessen Dach teilweise zu öffnen ist. Auf den Terrassen wachsen Bäume, hier vermischt sich außen mit innen. BRT haben hier im großen Stil das Prinzip des Structural Glazing aufgenommen, also punktgehaltene Glaspaneele für die Außenfassade aufgewendet. Dazu mussten die 4,42 Meter langen ESG-Paneele im Einzelversuch getestet werden. BRT haben ähnlich wie Lord Norman Foster mit der Commerzbank in Frankfurt den Typus des ökologisch sinnvollen und sparsamen Bürogroßbaus getestet. Städtebaulich ist das gelungen – was die tatsächliche Arbeitsplatzqualität betrifft, so gibt es allerdings Zweifel. Der Autor hat sein Büro direkt gegenüber und spricht mit den Nutzern. Die sehnen sich zurück nach dem guten alten Einzelbüro.

Alsterarkaden **(372)**
1999
Alsterfleet, Rathausmarkt
BRT Architekten Bothe Richter Teherani

Innerhalb ihres Werkes haben sich die Architekten Bothe Richter Teherani trotz ihrer großartigen Erfolge im Bürohausbau wie beim Doppel XX (vgl. Nr. 371) immer auch Bauaufgaben gewidmet, die niemals für die Bürokasse interessant waren, wohl aber für das Portfolio. Dazu gehört eine Vollglasbrücke (vgl. Nr. 353) und die Teilüberdachung am Alsterwanderweg, die hier am Rathausmarkt noch in der Startphase steckt, um dann über Außenalster und Oberalster hinaus ins Grüne zu führen. Die strengen Fassaden erhalten durch eine Staffel von Vordächern in Schmetterlingsform jene unverhoffte Heiterkeit, mit der Hamburg an vielen Stellen überrascht. Eine wichtige Stelle, an der man von der Brücke hinunter in die Alsterschleuse schauen kann. Eine Zwangspassage für alle Boote, die von der Binnenalster und dem Kanalsystem auf die Elbe oder in die Speicherstadt wollen.

Gewerbehof Max 218 **(373)**
1999
Max-Brauer-Allee 218
A6 Schrowe & Partner, Mathias Bruhn, Kai A. Sauerland, Maik Spliethoff

Eine rote Kiste, die ein bisschen proletarischen Charme ausstrahlt, wird hier nicht als Info-Box, sondern als Gewerbe-

hof genutzt. Diese Bauaufgabe wurde in den 1990er Jahren vom Senat der Hansestadt gern als Mittelstandsförderung unterstützt. Zur Max-Brauer-Allee hin herrscht die Farbe Rot vor, allerdings liegt die geschlossene Blechfassade optisch auf einer zweigeschossigen Glaswand auf. Dort sind jene Gewerbeeinheiten, die direkt angefahren werden können. Gelungen ist auch die runde Eckbebauung, welche die Fassadengliederungen eines Altbaus geschickt auffängt. Dieses Haus ist auch deshalb vorbildlich, weil die Architekten handwerkliches Können bereits im Entwurf bewiesen, obwohl es nicht die ganz große Bauaufgabe war.

Smart City Entertainment Center (374)

1999
Friedrich-Ebert-Damm 124
gmp Architekten von Gerkan,

Marg und Partner, Schildt Architekten
Der Friedrich-Ebert-Damm ist eine wichtige Hamburger Ausfallstraße nach Osten und hat sich zu einem Autostrip amerikanischer Prägung entwickelt. Beinahe alle wichtigen und unwichtigen Marken sind hier mit Service- und Verkaufsabteilungen vertreten. Der etwas andere Kleinwagen (Smart) hat sich dabei gleich eine ganze »City« bauen lassen – einen multifunktionalen Gebäudekomplex, in dem nicht nur eine weitere Automarke, sondern auch ein Multiplexkino, Restaurants, ein Fitnesstempel und ein Parkhaus Platz finden. Die Architekten fassen diese Vielfalt in kräftige Baukörper zusammen: Der Turm dient der Performance der Autos; ein Riegel von 168 Metern Länge (unter dem Motto: »Länge läuft«) nimmt alle anderen Funktionen auf. Dabei wurde vor die nebeneinander liegenden Kinosäle eine vollverglaste Lobby gesetzt. Das aber tut diesem maroden Stadtraum doppelt gut, denn die Smart City ordnet hier nicht nur die Vorstadtlandschaft neu, sondern bringt Leben in den Stadtraum, wenn die Autopassanten die Kinobesucher hinter der Glaswand beobachten können – und umgekehrt. Konstruktionstechnisch betrachtet handelt es sich um eine der größten in Hamburg ausgeführten rahmenlosen Glasfassaden, die punktgehalten werden. Schade nur, dass das schicke Ambiente im Stil der 1990er Jahre immer in den Popkornresten der Besucher ertrinkt.

Medienzentrum Kampnagel mit Wohn- und Gewerbehof (375)

1999
Osterbekstraße 84–86, Barmbeker Straße, Jarrestraße 20
Steidle & Partner

Die ehemalige Fabrik von »Kampnagel« (der frühere Weltmarktführer von Hafenkränen) hatte über die Funktion eines Ersatzquartiers für das Schauspielhaus in dessen Renovierungszeit Karriere als Kulturfabrik gemacht. In den alten Hallen gedieh alternative Kultur besonders gut. Um das Projekt finanziell abzusichern, wurden Grundstücke verkauft. Es entstand eine Mantelbebauung für Büros und zum Wohnen. Die stark gegliederten Glasfassaden und die ansprechende Höhenverstaffelung machen Lust auf einen Besuch im Inneren. Dort aber warten Büros mit engen Fluren und einem abgemagerten Ausbaustandard. Der Stadtteil Barmbek war in den 1990er Jahren

überraschend zur Hochburg der Neuen Medien geworden, weil hier sehr viele Gewerbebauten umgerüstet werden konnten. Der Börsencrash sorgte jedoch für Verwerfungen auch auf dem Markt der Gewerbeflächenvermietungen, was eine Erklärung für die Zurückhaltung beim Ausbau sein könnte. Die Wohnbauten zum Kanal sind in bester Otto-Steidle-Manier gegliedert und farbig. Der Münchner Architekt ist im Jahre 2004 leider verstorben.

Mehrfamilienhaus Max-Brauer-Allee (376)

1999
Max-Brauer-Allee 28
Keffel Köhnholdt & Partner

In prominenter Nachbarschaft zu Bauten des ehemaligen Altonaer Krankenhauses galt es, eine Lücke – genauer: eine Ecke – zu schließen. Für große Gesten war kein Platz, wohl aber für kleine. Dazu gehören raumhohe französische Fenstertüren, die dem Haus einen vertikalen Appeal verleihen, aber auch der Ausbau eines Penthouses mit einem runden Treppenhausgehäuse. Die Wohnung dort nimmt

zusammen mit der Terrasse die Grundfläche des ganzen Hauses ein. Innen sucht man Türen vergebens, es gibt nur verschiebbare Trennwände.

Wohnbebauung Steinbeker Straße (377)

1999
Steinbeker Straße 4–18
Czerner + Czerner

Im vernachlässigten Südosten existieren erstaunlich romantische Wassergrundstücke. Hier an der Bille entstanden deswegen Wohnungen vor allem für Alleinerzie-

hende und ihre Kinder. Die Zeilenbauten werden jeweils paarweise durch ein schwungvolles Glasdach zusammengefasst. Zwischen jeweils zwei Häusern liegen geschützt unter dem Dach Atrien für die Erschließung der Wohnungen. Damit vermeidet man die sonst so typischen engen Binnentreppenhäuser für Zwei- oder Dreispänner. Und im Erdgeschoss eröffnet sich ein geschützter halböffentlicher Raum für alle Mieter.

Empfangsgebäude Lufthansa Basis (378)

1999
Weg beim Jäger 193
Renner Hainke Wirth

Das Empfangsgebäude für das Areal der Lufthansa-Technik soll Zeichen setzen: Die Silhouette des Daches erzeugt entsprechende Assoziationen. Das Flugdach kündet von Eleganz und Ehrgeiz und

zeigt an, dass im Computerzeitalter die Grenzen zwischen Flugzeugkonstruktionen und Bauwerken fließend sind. Das feuerverzinkte Stahl-Fachwerk ist ein gekoppeltes lineares Tragwerk. Die Montage erfolgte als Einfeldträger mit zwei Kragarmen in insgesamt drei Teilen; die Spannweite der Flügel beträgt 49 Meter. Die zweigeschossige Lobby hinter Glas und unter dem Dach setzt im Grundriss den Fluss fort, der sich außen als Motiv ankündigt. Dieses Gebäude entstand, als in den USA die biomorphe Architektur der Blobs Konjunktur hatte. Das Ergebnis ist schön anzusehen und verarbeitet den Traum vom Fliegen, wurde aber durch eine komplexe und schwierige Konstruktion erkauft, die Architekten, Ingenieure und Handwerker vor extreme Herausforderungen stellte. Doch in der Stadt des Airbus wurde dies in Kauf genommen.

Karstadt Sport Aufstockung/Umbau (379)

1999
Mönckebergstraße 2
Christian F. Heine

Das alte Billigkaufhaus direkt am Hauptbahnhof war eine hässliche Kiste. Es wurde zu einem Spezialhaus für Sportartikel umgebaut und erhielt programmatisch auf dem Dach eine Sport- und Spielstätte. Diese kann u. a. als Eislauffläche genutzt werden. Die Aufstockung in Leichtbauweise ist als offener Zylinder ausgebildet. Da das Sporthaus direkt am Hauptbahnhof liegt, ist der Dachaufbau die erste architektonische Skulptur, die ein Besucher Hamburgs bei der Einfahrt mit dem Zug zu sehen bekommt.

Internationaler Seegerichtshof (380)

2000
Am Internationalen Seegerichtshof 1
Alexander Freiherr von Branca,
Emanuela Freiin von Branca

Ausgerechnet nach München ging der Wettbewerbssieg für den Neubau des Internationalen Seegerichtshofes an der Elbe in Nienstedten, obwohl die Architekten von gmp bereits lange vorher einen brauchbaren Vorschlag gemacht hatten. Der Bau ist ein »Haus im Park« geworden, an einer Adresse mit Meeresanschluss: der berühmten Elbchaussee (postalisch allerdings nicht!). Auf dem leicht abfallenden Parkgrundstück steht seit 1871 die hanseatisch-neoklassizistische Villa Schröder, die zum Taktgeber der Neubautätigkeit wurde. Der Neubau antwortet mit einem kühnen Doppelschwung aus weißen Arkaden und einer zweiten, halb

verdeckten Fassadenscheibe. Genau im Drehpunkt dieses Nach-Vorne-Drängens steht jetzt eine kräftige Rotunde mit den Gerichtssälen; darunter ein großer Saal, der zu einem der schönsten Räume Hamburgs geworden ist und von der Strahlkraft der runden Formen und dem Elbblick gleichermaßen profitiert. Dem Altbau bleibt nur eine Nebenrolle: Hier speisen Richter, Gäste und die streitenden Parteien. Diese Seite mit Rotunde und Villa wird den meisten Hamburgern, welche die Elbchaussee mit dem Auto passieren, eine schöne aber flüchtige Wahrnehmung auf dem Weg nach Blankenese oder in die Stadt sein: weiß und fließend, an die weiter stadteinwärts liegende römische Villa mit ihren Säulen erinnernd. Es gibt noch die zweite, die Straßenseite, die hamburgisch gediegenes Understatement repräsentiert. A- und umgedrehte U-förmige Wandscheiben aus grünlichem italienischem Granit (Verde Spluga), getrennt durch Glasbänder, sorgen an den Seiten zum Binnenland für eine kräftige Betonung der Senkrechten.

Trabrennbahn Farmsen **(381)**
2000
Max-Herz-Ring
PPL Planungsgruppe Prof. Laage, nps Partner, Schnittker Architekten, Spengler, Wiescholek und Klünder

»Es gibt Glücksfälle im Städtebau«, hieß es im Hamburger Architekturjahrbuch über das Ergebnis der Bebauung auf einer ehemaligen Trabrennbahn in Farmsen, die 1976 geschlossen wurde. Der Gewinner des städtebaulichen Ideenwettbewerbes von 1992, PPL, schlug vor, das Oval der ehemaligen Trabrennbahn als Grundmuster aufzunehmen und die Wohnblöcke entsprechend um einen Anger mit Teichen herum zu gruppieren. Geschickt wird durch diese grüne Mitte ein diagonaler Weg geführt, der durch eine trichterförmige Bebauung an den Rändern nach Norden, zum U-Bahnhof und den Bauteilen auf einer ehemaligen Hunderennbahn (Spengler, Wiescholek und Klünder: hohe Zeilen mit hoher Praktikabilität), sowie nach Süden führt, wo sich ein Gewerbegebiet anschließt. Wie heute üblich, wurden zur Umsetzung des städtebaulichen Entwurfes mehrere, in diesem Fall vier Architektengruppen herangezogen. Das tut der gestalterischen Vielfalt im Quartier gut, die erreicht wird, obwohl die Grundform des Riegels mit Grundrissen, die ein Durchwohnen zu beiden Hausseiten ermöglicht, immer wieder auftaucht und auch die Materialienvermischung von Ziegel, Putz und anderem durchgehalten wird. Es sind moderne, also kubische, mit Flachdächern gedeckte Häuser, die als Einzelobjekte, aber auch als Zeilen erkennbar bleiben. Die Grundform der Trabrennbahn bildet eine gute Klammer mit gelungener Raumbildung, die sich im Norden auf der Hunderennbahn in einem kleineren rechteckigen Muster wiederholt. Zwischen beiden Anlagen liegt die Schule

am Traberweg (Architekten: ASW Silcher, Werner, Redante).

Wohnhaus in Blankenese **(382)**
2000
Baurs Weg 3
Wacker Zeiger Architekten

Malerisch an der oberen Kante des Blankeneser Treppenviertels gelegen, bietet sich dem Betrachter ein weiter Blick auf

die Flusslandschaft der Elbe: Ein kantiges Wohnhaus steht gegen sein gewachsenes Umfeld – aber im Ergebnis entstand eine Beziehung gegenseitiger Achtung. Die Gliederung des Gebäudes in zwei gegeneinander verschobene Quader interpretiert die Kleinteiligkeit von Blankenese neu und nimmt in ihrer Höhenstaffelung die unterschiedlichen Volumina der Nachbarhäuser auf. Der eine Würfel stellt sich nach Norden als scharfkantiger Kubus dar, der andere besitzt eine filigrane Holzleistenfassade. Zur Elbe hin ist das Haus großflächig verglast. Die von außen ablesbare Gliederung findet im Inneren ihre Entsprechung, denn auch jede Etage ist in zwei Raumzonen aufgeteilt. Alle weiteren Unterteilungen sind durch Leichtbauwände markiert. Blankenese kann formal als ein »kykladisches Dorf« im Norden betrachtet werden – und der Neubau nimmt dieses Thema auf.

Bugenhagen-Schule (383)
2000
Alsterdorfer Straße 506
Stölken Schmidt Architekten

Die Bugenhagen-Schule ist Bestandteil der Evangelischen Stiftung Alsterdorf, die 1863 gegründet wurde und heute eine der großen diakonischen Einrichtungen in Deutschland ist. Die integrative Gesamtschule und die Schule für Kinder mit besonderem Förderbedarf haben die Architekten vor die schwierige Aufgabe gestellt, ein Milieu von Transparenz, Offenheit und Querbeziehungen zu schaffen. Dass dies gelang, ist wohl vor allem der leichten Glas-Lärchenholz-Fassade zu verdanken. Innen zeigen sich klare farbbetonte Aussagen skandinavischer Prägung im Stile eines Alvar Aalto. Das Gebäude besteht neben den zwei Schulgebäuden aus einer angegliederten Aula und einem über eine Galerie erschlossenen Trakt mit Fachräumen. Die Aula wird über den Lehrbetrieb hinaus für Vorträge und Musikveranstaltungen vielfältig genutzt. Der notwendige Neubau setzte für den Umbau und die Öffnung des Campus Maßstäbe in der architektonischen Qualität.

Jugend-Musikschule Harvestehude (384)
2000
Mittelweg 42
EMBT Miralles Tegliabue Architects, nps Partner

Der Künstler und Architekt Enric Miralles (1955–2000) aus Barcelona war immer ein Garant für einen katalanisch aufgelockerten Stil im Geiste seines Vorbildes Antonio Gaudi. Dass die Musikschule jetzt sehr inhomogen und dekonstuktivistisch wirkt und nicht zum Wallfahrtsort junger Architekten geworden ist, liegt wohl an einem Fehler, der bei der Zusammenarbeit zwischen einem auswärtigen Architektenstar und einem örtlichen Architekten geradezu vorprogrammiert ist. Vielleicht ist die lebendige Staffel von Durchlässen, Einlassungen und Musikräumen deswegen nicht von der erwarteten Leichtigkeit und fließenden Frische gekrönt, weil energiebewusste Putzfassaden wie alte Wolldecken die spannende Detaillierung verdecken. Dennoch gibt es Momente im und am Bau, die das Spielerische aufblitzen lassen – beispielsweise im asymmetrischen Grundriss und den Stützen am Eingang, die keck die Momentaufnahme eines Mikadospiels simulieren. Ein gewisser Schwung in den Fluren und Hallen hat sich durch den gesamten Bauprozess hindurch erhalten – auch wenn Antonio Gaudis Genie wohl nicht so ganz den Weg nach Hamburg gefunden hat.

Bürohaus Alsterufer **(385)**
2000
Alsterufer 26
Richard Meier & Partners

Inzwischen ist Hamburg eine »offene Stadt« für internationale Stararchitekten. Eines der wenigen wirklich gelungenen Beispiele für einen Architekturimport entstand in der 1a-Lage der Außenalster. Altmeister Richard Meier hat hier ein Verwaltungsgebäude im Stil seiner weißen Villen entworfen, wie er sie an nordamerikanischen Seen gebaut hat. Die Rechnung geht auf, denn die Öffnung des Hauses durch Terrassen, die Einbeziehung der Alsterseenlandschaft und

die Holzbeplankung, die an Seeterrassen erinnert – all das ist perfekt proportioniert, in Weiß gehalten und mit Glas kombiniert. Mit gut 600 Quadratmetern ist es ein kleines Bürohaus mit intimer Arbeitsatmosphäre. Auch diese Tatsache adelt das Bauwerk.

Mehrfamilienhaus **(386)**
2000
Hermann-Behn-Weg 21
Hans Kollhoff

In Berlin hat Hans Kollhoff als Architekt großen Einfluss und gehörte zum harten

Kern der Mannschaft um Senatsbaudirektor Hans Stimmann. Kollhoff ist für kultivierte Rationalität in der Architektur bekannt und steht damit auch in der Tradition von Karl Friedrich Schinkel. Auch in Hamburg hat er einige Mehrfamilienwohnhäuser für den gehobenen Bedarf gebaut, die sich sehr rational und ernst geben, wie dieses Beispiel zeigt. In Hamburg ist man jedoch nicht so ganz von diesem Stil überzeugt, der Berliner Bürgerlichkeit zu importieren scheint.

Side Hotel **(387)**
2001
Drehbahn 49
Jan Störmer Partner,
Innenarchitekt: Matteo Thun

Das atemberaubende Kernstück dieses 5-Sterne-Hotels ist ein 30 Meter hohes Atrium, das von zwei raumhohen Lichtfeldern, die im zeitlichen Wechsel aufleuchten, beherrscht wird. Für das Lichtkonzept zeichnet der New Yorker Light Performer Robert Wilson verantwortlich. Umschlossen wird das Atrium von zwei unterschiedlichen Baukörpern: Ein gläserner Winkel schließt

den städtebaulichen Block zur Straßenseite. Über diesem Glaskörper befindet sich im achten Obergeschoss eine Skylounge mit einer großzügigen Dachterrasse. Der rückwärtige Gebäudekörper ist mit einem hellgrünen Naturstein verkleidet und überragt mit seinem prägnanten Kopfbau den vorderen Gebäudeteil um vier Geschosse. Dort liegen auch die meisten Hotelzimmer mit üppigen Badezimmern (Innenarchitekt: Matteo Thun). Unter der Erdoberfläche sind ein Konferenzsaal für 200 Personen sowie ein Wellness-Bereich versteckt. Thun hat dort für Pool, Dampfbad, Fitness- und Massagebereich kräftig in den Farbtopf gegriffen. Man will schließlich die Happy People als Gäste. Es ist ein sehr hedonistisch wirkendes Stadthotel, das ein bisschen New Yorker Flair im hanseatischen Hamburg versprüht, und das ist auch gut so.

U-Bahnhof Ohlsdorf (388)
2001
Im Grünen Grunde
trapez architektur

Die Hamburger Hochbahn AG wollte im U-Bahnbereich einen hellen, großzügigen und behindertengerechten Umsteigebahnhof für die neue S-Bahn-Anbindung an den Hamburger Flughafen. Dafür musste der »verhuschte« Bahnhof Ohlsdorf erheblich verändert und die Abdeckung des Tunneldurchgangs und der Treppe, einschließlich der ansässigen Läden, komplett abgebrochen werden. Als neue Überdachung leiten jetzt zwei ineinander geschobene Pultdächer hinauf zum Bahnsteig. Farbig, ja bunt verglast, sind die Wände. Mit dem Licht ändert sich je nach Jahres- und Tageszeit das Bahnhofsmilieu; das ist eine willkommene Abwechslung im trivialen Pendleralltag. Seitlich wird der Aufgang von Läden und der verglasten Aufzugsanlage begleitet. In einem Nahverkehrsknotenpunkt muss immer alles im Fluss sein. Die Architektur will dies abbilden und möglichst barrierefrei unterstützen. Um stufenlos von der Straße bis auf den Bahnsteig gelangen zu können, wurde eine Rampen- und Treppenanlage in die Böschung geschoben. Zusammen mit der optischen Auflösung der massiven Ecke des Zugangsgebäudes mittels Stahlstützen erscheint der Bahnhofsraum, als wäre er erweitert worden.

Gemeindezentrum Neu-Allermöhe (389)
2001
Otto-Grot-Straße 84–88
Christine Edmaier, Barbara Koller

In den Neubaugebieten von Allermöhe hat man sich bemüht, Schulen, Kirchen und sozialen Einrichtungen einen besonderen architektonischen Ausdruck zu verleihen, vielleicht auch, um in der stilistisch eher ruhig gehaltenen Siedlung deutliche Akzente zu setzen. Einen Höhepunkt solcher Gestaltung bildet das Haus der evangelischen Gemeinde »Feste Burg«.

Malerisch und steinern liegt das Gotteshaus an einem kleinen See. Findlingssteine wurden der Betonwand vorgeblendet und das Dach mit Gras bepflanzt. Ein Teil des Hauses öffnet sich über große Glaswände; im Altarraum, der auch separat genutzt werden kann, herrscht eine introvertierte Stille, die von einer insgesamt 60 Zentimeter dicken Wand geschützt wird – eine Burg eben.

Quartier der 3 Höfe (390)

2001
Ohlendieck 41–51,
Poppenbütteler Berg 54–62
Spengler Wiescholek

In klassischen Hamburger Einfamilienhausgebieten, von Architekten auch liebevoll »Wildschweinzonen« (vgl. Nr. 279) genannt, haben es rein formale architektonische Konzepte schwer. Geneigtes Dach und eigener Garten mit Hecke besitzen einen hohen Symbolwert fürs Wohnen. Das Konzept am Poppenbütteler Berg, ganz in der Nähe der ehemaligen »Hamburg Bau« mit ihren Stadthäusern, setzt ganz auf das Gegenteil davon. Drei linear angeordnete Baukörper hinter provokant roten Fassaden und unter Flachdächern bilden drei Höfe mit anspruchsvoll gestalteten, wohnungsbezogenen, aber auch allgemein zugänglichen Gärten und Wasserflächen. Der vorherrschende Typus der Maisonette-Wohnung bietet unterschiedliche Wohnungsgrößen und -formen und nimmt damit den Charakter eines »Einfamilienhauses« auf. Wände in Leichtbauweise innerhalb der Wohnungen ermöglichen eine freie und flexible Gestaltung der Grundfläche. Um preisgünstig und effektiv bauen zu können, wurde ein hoher Vorfertigungsgrad und eine große Anzahl wiederkehrender Elemente gewählt. Der Vorteil liegt auf der Hand: kein ungebändigter Reigen von individuellen Bauten, sondern eine harmonische Nachbarschaft.

Umwidmung des Maihak-Geländes (391)

2001
Geibelstraße 46 a/b,
Semperstraße 24–30
DFZ Dinse Feest Zurl

ENSEMBLE Immerhin bis weit in die 1990er Jahre hatte sich diese Fabrik am Standort Winterhude erhalten und war der letzte Vertreter eines Typus, der mitten in einem Wohngebiet einen kompletten Block einnahm: Ein Beispiel für intakte und vernünftige Mischnutzung. In ihrer typischen Farb- und Material-Komposition werteten die Architekten das Fabrikgelände geschickt auf und machten es auch für die im benachbarten Barmbek wachsende »Dot.Com«-Kolonie und NT-Industrie hoffähig. Der ursprünglich stark bebaute Blockinnenbereich wurde aufgeräumt und durch neue Höfe strukturiert. Der Kern ist nun ein Fotostudio in einer ehemaligen Werkshalle mit Sheddächern. Neben Büros wurden auch attraktive Penthäuser gebaut. Auffällig ist, dass die Architekten, die gut zehn Jahre vorher die Zeise-Hallen (vgl. Nr. 296) umgebaut hatten, jetzt weniger sentimental am alten Eisen hingen, sondern klar und modern gestalteten. In Design und Architektur sind eben zehn Jahre manchmal eine lange Zeit.

Grossmann & Berger
provisionsfrei für den Mieter
350 80 20
ANGERMANN
provisionsfrei für den Mieter
34 34 36

Das gläserne Kontorhaus (392)

In den 1980er und 1990er Jahren hatten Hamburger Architekten das »Kontorhaus« aus der Wende zum 20. Jahrhundert als Typus weiterentwickelt. Mit dem Zürichhaus (vgl. Nr. 312) und dem Neuen Dovenhof (vgl. Nr. 332) wurde das Grundgerüst auf eine typische Hamburger Krankheit hin überprüft: auf das Wetter. Statt beeindruckender Treppenhäuser übernahmen nun glasdachgeschützte Atrien mit Luxusaufzügen die zentrale Funktion der Erschließung, wodurch auch jene Büros, die früher mehr schlecht als recht über einen Innenhof belichtet wurden, eine Aufwertung erlebten.

In den 1990er Jahren gelang es einer kleinen Gruppe von westeuropäischen Architekten unter dem klingenden Etikett »High Tech«, eine der wesentlichen Entwicklungslinien der Architektur zu besetzen. Es sind so bekannte Namen wie Norman Foster und Nicholas Grimshaw, aber auch Dominique Perrault. Einige der Architekten, die sich in Hamburg 1993 auf dem Ersten Hamburger Architektursommer als »the next« ins Spiel brachten, haben bei jenen Protagonisten gearbeitet und gelernt. Norman Foster setzte 1997 mit seinem Hochhaus für die Commerzbank-Zentrale in Frankfurt ein unverkennbares Zeichen: mit 252 Metern das höchste Haus des europäischen Kontinents.

Was aber überrascht, ist die Behauptung Norman Fosters, ein ökologisches Hochhaus gebaut zu haben. Wie das geht? Es ist eine lange Geschichte, in der von »High-Tech-Gläsern«, Pufferzonen und hängenden Gärten als Spender eines angemessenen Mikroklimas die Rede ist. Foster im Interview: »Die Menschen, die hier arbeiten, leben in einem kleinen Dorf, mit eigenen Gärten und Grün. Es herrscht der Geist von Offenheit und Transparenz und ich habe nicht das Gefühl, in einem Kühlschrank zu sitzen«. Einer seiner aufmerksamsten Zuhörer war der Hamburger Architekt Hadi Teherani, der all diese Gedanken aufnahm und in einem Kontorhaus namens Doppel-XX verwirklicht hat (vgl. Nr. 371). Auch Teherani bepflanzt die Etagen des Lichthofes. Das Doppel-XX nutzt das Haus-im-Haus-System, hat also eine mehrschichtige Fassade. Die Luft dazwischen dient zum Wärmen, aber auch zum Kühlen, indem es von der Nordseite her zu einem permanenten Luftaustausch kommt. Diese und andere Kontorhäuser aus dem Büro BRT beeinflussen mit ihrer ökologischen Leistung und ihrem positiven Beitrag zur Nachhaltigkeitsdebatte auch andere Bürogroßbauten, von denen es in Hamburg aufgrund des Booms in den 1990er Jahren (zu) viele gibt. Ganz nebenbei, so scheint es, ereignete sich in Hamburg eine kleine architektonische Revolution. Hatten die Kontorhäuser der 1980er Jahre noch im gediegenen Materialmix aus Stahl und Glas den kleinen roten Stein federführend vermauern lassen (wenn auch nur als Backsteintapete), so ist nun Glas der Star. Die Konstruktion wird auf das absolut Wesentliche minimalisiert. Die Frage darf allerdings gestellt werden, ob die Sucht nach absoluter Transparenz und Offenbarung nicht vielleicht weniger sexy ist als die teilweise Verhüllung. Die sensationelle Weiterentwicklung des Werkstoffes Glas mit seinen Dämm- und Schallschutzeigenschaften sowie der punktgehaltenen Konstruktion machten es möglich. Das neue Hamburger Kontorhaus von BRT und anderen machte auch von sich reden, indem es zumeist als »one liner«, also als markante Landmarke entworfen wurde. Hadi Teherani zeigte sich aber auch als Meister im Kleinen und widmete dem alten Hamburger Stadthaus, das ja von der Gestalt her ein schmales Reihenhaus war, das Kontorhaus am Nikolaifleet, das diesen Geist licht und frei ins 21. Jahrhundert trägt. In der Folge entbrannte vor allem in den Boulevardzeitungen der Streit um das richtige Baumaterial für Hamburg: Glas oder Ziegel? Doch diese Frage hatte bereits Fritz Schumacher vor 100 Jahren definitiv beantwortet.

In ehrwürdiger Nachbarschaft: Das gläserne Kontorhaus von Bothe Richter Teherani am Grimm

Bürohaus Hans-Henny-Jahnn-Weg (393)
2001
Hans-Henny-Jahnn-Weg 29
Chlumsky Peters Hildebrand

In Hamburg besitzen Häuser oft unvermutet zwei Schauseiten. Hier zeigt sich das Bürohaus hinten zum Osterkanal in besonderer Breite und öffnet sich zum Osterbeckkanal. Ein Blick lohnt, denn dort, wo früher der Fleetverkehr mit Gütern ablief, sieht man heute Drachenboote und Kanus. Der Biegung des Kanals folgend, wird das Bauwerk durch einen trapezförmigen Hof gegliedert. Die Freiflächen mit Holzbeplankung und Kiesaufschüttung könnten auch zu einem Resort-Hotel gehören. Es liegen dort aber nur Büroräume, die durch die großflächige Verglasung hell und licht sind. Natürlich lohnt diese großzügige Ausrichtung zum Wasser in Hamburg immer. Allerdings ist hier auch das Gesicht zur Straße ansehnlich. Der Haupteingang zwischen den beiden Hausteilen wirkt wie ein zeitgemäß gestalteter Triumphbogen – ein Sieg der Akkuratesse und Geometrie, die diesem Gebäude eigen sind.

Wohnhausensemble Ottensen (394)
2001
Kirchentwiete 29
Marc-Olivier Mathez

Es ist eine der letzten heimeligen Straßen in Ottensen, die noch aus der Zeit vor der Industrialisierung stammen – eine Twiete eben. Die Planung trägt dem dörflichen Maßstab Rechnung. Zunächst entstand – in respektvollem Abstand, parallel zur langen Wand des Nachbargebäudes – ein rechteckiger Stahlbetontisch. Darunter liegt auf Bodenniveau und über die volle Länge das Architekturbüro. Ein überdachter Durchgang führt zu den vier zweigeschossigen, annähernd gleichen Maisonette-Wohnungen, die auf dieser Konstruktion stehen. Auf der Nordseite wurden den beiden mittleren Wohnungen ein zusätzlicher Raum und eine Terrasse angegliedert, die wie ein Rucksack die Wand der Nachbarbauten dort touchieren, wo keine Fenster liegen. Die Grundrisse der Wohnungen sind identisch. Dort, wo die Umgebung eine Anpassung erfordert, wird sie auch geleistet. Es gibt also ein System sich wiederholender Elemente, die den jeweiligen Erfordernissen Rechnung tragen. Die Außentreppen zu den einzelnen Wohnungen sind baugleich

vorgefertigt, aber in unterschiedlichen Winkeln zum Haus aufgestellt.

Baumhaus Bernadottestraße (395)
2001
Bernadottestraße 16
trapez architektur

Nicht weit entfernt befindet sich die entscheidende Zäsur des Hamburger Westens: auf der einen Seite das kompakte, dicht bebaute Arbeiterviertel Ottensen, auf der anderen der Übergang zur grünen Villenlandschaft der Elbvororte. Einer der maroden, aber charmanten und darum gesuchten Vorstadtvillen wurde ein »Hut« aufgesetzt, der nicht so recht zum Kostüm aus weiß geputzten Fassa-

den und den schlichten Fensterprofilen passen will. Soll er auch gar nicht! Das Neue soll nämlich als Neues erkennbar sein und besteht einmal aus einer mutig auskragenden Kanzel und an der Rückseite zum Hof aus einem halben Tonnendach. Da steht also die moderne und horizontale Bauweise der Jetztzeit mit geschraubten Stahlpaneelen gegen die Säulenfertigteile der Gründerzeit und beweist, wie fröhlich ein ernst gemeinter Weiterbau sein kann. Innen zaubert der »Baumhausteil« geradezu exotische, frei schwebende Wohngefühle herbei.

Stadtlagerhaus am Fischmarkt (396)

2001
Große Elbstraße 27
Jan Störmer Partner

Mit seiner direkten Elbuferlage am Hamburger Fischmarkt bietet das ehemalige Stadtlagerhaus (ganz früher eine Industriemühle) ein für Hamburger Verhältnisse bisher unbekanntes Wohn- und Arbeitserlebnis. Deshalb erzielen die Mietwohnungen auch Spitzenpreise. Das Projekt umfasst den Umbau zweier denkmalgeschützter Speichergebäude. Die vierstöckige, fast gläserne Aufstockung mit 28 Wohnungen stärkt die Kubatur des ersten Teils. Die Wohnetagen sind mit einer Doppelfassade als Klima- und Akustikpuffer ausgestattet, deren Fenster bei Bedarf geöffnet werden können. Zusammen mit dem spitzen Satteldach des anderen Bauteils entstand eine städtebauliche Landmarke, welche die Große Elbstraße rund um Stilwerk und Holzhafen dominiert. In den unteren Geschossen der ehemaligen Kornmühle haben Büros sowie ein Restaurant eine neue Heimat gefunden. Ein vorgelagertes Foyer erschließt die Gewerbebereiche. Die Verbreiterung der Kaimauer und das Restaurant im Erdgeschoss bilden den Auftakt des Elbwanderweges nach Westen. Aufgrund der Lage im hochwassergefährdeten Bereich ist das Gebäude im Erdgeschoss wasserdicht ausgeführt und über eine Stahlbrücke an das »Festland« angebunden.

Kai Richter *1958 in Cuxhaven **Hadi Teherani** *1954 in Teheran **Jens Bothe** (397) *1959 in Kirchen/Sieg

»Wir drei sind ein guter Architekt!«
Jens Bothe, Kai Richter, Hadi Teherani

Als der in Hamburg aufgewachsene Hadi Teherani 1993 sein erstes Bauwerk, den Showroom von Car & Driver präsentierte (vgl. Nr. 306), reiste er noch aus Köln an, wo er nach dem Studium neben Architektur auch die Herrenanzüge seines Bruders verkaufte. Mit der Aussage: »Ich will die Nummer eins unter den Architekten in Hamburg werden«, verblüffte er zunächst die Hanseaten, schuf aber in der Konstellation mit Jens Bothe und Kai Richter ein weiteres Büro mit drei Buchstaben – BRT –, an dem nach kurzer Zeit niemand mehr vorbeigehen konnte, weder Bauherren und Oberbaudirektoren noch Immobilienkaufleute. Bothe und Richter hatten wie Teherani in Braunschweig studiert und gemerkt, dass zwischen ihnen dreien eine kongeniale Übereinstimmung und – was den späteren Büroerfolg dynamisieren sollte – eine hervorragende Arbeitsteilung durch unterschiedliche Begabungen existierte. Das kulminierte dann in der Aussage: »Wir drei sind ein guter Architekt!«

In der ersten Phase, etwa bis zum Ende des letzten Jahrhunderts, residierte das Büro unter einem Tonnendach, einer selbst entworfenen Aufstockung. Rasch entwickelte sich das Büro zum Treffpunkt der Architekturszene. Teherani machte das, was er am liebsten tut, und übernahm die Rolle des Kommunikators und »Außenministers«. Es sollte bis zum Jahr 1996 dauern, bis mit der neuen gläsernen Halle für die Stadtsparkasse Kiel der nächste Coup gelang; unter anderem mit beweglichen Glaswänden, die so groß wie LKW-Garagentore waren. Ebenfalls in Schleswig-Holstein, im benachbarten Halstenbek, bauten BRT Architekten für den avantgardistischen Leuchtenhersteller Tobias Grau ein Firmengebäude – ein architektonisches Möbel, so präzise gebaut wie eine moderne Büroleuchte.

Dann ging alles sehr schnell: ABC-Bogen, Doppel-XX (vgl. Nr. 371), das neue Polizeipräsidium in Alsterdorf, der Berliner Bogen (vgl. Nr. 400), das Deichtorcenter (vgl. Nr. 408). Alles zusammen Büroflächen mit mehreren Tausend Quadratmetern Grundfläche, hinter Glasfassaden, die selbst gestandenen Ingenieuren Schauder einflößten, weil sie Technik in einem Stadium ausprobierten, die noch im Einzelverfahren genehmigt und geprüft werden musste, wie etwa die 2,20 Meter langen Glaspaneele am Doppel-XX. Spätestens mit dem tollkühnen Berliner Bogen wurde deutlich, was die drei wollten: Zeichen setzen, Ikonen bauen, am liebsten als Wolkenkratzer, die man in Hamburg gar nicht haben wollte. Diese eigensinnigen Großskulpturen, die sich fast autistisch jeder wirklichen Vernetzung mit dem jeweiligen städtischen Umfeld verweigern, eignen sich für intakte Stadträume wenig. An der Peripherie hingegen machten sie Sinn. Eines der schönsten Konzepte für ein Bürohaus steht in Unterföhring bei München; allerdings werden die preisgekrönten Glasfassaden der Swiss Re durch ein beranktes Gitter geschützt, das irgendwann wie eine dichte grüne Hecke aussehen wird.

Mit München begann für Bothe Richter Teherani möglicherweise auch ein neuer Arbeitsabschnitt. Das Büro ist inzwischen national und international aktiv, dass heißt in Europa und Asien. Ein Schwerpunkt entwickelt sich dabei in der russischen Metropole Moskau – immerhin sprechen viele BRT-Mitarbeiter jetzt auch russisch. Hadi Teheranis Liebe gilt aber nach wie vor seiner Wahlheimat Hamburg. Auch wenn er sich schwer damit tut, gerade dort ein elegantes Hochhaus zu entwickeln und zu bauen (in Hamburg konzentriert man sich immer noch auf die historische Silhouette mit den Türmen der Hauptkirchen und des Rathauses) haben BRT im Herbst 2006 die wahrscheinlich wichtigste Entwicklungsmaßnahme für die City gebaut: Die Einkaufsströme zwischen Mönckebergstraße, Jungfernstieg und dem Passagenviertel führen jetzt regengeschützt durch diese neue größte Hamburger Passage.

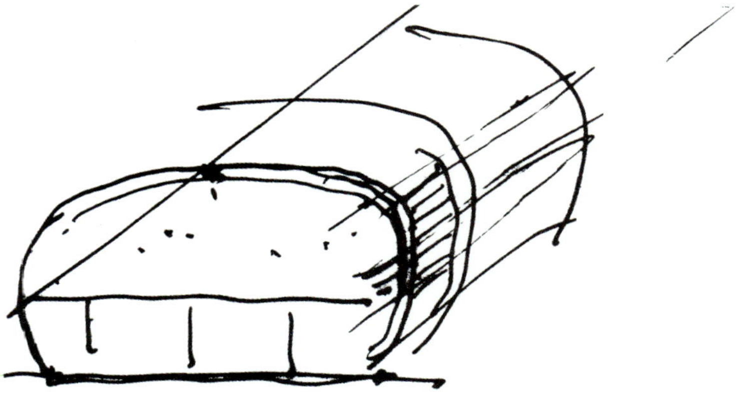

Skizze Firmengebäude Tobias Grau

Michaelisquartier **(398)**
2001
Ludwig-Ehrhard-Straße
Prof. Otto Steidle, Siegwart Geiger, Johann Spengler, Eva Schildt

Es war ein wertvolles letztes Großgrundstück an der Ost-West-Straße, wo sie nun Ludwig-Ehrhard-Straße heißt, direkt im Schlagschatten des Michels. So nah, dass nach Wiederherstellung der Straßenkante einschließlich einer Eckbetonung, die den Namen Hochhaus nicht verdient, dem Autofahrer manchmal die Sicht auf den Michel verstellt zu sein scheint. Eine unsägliche Diskussion wurde deswegen geführt und man vergaß darüber zu loben, wie stattlich das lange Haus hier die Lücke schließt und Stadtraum spendiert. Otto Steidle neigt dazu, seine Hamburger

Bauten immer eine Spur hanseatischer zu gestalten als seine Hamburger Kollegen. Hier verliert er sich in einem feingewebten Patchwork aller nur denkbaren Klinkerbrände. Das Backsteinkleid ist hier nun wirklich eines und an schönen Tagen durchaus ein humorvoller Farbtupfer. Richtig in den Farbtopf gegriffen hat Steidle bei seinen dahinterliegenden verputzten Wohnhäusern. Eine sympathische Ansammlung von »Villen Kunterbunt«, mit Hof, Garten und Spielplatz, direkt am Michel, sozialer kann innerstädtischer Wohnungsbau gar nicht sein.

Wohnen an der Bille **(399)**
2001
Steinbeker Straße 68–73
KBNK Kähne Birwe Nähring Krause

ENSEMBLE In den 1990er Jahren wurde häufig die These aufgestellt, dass die Messlatte des Wohnungsbaus aus den 1920er und 1930er Jahren immer noch zu hoch liegt. Das bezieht sich allerdings mehr auf ideelle Werte, weniger auf die Bautechnik. Die Siedlung an der Steinbeker Straße ist eine bemerkenswerte neue Variante der Anwendung alter Tugenden. Vergisst man die Tatsache, dass ein gelborangener Ziegel früher nur selten vorkam, erinnern die Blöcke und Höfe an das Gestaltungsniveau des Genossenschaftsbaus der Vorkriegszeit. Hier nun gelingt es, die Abstufung zwischen Öffentlichkeit und Privatheit sensibel zu formulieren und beispielsweise den Wohnungen intime Vorbauten oder Loggien zuzuordnen. Die Wohnhäuser stehen an der Bille und sind damit ein gelungener Hamburger Beitrag zum Thema »Wohnen am Wasser«.

Berliner Bogen **(400)**
2001
Anckelmannsplatz 1
BRT Architekten Bothe Richter Teherani

Es ist die wohl auffälligste und zudem preisgekrönte Immobilien-Architektur,

die Bothe Richter Teherani als eigenwillige Landmarke in den Hamburger Stadtraum gestellt haben. Gut sichtbar ist sie, besonders für Reisende mit dem Zug aus Richtung Berlin, mit der Botschaft: Auch Hamburg hat starke (Büro-) Häuser. Der Berliner Bogen folgt dem BRT-Konzept, ein Kontorhaus als Glashaus zu entwerfen, dessen Büros sich um mit Glas gedeckte Atrien gruppieren. Hier ist die Großform eine Halbtonne und bildet einen imposanten Bogen. Das hat seine Gründe, denn auf einer Länge von 140 Metern schwingt sich das Haus über ein Hochwasserbassin und ist im engeren Sinne mit einer Brückenkonstruktion zu vergleichen, da es nun an den 36 Meter hohen Stahlbögen hängt. Die südliche Stirnseite steht sehr malerisch über einem Kanal. Der nördliche Bogenabschluss schiebt sich wie ein Visier über die Schlusswand, was dem Gebäude – von dieser Richtung aus gesehen – etwas Martialisches verleiht. BRT haben sich hier insgesamt für eine stark geometrische Form entschieden. Dabei haben sie die Grenze zwischen Wand und Dach aufgelöst: eigentlich ist alles Dach. Es entstehen – für Hamburg – exotische Ansichten, z. B. dann, wenn im Winter die Glastonne vereist und eingeschneit ist. Nicht überzeugend ist die zweite Fassade für die Büros hinter Glas, die wie eine verunglückte Ansammlung von Dachluken wirkt. Städtebaulich bleibt der Bogen ein Einzelgänger – aber genau das hatten die Architekten hier so gewollt.

Geschäftshaus Neuer Wall (401)
2002
Neuer Wall 59
Antonio Citterio and Partners

Ein Mailänder in Hamburg, der als Stardesigner weltbekannt und als Architekt sehr erfolgreich ist, hat zwischen Neuem Wall und Alsterfleet ein wenig am Backsteinmythos Hamburgs geknabbert und bewiesen, wie man mit einem sauberen Fassadenaufriss, Natursteinen und geschosshohen Fenstern sowie mit der Verliebtheit eines Designers Architektur machen kann. Edles Fichtenholz für Sprossungen oder Lärchenholz für Schiebeläden zum Sonnenschutz setzen hier gediegne

Akzente. Beide Stirnseiten ähneln sich im Charakter, weil sie dieselben Materialien einsetzen, allerdings ist die Straßenseite kühner gestaltet. Sie wechselt große Flächen der Wand mit kleinen und zeigt die Idee eines neuartigen Schau-Glasfensters. Hinten stehen große Fensterformate auf scheinbar minimalistischen Böden. Beiden Seiten ist eine scheinbare Bewegung nach oben gemeinsam, wie bei einem Paternoster. Eine lobenswerte Erwähnung verdient auch das schmale Atrium, das zusätzliches Licht ins Haus lässt.

Erweiterung Gesamtschule Wilhelmsburg (402)
2002
Georg-Wilhelm-Straße 112
Böge Lindner Architekten

Die Erweiterung der Gesamtschule wird zur ideellen Mitte und Schnittstelle zweier getrennter Schulstandorte im vernach-

lässigten Stadtteil Wilhelmsburg südlich der Elbe. Der Neubau wertet also einen bisher wenig beachteten Stadtraum auf und ordnet sich in die vorhandene Struktur der alten Zeilenbebauung ein. Er entwickelt sich so zu einem städtebaulichen Zeichen. Aufgrund der ungewöhnlichen Anordnung der Sportbereiche oberhalb der Klassenräume entsteht im südlichen Bereich des Grundstücks ein kompakter, lang gestreckter Baukörper mit einer großzügigen Freifläche, die nicht nur einen Durchgangs-, sondern auch einen Aufenthaltsbereich zwischen den Lehrstandorten schafft. Durch die Integration der Sporthalle erscheint der Baukörper als skulpturale Einheit und erhält so eine fast monumentale Kraft und Ausstrahlung. Trotz des relativ kleinen Volumens war es möglich, der Schule die angestrebte architektonische Präsenz im Stadtraum zu verschaffen.

Barrierefreies Wohnen (403)

2002
Alsterdorfer Straße 461
Thüs Farnschläder

Das Thema »Barrierefreies Wohnen« beinhaltet viele Punkte. Hier sollen Behinderte mit ihren Familien wohnen können. Dazu bedarf es geeigneter Rampen für Rollstühle, Fahrstühle und entsprechender Türöffnungen. Außerdem sollte für eine einprägsame Orientierung gesorgt sein, die beispielsweise durch farbig markierte Haustüren möglich wird. Die kleine Wohnanlage ist wie ein Dorf organisiert,

umschließt also einen kleinen »Dorf«-Platz für die Aktivitäten der Bewohner. Im Kontrast zum weißen Putz der übrigen Fassaden erzeugt die Querverlattung aus Holz eine Atmosphäre zum Wohlfühlen. Ein gelungenes Beispiel für das Einfühlungsvermögen von Architekten in die Welt der »handicaped people«.

Ehem. Hauptverwaltung LVA Landesversicherungsanstalt Hamburg (404)

2002
Friedrich-Ebert-Damm 245
ASP Schweger Assoziierte

Im Wettbewerbsentwurf war noch von zwei kräftigen Glaskuben die Rede, die unterirdisch durch einen diagonal verlaufenden Weg verbunden werden soll-

ten. Das endgültige Raumprogramm für die damalige LVA Hamburg (mit Büros und einem ärztliches Zentrum) konnte dann mit nur einem Baukörper gestaltet werden. Nach außen zur mehrspurigen Ausfallstraße ist der Glasbaukörper hermetisch abgeriegelt. Nach Betreten des Hauses erschließt sich eine andere Welt. Die öffentlichen Bereiche in den unteren Geschossen und die Verwaltung umrahmen einen rechteckigen, durchgrünten Innenhof. Wie Skulpturen sind dort zusätzlich Baukörper für Kasino und Besprechungsräume eingestellt. Dies nimmt das Thema »Arbeiten im Park« auf, wie es die Architekten schon an der TKK angeboten hatten (vgl. Nr. 297). Zwei weitere Dinge fallen auf: einfache, das heißt gut belichtete Flure und eine perfekte Inszenierung des Gartenarchitekten Gustav Lange vor dem Haus. Der gönnt diesem Gebäude zwar eine gewaltige Freitreppe, wie sie früher bei öffentlichen Bauten zwingend war. Hier ist diese jedoch weniger als Zugang zu verstehen, sondern vielmehr als Anspielung auf frühere Ver-

waltungsbauten. Denn der eigentliche Eingang ist unauffällig. Stattdessen können Besucher die Stufen als Verweilfläche vor einem künstlichen Teich genießen. Der ursprüngliche zweite Bauabschnitt ist heute ein mit Bäumen bepflanzter Parkplatz. Dieser lässt erahnen, wie alles einmal geplant war. Das Gebäude wird heute für verschiedene Abteilungen der Deutschen Rentenversicherung genutzt.

Bürohaus Holzhafen (405)

2002
Große Elbstraße 43–49
Kees Christiaanse Astoc Architects

Die Bebauung am Holzhafen wurde als Testfall begriffen. Es ging um die Frage, wie sich Hamburg eigentlich entwickeln sollte. Vor allem die grüne Fraktion der Bezirksversammlung Altona hatte mit allen Mitteln gekämpft, um dieses Bauwerk zu verhindern, weil wieder nur ein Bürohaus die Sicht der angestammten Elbuferbewohner zerstören würde. Die Perlenkette von Oberbaudirektor Kossak hat am Ende dann doch ein ansehnliches weiteres Mitglied bekommen. Das holländische Architektenteam schuf hier ein Unikat aus Bauteilen, die in Höhe und Seite mäandrieren, was zur Folge hat, dass das Haus tatsächlich – wie im Wettbewerb versprochen – Ein- und Durchblicke gewährt. Dabei bleibt die Komposition von vier verschiedenen, parallelen Riegeln von außen erst einmal verborgen. Erst wenn man sich intensiv mit dem Inneren beschäftigt, erzählt der Zauberwürfel über sein intaktes Innenleben: von großzügigen Höfen und einem Atrium, das mit Kalkstein ausgelegt wurde – alles atmet die kalvinistische Akkuratesse, für welche die Architektur der Niederlande im 20. Jahrhundert berühmt ist. Ein hellroter Stein, bündig gesetzte Fenster im stehenden Format und gelegentlich farbige Akzente auf den Paneelen zwischen den Fenstern runden das Bild ab. Es ist alles gut geworden hier am Elbufer und weitere geplante Bauabschnitte stehen auf der Hamburger Agenda.

Wasserschutzpolizei Kommissariat 3 (406)

2002
Am Überwinterungshafen 1
Architektenkontor Schäfer Agather Scheel

Ein Hafenland ist immer auch ein Gebiet der starken visionären Zeichen – wenn man an

Kräne und Containerbrücken denkt. In einer gut sichtbaren Lage zwischen Süderelbe und dem Harburger Binnenhafen haben sich die Architekten für die aus der frühen Moderne importierte Form des »Wolkenbügels« entschieden. Auch wenn das Polizeikommissariat nur fünf Geschosse hoch und kein Wolkenstürmer ist, erregte das grüne Haus großes Aufsehen. Die Aufteilung in einen massiven Rahmen und drei gläserne Geschosse verrät in etwa auch die Verteilung der Funktionen. Hinter Glas mit guter Sicht sind die Büro- und Schulungsräume untergebracht; im Sockel ist die Logistik des Reviergebäudes zu finden.

Polderbebauung Neumühlen (407)

2002
Neumühlen 13–19
BHL-Architekten, Grüntuch Ernst, BRT Architekten Bothe Richter Teherani, Citterio & Partners u. a.

ENSEMBLE »Glitzernde Polderperlen« wurden sie im Hamburger Architekturjahrbuch genannt; das ist eine Verballhornung, die darauf hinweist, wie hier weitere Mitglieder der Perlenkette (vgl. Nr. 363) aufgezogen wurden, die – und das ist eine bautechnische Erklärung – als Polder gebaut wurden. Auf einem Betonpolder mit 350 Meter Länge zum Hochwasserschutz sind vier gleiche Baukörper für Bürohäuser aufgestellt worden: vier Würfel, genauer gesagt Häuser in U-Form, die zur Elbe auskragen. Bevorzugter Werkstoff ist Glas, wobei der erste Bau von der Stadt aus gesehen (BHL) klassisch mit Backstein verkleidet wurde. Alle vier, wollte man sie mit gängigen Dress Codes vergleichen, bedienen eine unterschiedliche Klientel. BHL arbeiten mit dem klassischen hanseatischen Tuch; Grüntuch und Ernst bringen mit einem inszenierten Glaswürfel, der abends imposant leuchtet, »Hauptstadt«-Eleganz an die Elbe (ein besonderer Gag: mit Textil bespannte Leuchtkörper für das Treppenhaus!). Antonio Citterio bringt »edles Mailänder Tuch« in die Stadt. Wie schon mit seinem Stadthaus am Neuen Wall (vgl. Nr. 401), zaubert er im Detail, lässt Dächer und Baukörper schweben sowie Material und Licht tanzen. Bothe Richter Teherani liefern Hafen-Hightech – eine Mischung aus Container und Louis-Vitton-Design. Besonders vom Strom aus betrachtet hat dieses strenge Ensemble einen guten Auftritt. In der Nahaufnahme überzeugt die Freiraumplanung von Möller und Tradowski. Diese lange Polderplatte an der Flusseite optisch einzufangen, ist durch Holz beplankte Freitreppen gelungen. Eisensilikatschotter mit Asphalt-Glas-Gemisch als Bodenbelag erinnern daran, dass hier einmal Hafenland war.

Deichtorcenter (408)

2002
Oberbaumbrücke 1
BRT Architekten Bothe Richter Teherani

Auf einem Restgrundstück in enger Nachbarschaft zum Chilehaus haben Bothe

Richter Teherani als Zweite eines Architektenwettbewerbs ein weiteres Exemplar ihrer Glashausbauten erstellen dürfen. Der mediale Erfolg und auch die Anerkennung auf Immobilienmessen waren gewaltig. BRT nahmen selbst Quartier und schmückten ihr Büro in den Innenhöfen mit Bar und Strandkörben. Was gebaut wurde, sollte nicht nur Architektur, sondern Ausdruck für das Leben einer neuen Generation von Dienstleistungsberufen sein. Die Architektur selbst macht keine wesentlichen Aussagen über eine Weiterentwicklung des Typus Kontorhaus. Die Größe (Brutto-Rauminhalt: 140.000 Kubikmeter) ist hier zu tolerieren, weil das Kontorhausviertel mit seinen großvolumigen Bauwerken gegenüberliegt. Die Spitze, die sofort den Vergleich zum Chilehaus nahe legt, ist für Architekturfotografen bedeutend, für Passanten dagegen nicht so beeindruckend. Auch die Proportionierung der riesigen Glaswände wurde handwerklich bewältigt, ein Fritz Schumacher hätte sich – auch mit Glas – da mehr einfallen lassen. Auf dreieckigem Grundriss werden die Büroetagen im Zickzack geführt. Auch bei diesem Bau sind wieder imposante Innenhöfe zu sehen. Nur das, was man innen erwarten würde, stört den Immobilienhandel und findet daher nicht statt: Restaurants und Läden.

Wohnen am Alsterfleet **(409)**
2002
Admiralitätsstraße 12–15
Massimilano Fuksas

FLOP Wohnen am Wasser, direkt in der City. Am Rande der Fußgängerachse Alster-Elbe wurde hoch und filigran die Uferlinie des Alsterfleets bebaut. Weil hier auch das erste Teilstück des Alsterwanderwegs verläuft, wurde dieser überbaut, also die schmalen Reihenhäuser auf Betonstützen aufgeständert. Die verglasten fünfgeschossigen Bauten mit ihren Backsteinwangen sind in drei Gruppen zusammengefasst und wirken vom anderen Ufer betrachtet elegant. Ob allerdings Außenflure und -treppen aus Beton und die großen Glasflächen geeignet sind, ein echtes Zuhause zu schaffen, bleibt abzuwarten. Wohnen im »Schaufenster«

ist in Hamburg immer noch nur bei ganz wenigen gefragt.

SAP-Haus **(410)**
2002
Kibbelsteg 15–17
Spengler Wiescholek

Der erste Bau in der neuen HafenCity gehört dem Global Player SAP, vertreten durch einen Generalübernehmer, der vom Budget bis zur Einrichtung eigene Vorstellungen einbrachte. Das führte zu Abstrichen am ursprünglichen Architekturkonzept, indem die Architekten Teile der Fassade weitaus mutiger herausragen lassen wollten. Aber im Großen und Ganzen ist ein interessanter Ansatz realisiert worden: Das Bürohaus erhielt eine große Halle mit breiter Treppe, die als

Tribüne für Veranstaltungen genutzt werden kann. Von innen ergibt sich durch die Glasfassade ein gewaltiger Panoramablick auf die Großbaustelle HafenCity.

Channel Tower (411)

2002
Karnapp 25, Schellerdamm
Prof. Bernhard Winking

Es ist der eigenwillige Versuch eines erfolgreichen Backsteinarchitekten zu beweisen, dass Glas und Stein keine natürlichen Feinde sind. Deswegen wird aus einer dreieckigen Bastion aus dunkelrotem Klinker ein Baukörper herausgedreht, der mit Glas und Metall verkleidet ist. In der Höhe entwickelt sich das Haus wie ein Kliff über der Kanallandschaft Harburgs. Im unteren Bereich verbindet sich die Ziegelbastion mit den Altbauten

und dem aufstrebenden Gebiet des »Binnenhafens Harburg« (vgl. Nr. 338).

Zentraler Omnibus-Bahnhof ZOB St. Georg (412)

2003
Adenauerallee 78
ASW Silcher Werner & Redante

Die Weiterentwicklung des öffentlichen Nahverkehrs hat auch in Hamburg für eine Renaissance der Verkehrsbauten gesorgt. Das signifikanteste Bauwerk ist der neue Zentrale Omnibus-Bahnhof am Hauptbahnhof, über den auch Fernbusse (bis nach Russland) abgefertigt werden. Als internationales Portal für Hamburg

hat er damit eine ähnliche Bedeutung wie der Flughafen. Ein mächtiges, zitronenscheibenförmiges Dach mit einer Länge von 175 Metern sorgt für die entsprechende Aufmerksamkeit. Das elegante, leichte Flächentragwerk wurde vom Stuttgarter Büro Schlaich Bergermann und Partner entwickelt. Die Glasfläche von 3.000 Quadratmetern liegt über einem sichelförmigen Ringträger sowie 21 jeweils elf Meter hohen Stahlstützen auf. Ein Busbahnhof muss über unterschiedliche Funktionen verfügen und auch Einzelhandelsflächen für den Reisebedarf bieten. Diese sind in einer Reihe von glasgrünen Kuben untergebracht, die unter dem Dach eingestellt sind.

Silo Harburg **(413)**
2003
Schellerdamm 16
BHL Architekten von Bassewitz Limbrock Partner

Das Eckige aufs Runde zu bringen ist nicht immer einfach, schon gar nicht in der Architektur. Trotzdem gelang es, die runden Elemente eines alten Getreidespeichers durch das Rechteck zu toppen. Es entstand ein starrer Hut, der den neuen Baukörper oben abschließt. Im neuen Bürohaus bleibt die Vergangenheit zum Beispiel im Eingang mit der Schüttkegelhalle sichtbar und die Büros liegen teilweise in den rundlichen alten Silos. Der Ausbauzustand ist bewusst roh und ruppig gehalten. Zusammen mit den anderen Hochbauten (vgl. Nr. 421 und 411) entstand ein Ensemble mit unverwechselbarem Charakter. So etwas gibt es nur in einer alten Industrielandschaft und erweist sich als Chance zur individuellen Weiterentwicklung von Hamburg-Harburg.

Elbberg Campus **(414)**
2003
Große Elbstraße 8–10
BRT Architekten Bothe Richter Teherani

ENSEMBLE Über alte Schienen stolpern und Straßendirnen beobachten – das war gestern. Im alten Fischereihafen hat das Aufräumen begonnen, ohne dass man alte Strukturen zerstören will. Auf einem spektakulären Grundstück am Elbberg steht spitzwinklig und – was die Fassaden betrifft – janusköpfig bereits ein Bauwerk von BRT (vgl. Nr. 361). Dessen Erfolg machte mutig. Es folgte 2003 ein zweiter Teil. Dieser besteht aus einer Staffel von sehr großzügigen Reihenhäusern und einem vorgelagerten Büro- und Gewerbehaus im »Bügeleisenstil«.

Durch das Ensemble läuft ein Fußweg vom Strom hinauf zum »Altonaer Balkon«, der Geestkante. Der Elbberg II ist zu einem hinreißenden Plädoyer für eine poetische Annäherung an die Topographie der Hafenkante geworden. Ein Ort, der als Teil des Geesthanges den Übergang vom städtischen Altona zum arbeitsamen Hafenbetrieb bildet. Luftaufnahmen verdeutlichen, wie die neue Anlage zum »Nest«, zum vorgeschobenen Beobachtungsposten auf den Hafen wird.

Gemeindehaus St. Nikolai (415)

2003
Harvestehuder Weg 118
Carsten Roth

Das Gebäude versteht sich als Anbau oder Ergänzung zur Landmarke des na-

delspitzen Turmes von St. Nikolai am Klosterstern und Erwiderung der geschwungenen Form des Kirchenschiffs (vgl. Nr. 243); dazu kommt die vom Jugendstil geprägte Welt der Stadthäuser von Harvestehude. Carsten Roth löst die Aufgabe durch hohe Konzentration auf einfache, sich durchdringende Kuben und führt dann die Farbe Gold ein, die beim Schmuck von Kirchen gerne verwendet wird. So leuchtet dieses Gemeindehaus bisweilen gülden und wird zum würdigen Gegenüber der kirchlichen Altbauten.

Bucerius Law School (416)

2003
Jungiusstraße 6
MPP Meding Plan+Projekt

In Hamburg sind »Elite-Universitäten« umstritten, bisher war wenig Raum dafür. Wenn solche Hochschulen aber einmal existieren, sind sie herzlich willkommen. Die private Juristenschule fand an zentraler Stelle in den Wallanlagen ihre Heimat, dort, wo früher das Botanische Institut der Universität lag. In einem neuen turmartigen Gebäude mit abgerundeten Ecken ist das zentrale Auditorium untergebracht. Rot wie der Farbton der Roben am Bundesverfassungsgericht ist der Leitton für Gestühl oder Außenwände. Im Glas der äußeren Fassadenhaut spiegelt sich dann die Nachbarschaft: das Gelb des alten historisierenden Gebäudes und das Grün des Parks von Planten un Blomen.

Siedlung Buchenkamp (417)

2003
Moorbekring
Benedict Tonon

Die sanfte Komposition, der Schwung und die Kurve seiner Bauten, die wohlfeinen Grünräume dazwischen – dies alles beweist, dass nicht immer seelenlose LEGO-Towns entstehen müssen, wenn man eine neue Siedlung mit 269 Wohnungen in 21 Häusern anlegt. Auch die

Häuser selbst zeichnen mit ihrer Dachlinie den Schwung der Großform nach. Kleinteiligkeit und Überschaubarkeit sind die Themen und im Zentrum der Planungen stand ein Haustyp, der Reihenhausvorteile auch im mehrgeschossigen Wohnungsbau zur Wirkung kommen lässt. Wo immer es geht, verfügen die Wohnungen (häufig als Maisonette) über eine Eingangstür im Erdgeschoss. Es war sicher eine schwierige Tüftelei, all diese Grundrisse zu erfinden – aber es hat sich gelohnt.

Medienpool Waterloohain (418)
2002/2004
Waterloohain 5 und 9
Carsten Roth

Das Haus repräsentiert die »ugly sixties«, mit Flachdach und Gelbklinker. Es ist ein Gewerbebau der Nachkriegszeit, der umso hässlicher wirkte, je mehr die Qualität der umstehenden Gründerzeithäuser in Eimsbüttel gewürdigt wurde. Nach einer Aufstockung, die von unten gesehen mehr irritiert als Aufsehen erregt, erhielt der Architekt Architekturpreise ohne

Ende. Was war geschehen? Roth hat den Gelbklinker mit kräftigen Metallblechen konfrontiert und täuscht die Passanten: Ist es ein Schattenwurf, ändert die Aufstockung die Richtung? Der Architekt wird hier zum Meister der Täuschung, Virtualität ist sein Thema. Und das passt dann zum Bauherrn, einer großen PR-Agentur. Auch innen ergeben sich immer wieder Verwirrungen durch Verspiegelungen und perspektivische Täuschungen. Sehr geheimnisvoll wirkt eine Blackbox, die in eine kleine Innenhalle gehängt wurde; hineinschauen kann man nicht, wohl aber heraus. Dort finden nämlich die regelmäßigen Brainstormings der Agentur statt. Aufgrund des großen Erfolgs hat der Architekt noch einen weiteren Gewerbebau umbauen können. Dort überzeugen das Treppenhaus und das geschmeidige Ambiente die Mieter, die der Werbebranche angehören.

Marine Center Finkenwerder (419)
2004
Köhlfleet Hauptdeich 3
KBNK Kähne Birwe Nähring Krause

Eine kleine Familienwerft in Finkenwerder musste erweitert werden. Die Architekten schlugen dem Unternehmen vor, neue Angebote und Betätigungsfelder zu erschließen. Deswegen entstand direkt an der Uferlinie nun ein Neubau als Hybrid für Lofts und Büros mit flexibler Nutzungsfläche, denen eines gemeinsam ist: ein phantastischer Ausblick auf den Strom und die Vermietbarkeit dank eines Genius Loci, der sich aus grüner Niederelbe und kleinteiliger suburbaner Hafenlandschaft zusammensetzt. Da überrascht es nicht, dass das rote Haus ganz oben auf der Liste der Location-Sucher für Events u. a. steht.

Berliner Tor Center (420)

2004
Beim Strohhause 31
Jan Störmer Partner

Als sich das Polizeipräsidium (vgl. Nr. 251) seinen Altbau und eine anstehende Sanierung nicht mehr leisten wollte, zog es einfach aus. Dadurch ergab sich die Chance einer neuen kleinen Bürostadt, die an dieser Stelle in der Nähe zum Schnellbahnknotenpunkt Berliner Tor folgerichtig und in einigem Abstand zur City durchaus geeignet ist, architektonische Zeichen zu setzen. Denn sie ist von der Außenalster wie vom südlichen Einfallstor der Autobahnen aus sehr gut sichtbar. Endlich der Ort für ein richtiges Hamburger Hochhaus? Man hat sich dann doch nicht getraut, sondern ein gläsernes Ensemble aus zwei kleinen höheren Häusern und verbindenden Flügeln geschaffen. Die Höhe orientiert sich am alten Polizeihochhaus. Der Bau ist zu wenig mutig ausgefallen, was auch der Architekt so sieht. Die Bürohochhäuser sind schlanke Gesellen, gut auszunutzen durch Firmen wie die IBM, die neue Wege in der Bürogestaltung geht. Das e-office baut darauf, dass viele Arbeitsplätze geteilt werden, weil die Angestellten heute überall arbeiten können und nur in der Teilzeit anwesend sind. Der Architekt hat die Gläser mit farbigen Streifen unterschiedlich bedrucken lassen, was nicht nur ein buntes Bild ergibt, sondern auch Sinn macht, denn die Farben sind – mit einer Ausnahme – thematisch den jeweiligen Himmelsrichtungen angepasst.

Kaispeicher Harburg (421)

2004
Veritaskai 1–3
Harburger Binnenhafen
André Poitiers

Im aufstrebenden Binnenhafen von Harburg (vgl. Nr. 338) sollte ein mächtiger Getreidespeicher aus Beton und Backstein in ein modernes Bürogebäude umgewandelt werden. In die erhaltenen Teile mit ihren bis zu 30 Meter hohen Zellen wurden Geschossdecken eingezogen; die alten Zellwände gaben Größe und Schnitt für die neuen Büros vor. In der Eingangshalle sind noch die alten Schütttrichter der Silos und der Getreidehebeanlage zu sehen. Auf dem Platz der nicht mehr zu erhaltenden Bauteile entstand ein metallisch eingekleideter Neubau. Schmale horizontale Fensterbänder auf der Südseite, etwas kräftiger und leicht in die Fassade zurückgezogen, erzeugen die Eleganz des Neubaus, ohne den Altbauteil zu erdrücken oder zu »überschreien«.

Schanzenupgrade (422)
2004
Juliusstraße 36–38
spine² architects

Im Hamburger Szeneviertel Schanze erhielt ein Wohn- und Geschäftshaus im unwiderstehlichen Gründerzeit-Wiederaufbau-Mix seine kongeniale Aufstockung: Durch die Wahl einer leichten Holzständerbauweise und den konsequenten Einsatz von kostengünstigen Materialien gelang es, mit dem vorgegebenen Low Budget zwei hochwertigen Wohnungen (eine davon als Maisonette) mit einer Deckenhöhe von 3,40 Meter hohe Verglasungen und Böden aus Massivholz hinzuzufügen. Die konvex und konkav geschwungene Fassade enthält zwei Elemente: die gewollte Abstraktion aus dem Vokabular der Moderne in Kombination mit der Sinnlichkeit des Barocks. Die Bewegung entsteht zum einen durch den Schwung der Fassade selbst, zum anderen durch die Standortveränderung des Betrachters. Änderungen des Blickwin-

kels lassen die Fassade in verschiedenen Nuancen und Farbtönen schimmern. Als Fassadenmaterial wählten die Architekten kostengünstige, aber edel wirkende und dabei biegefähige Acrylglas-Stegplatten. Die dahinter liegenden Festverglasungen werden zusätzlich durch eine ebenfalls lichtdurchlässige Dämmung auf Zellulose-Basis energietechnisch optimiert.

Lackfabrik Ottensen (423)
2004
Fischers Allee 68–70,
Holstentwiete 15–17
Holger Schmidt

Ottensen ist ein Multikulti-Viertel in Hamburg, dessen Wohn- und Lebensqualität unumstritten ist, unter anderem weil die Elbe sehr nah ist. Noch immer bieten ehemalige Fabrikgebäude die Chance, nach ihrer Umwidmung neue architektonische Angebote zu machen. Hier ist dies auf vorbildliche und recht komplexe Weise gelungen. Die alte Maleco-Lackfabrik aus dem Jahre 1907 dient jetzt vor allem Agenturen als Quartier. Dahinter entstand in einem ehemaligen Gewerbehof eine Staffel von Kleinstateliers und darüber liegenden Wohnungen, die über Mini-Laubengänge erschlossen werden. Auf der anderen Seite, an der Holstentwiete, wurde mit großem Sachverstand eine alte Ottenser Straße ergänzt. Die Neubauten halten den alten Takt der Nachbarbebauung ein; sie verfügen nur über schmale Austritte, weil Balkone im alten Ottensen nicht vorkamen.

East Hotel (424)
2004
Simon-von-Utrecht-Straße 31
Jordan Mozer

»Wenn man als Amerikaner weder eine Tradition noch eine Architektur noch

eine Kunst hat, der man folgen kann«, so behauptet Jordan Mozer, »dann ist alles erlaubt«. Herausgekommen ist Hamburgs exotischstes Hotel – mitten auf St. Pauli. Die Urzelle war eine abgewrackte Eisengießerei, deren Backsteinrudimente gekonnt einbezogen wurden. Im Inneren gibt es Zimmer, die aus dem Film »Traumschiff Surprise – Periode 1« stammen könnten. Ebenso einen wunderbaren Terrassenhof und Räume für Bars und Restaurants, die den rechten Winkel verhöhnen. Der Bau ist ein Stück Disneyland in Hamburg – dort, wo mit der Reeperbahn Entertainment sowieso ganz groß geschrieben wird.

Zentrale Rechtsbibliothek der Universität Hamburg (425)

2004
Rothenbauchaussee 33
me di um Architekten

Wahrscheinlich ist es der mutigste Bau des Uni-Campus, und das an der ehrwürdigen Rothenbaumchausssee, direkt neben alten Villen. An Glasbauten hat man sich in Hamburg gewöhnt. Die

meisten werden von einer Mehrheit der Hamburger abgelehnt. Dieser hier, der die zentrale Bibliothek der Juristen aufnimmt, zeichnet sich dadurch aus, dass sehr innovativ und sensibel mit der Glashaut umgegangen wird: sie ist farbig und matt, eingefärbt bemustert oder auch mit Faserzementplatten hinterlegt. An der Südseite entstand in vielen Grüntönen ein künstliches Blätterwerk, so dass die alten Häuser davor in einem Park zu stehen scheinen.

NDR-Studio Rotherbaum (426)

2004
Rothenbaumchaussee 132–134
ASP Schweger Assoziierte

Die Adresse täuscht, denn der über Jahrzehnte gewachsene Campus des Radio-

senders NORAG – jetzt NDR – reicht bis zum Mittelweg. Hinter dem Kern des alten, sachlich gehaltenen Rundfunkgebäudes werden schon seit langem historische Rothenbaum-Villen auch für die Hörfunkproduktionen benutzt. Ein neues Haus für Studios, deren Technik auf der Höhe der Zeit ist, muss diese Situation der »Villen im Park« berücksichtigen. Mit mehreren »Tricks« schafften es die Architekten, die Masse des H-förmigen Baus optisch fortzuzaubern. Einmal sieht man vom Mittelweg aus nur die schmalen Köpfe des Hauses, zum anderen wird viel Glas verwendet. Und außerdem wurde durch die Bildung von Höfen der alte Baumbestand gerettet. Des weiteren erhielt der Studiobau unterschiedlich gestaltete Fassaden, von denen der Betrachter immer mehrere gleichzeitig sieht. Ein monolithisch-blockhafter Eindruck des Studiohauses wird so vermieden.

Dock 47 **(427)**
2004
Pinnasberg 47
Spengler Wiescholek

Ein Grundstück mit tragischer Qualität: östliches Ende der Achse Elbchaussee-Palmaille, Ende der kleinteiligen Bebauung von St. Pauli und schließlich fast an der Elbkante ein Nachbar vom Fischmarkt und dem Strom. Diese Lage hat dem Haus in Anspielung auf die großen Docks gegenüber einen gewissen Ruf eingebracht und den Architekten den Mut verliehen, ein Bauteil in kräftigem Rot und asymmetrischer Kontur zu entwickeln. Es sind nur wenige Grad (vier Prozent), die das Gebäude aus dem Lot gekommen ist. Sie haben ausgereicht, dass es als »laut und schrecklich« verdammt wurde. Sogar Alt-Oberbaudirektor Kossak lästerte über die unangebrachte Farbe im Kontext zur Palmaille. Weil es allerdings immer schwierig war, mutige Architektur in Hamburg zu zeigen, sollte man dankbar für den Vorschlag sein. Allerdings sind im Inneren nur konventionelle Büros zu finden. Auch ist der Anschluss an die kleinbürgerlichen Häuser St. Paulis nicht gerade als gelungen anzusehen.

Cruise Center Hamburg **(428)**
2004
Am Kibbelksteg
Renner Hainke Wirth

Die ungeheure Sehnsucht nach »security« hat nach den Flughäfen auch die Häfen erfasst. Deswegen existieren auch hier strengere Regeln für die Abfertigung von Kreuzfahrtschiffen. Das neue Cruise Center in der HafenCity hatte wegen der weiteren Planung von Anfang an nur eine »Lebenserwartung« von etwa sechs Jahren. Die Architekten machten aus der Not eine Tugend und beschlossen, das Provisorium als sichtbar kurzfristig angelegte Assemblage aus Einheitscontainern zu erbauen, die schließlich mittels einfacher Holzfachwerkträger ein gemeinsames Dach für die Abfertigung bekommen. Die gebrauchten Container erhielten einen sinnfälligen Farbanstrich und die Halle als simples Baukastensystem war bis nach Los Angeles gefragt. Weil Hamburgs Hafen als Kreuzfahrtstopp boomt, musste ein weiterer Terminal gebaut werden, der allerdings die Erfolgsgeschichte nicht mehr weiterschrieb, sondern als schlichte Kiste peinlich für Hamburgs Ambitionen als wachsende Metropole ist. Der Grund für einen solchen Geiz ist schlicht die noch kürzere Abschreibungszeit für die Kosten. Spaß allerdings macht der benachbarte »View Point«, der Architekten des »Terminal 1«: Wie eine Giraffe ihren Hals und Kopf, steckt der orangefarbene Turm seine Aussichtsplattform der virulenten Baustelle HafenCity entgegen.

Zurück in die Mitte: Die HafenCity ist Hamburgs ehrgeizigstes Stadtentwicklungsprojekt (429)

Es war der größte Coup der jüngsten Hamburger Stadtentwicklungsgeschichte, als in den 1990er Jahren plötzlich Senat, Bürgerschaft und Hafenverwaltung wie mit einer Stimme eine neue »HafenCity« forderten, die dort beginnen sollte, wo vor der Speicherstadt die ältesten Hafenbecken Hamburgs aus dem 19. Jahrhundert liegen. Von dort zieht sich das Entwicklungsgebiet bis zum Barkenhafen nach Osten und endet an den Elbbrücken. Mit dem Begriff »HafenCity« wurde ein notwendiger Veränderungsprozess, von aufzugebenen alten Hafenflächen zum zentralen und urbanen Quartier des 21. Jahrhunderts, von Beginn an als »Marke« eingeführt und auf den nationalen und internationalen Immobilienmessen vorgestellt. 150 Hektar, 12.000 neue Bewohner – Büros, Museen. Das neue Hamburg an der Elbe, in Fußgängerentfernung zu City und Binnenalster. Und das größte innerstädtische Entwicklungsprojekt Europas, wie man in Hamburg gern betont, zu verwirklichen etwa bis zum Jahre 2020.

Das Konzept ist aufgegangen. Fünf bis sechs Jahre nach dem Masterplan, den 1999 das Büro Kees Christiaanse/ASTOC und die Hamburgplan AG anfertigten, sind die westlichen Bereiche in ihrer künftigen Struktur erkennbar. Der Masterplan, damals als kleiner gemeinsamer Nenner von der Architekturkritik nicht gerade geliebt, erwies sich trotz allem als gut funktionierendes »Schubladensystem« für allerlei Nutzungen und Aufgaben in bewährter Blockrandbauweise und Parzellierung für viele der hier anzusiedelnden Objekte. Keine weitere schale Büro-City sollte entstehen, auch kein in Tristesse versinkendes Wohnquartier. Nein – alles zusammen in bunter urbaner Mischung sollte es sein. Die »städtischen«, d. h. die zentralen Funktionen werden im »Überseequartier« am Magdeburger Hafen versammelt. Dort entstehen auch die neue HafenCity-Universität, ein Science Center (OMA – Rem Koolhaas), Hotels und ein Kreuzfahrtterminal, all das mit einem neuen U-Bahn-Anschluss. Dieser soll noch in der ersten Dekade des 21. Jahrhunderts fertig gestellt werden.

Die ersten Baufelder sind in abenteuerlicher Geschwindigkeit bereits bebaut worden. Für den Sandtorkai (vgl. Nr. 439) gab es klare städtebauliche Vorgaben, die eingehend diskutiert wurden. Dabei entstand eine im Großen und Ganzen seriöse und disziplinierte Backsteinarchitektur, bei der auch Ausnahmen gemacht wurden. Man spürt, wie die Speicherstadt (vgl. Nr. 60) diesem Ensemble buchstäblich im Nacken sitzt.

Im nächsten Quartier am Dalmannkai wird die Bebauung durch Blöcke und Höfe geprägt sein und zeigt damit an, dass sich aufgrund der langen Planungsszeit die einzelnen Felder sehr unterschiedlich entwickeln werden. Für beide Baufelder gilt allerdings die Absicht, die öffentlichen Bereiche jeweils opulent zu gestalten. Der neue Kopfbereich des Sandtorhafens bildet den Auftakt zu einer künstlichen Insel im Hafenbecken, die als eine Art Traditions-Schiffshafen im dienstältesten Hamburger Hafenbecken von 1866 angelegt wird. 4.700 Quadratmeter gediegener, sanft geschwungener Platzterrassen überspielen die etwa fünf Meter Unterschied im Niveau, die aus Hochwasserschutzgründen von der Freitreppe zum Wasser bis zur Straßenhöhe vorgehalten werden müssen. Diese Magellan-Terrassen (vgl. Nr. 434) erhalten im südlicheren Becken ein Pendant.

Illustration Marco-Polo-Terrassen

Falkenried **(430)**
2004
Straßenbahnring
Masterplan: Bolles Wilson

ENSEMBLE Die Aufgabe: Konversion von etwa fünf Hektar mit 70.000 Quadratmeter Bruttogeschossfläche für allein 250 Wohnungen mit knapp 1.000 Bewohnern – und das mitten in Eppendorf auf der aufgegebenen Gewerbefläche Falkenried. Das war eine gewaltige Chance zur Erneuerung der inneren Stadt und sie wurde genutzt. Gemäß dem von Bolles Wilson entwickelten Masterplan wurde sehr sensibel mit dem Bestand umgegangen und Spuren des ehemaligen Straßenbahndepots und des Fahrzeugwerks aufgenommen und verarbeitet. So entstand ein Netz von Wegen und öffentlichen Räumen. Die Planer wollten die urbanen Kraftströme von Eppendorf zum Grindel mitten durch das neue Quartier hindurch fließen lassen. Über die neue Treppenanlage am Isekanal erreicht man durch die neue Hausschlucht eine Art Tor zur Piazza, gefolgt von rasch wechselnden Raumerlebnissen, die Altes und Neues verknüpfen, inklusive den Bürobauten von Bolles Wilson und einem Wohnhochhaus mit 13 Geschossen sowie Wohnbauten von Baumschlager Eberle. Peter Wilson hat die ehemalige Halle E zum Rückgrat des Quartiers erklärt (erfolgreicher Umbau und Modernisierung durch LABFAC). Östlich folgen niedrigere, aber verdichtete Wohnhäuser, die Zahl von Haus- und Wohnungstüren im Erdgeschoss ist hier ungewöhnlich hoch. Da mögen angelsächsische Vorbilder mitgespielt haben. Auffällig ist eine technoide Aufstockung des ehemaligen Lohnbüros, die an die Konturen eines Schnellzuges erinnert (BRT Architekten Bothe Richter Teherani).

Falkenried Townhouses **(431)**
2004
Straßenbahnstieg 1–33
Spengler Wiescholek

Ein hervorzuhebendes Bauwerk sind die »Town Houses«. Die Architekten reden hier wie der Masterplaner Peter Wilson vom Vorbild der »mews«, der Hinterzeile großbürgerlicher Londoner Terrace Houses. Die Reduktion auf Gartenhöfe, unterirdische Parkgaragen und eine kalvinistische, jedenfalls zurückhaltende Architektur erinnern auch an holländische Stadtqualitäten. Spengler Wiescholek sind »Wohnraummacher« und komponieren gern Freiräume zwischen ihre Zimmer, also großzügige Treppenräume. Von au-

ßen sichtbares und inzwischen beliebtes Merkmal ihrer Open Sky Häuser sind die alten Türen der ehemaligen Wagenhallen, die erhalten blieben.

Erweiterung Davidwache **(432)**
2004
Spielbundenplatz 31
Prof. Bernhard Winking

Wie ein Baudenkmal erweitern, das möglicherweise die bekannteste Polizeiwache der Welt ist? Es half, dass die alte Wache (vgl. Nr. 120) nach wie vor die vordere Ecke zur Reeperbahn besetzt und der Neubau optisch abgesetzt als Gegenpol zur Eckbebauung an der Davidstraße/Kastanienallee entstanden ist. Man könnte meinen, dass Bernhard Winking sich in die Lage des späten Fritz Schu-

macher versetzt hätte, denn die glatten dunklen Backsteinflächen werden sehr selbstbewusst durch zusammengelegte Fensterflächen gegliedert. Schumacher hätte seine Freude daran gehabt, dass die Architekten durch Verwendung eines Sparverbands bei der Vermauerung »seiner« Ziegel deutlich machen: Dies ist nur die Schale vor dem konstruktiv eingesetzten Beton.

Flughafenterminal (433)

2005
Flughafen Fuhlsbüttel
gmp Architekten von Gerkan, Marg und Partner

Das Terminal 1, das auf dem Grundstück des alten Gebäudes aus den 1920er Jahren entstand, bildet den vorläufigen Endpunkt des generellen Modernisierungskonzepts für den Hamburger Flughafen. Es sind im Wesentlichen drei Teile, die den Flughafen prägen: Im Rückfeld vor allem zylindrische Baukörper mit der Funktion eines Parkhauses. Dann in der Endausbaustufe drei Hallen (es folgt noch ein Shopping Center), deren Dächer in etwa die Silhouette eines startenden Vogels aufnehmen. Hier überzeugen innen die geschwungenen Konstruktionen aus Raumfachwerkträgern, die der Welt der Großhallen, also auch von Flugzeughangars, entnommen sein könnten. Gelungen ist auch das lichtdurchflutete Milieu, das sehr zeitlos wirkt und schon das Terminal 2 (früher 4) von 1993 prägte. Das dritte Element ist der vorgelagerte, weit ausschwingende Pier, an dem die Flugzeuge über Flugsteige direkt andocken. Die Orientierung auf diesem Flughafen ist dadurch sehr übersichtlich. Mit seinen kurzen Verkehrswegen erinnert er an das Erfolgskonzept von Berlin-Tempelhof sowie der ersten Hamburger Abfertigungsanlage (vgl. Nr. 163).

Magellanterrassen (434)

2005
Neustädter Straße 60
Enric Miralles Benedetta Tagliabue
EMBT Arquitectes Associates

Den katalanischen Architekten ist eine geschickte Staffel aus Teilräumen und Niveau-Sprüngen, Zonen einer intimen Öffentlichkeit und damit ein Stück »gewebten« Stadtfußbodens zu verdanken. Patchwork-Mosaike erinnern an eingelegte Teppiche. An den Wänden schließen sich Backsteinapplikationen zu riesigen Silhouetten von Fischen zusammen. Auf einer Stufenlänge von insgesamt 2.000 Metern finden beinahe 4.000 Menschen Platz. EMBT gelingt es, den Platz in die dritte Dimension hinein zu entwickeln. Zwischen Silberweiden, Blüteneschen und Sumpfeichen stehen eigens entworfene Lichtbäume und Lichtspiralen auf einer Länge von 200 Metern und mit einer Art Platzkrone in 10 Metern Höhe.

Jörn Walter
***1957 in Bremen (435)**

Jörn Walter ist sehr temperamentvoll. Seine Begeisterungsfähigkeit kann Hamburgs Planung brauchen.

Urbanista

Nach der Jahrtausendwende regiert ein CDU-Bürgermeister die Stadt, die seit dem Zweiten Weltkrieg mit nur einer kurzen Unterbrechung sozialdemokratisch beherrscht war. Ole von Beust erwies sich als Architekturfreund und machte das öffentliche Bauen zur Chefsache. Der neue Oberbaudirektor, der seit 1999 im Amt ist, der Bremer Jörn Walter, profitiert davon genauso wie von der wachsenden Wirtschaftskraft, die vor allem durch den Hafen garantiert ist. Das führte zum neuen Leitbild Hamburgs als einer »wachsenden Metropole«: in wenigen Jahren will man von derzeit gut 1,7 auf 2 Millionen Einwohner wachsen.

Jörn Walter, der in Dortmund Raumplanung studiert hat, war von 1985 bis 1991 Leiter des Amtes für Stadtentwicklung und Umwelt der Stadt Maintal und danach bis 1999 Leiter des Stadtplanungsamtes der Landeshauptstadt Dresden, die schon vor der Wende Partnerstadt Hamburgs gewesen ist. So wurde man sehr schnell auf die Erfolge Jörn Walters in Dresden aufmerksam, wo er im Chaos der Nachwendezeit visionäre Fähigkeiten für die Entwicklung der sächsischen Hauptstadt entwickelte, besonders für die stark zerstörten Teile der Altstadt. Walter hatte auch begriffen, dass Dresden als einheitlicher topographischer Landschaftsraum im Elbtal zu betrachten ist – eine Parallele zu der anderen Elbstadt Hamburg.

Mit dem Jahr 1999, als Jörn Walter als Oberbaudirektor die Bühne der Freien und Hansestadt Hamburg betrat, begann – zeitgleich mit der Entscheidung für den Masterplan – die heiße Phase der HafenCity. Interessant war, wie der Neuankömmling sofort die Entwicklung der HafenCity als offene, aber traditionelle Planung einer »Europäischen Stadt« mit Block und Parzelle festschrieb. Walter hielt nichts von urbanen Antimodellen, wie sie ein Rem Koolhaas bevorzugt. Auch der sich selbst inszenierenden chaotischen Stadt gab er keine Chance.

Ein erstes wichtiges Projekt in der bestehenden Stadt war die Konversion der Falkenried-Werkstätten (vgl. Nr. 430). Das Experiment eines urbanen neuen Quartiers im Anschluss an bestehende Vororte wie Eppendorf ist gelungen, vielleicht auch deswegen, weil Jörn Walter hier der Ziehvater war. Die erste Aufgabe seiner frühen Amtsjahre war für ihn eine willkommene »Alternative durch eine Rückbesinnung auf das Quartier als Baustein für die Zukunft der Stadt.« (Jörn Walter)

Viele weitere Entscheidungen folgten. Durch Wettbewerbe kamen internationale Architekten in die Stadt; 2004 scheiterte leider die Olympiabewerbung von Hamburg für 2012 schon in der nationalen Phase gegen Leipzig. Es war ein Schock, setzte aber auch Kräfte frei, denn nun hatte man in Hamburg begriffen, dass mit Stadtplanung und Architektur Staat zu machen ist und dass die Stadt über ein enormes Flächenpotenzial in der Mitte des Bundeslandes verfügt: »Go South«, »Sprung über die Elbe« und »Internationale Bauausstellung 2013« – dies alles ist vor allem Jörn Walter zu verdanken.

Genauso wie der Anspruch der Architektur in Hamburg, internationales Vorbild zu sein. Jörn Walter als architektonisches Gewissen dieser Stadt, den man durchaus als eine Art Enkel von Fritz Schumacher begreifen könnte, will herausfinden, wie man das hohe bauliche Niveau der 1920er, aber auch der 1950er oder 1970er Jahre in einer »modernen Architektursprache« in das 21. Jahrhundert fortführen kann. Da ist das Motiv einer eigenständigen »Hamburger Moderne« herauszuhören, die manche schon einmal mit der Position einer »Welthauptstadt des Backsteins« vergleichen.

Falkenried (Aufstockung durch BRT): Eines der ersten Projekte des Oberbaudirektors Jörn Walter in Hamburg

Rudolf-Ross-Schule **(436)**
2005
Neustädter Straße 60
ASW Silcher Werner & Redante

Schulen im Weichbild der Innenstadt zu bauen oder auszubauen, war in Hamburg lange Zeit eine vom Aussterben bedrohte Maßnahme. Die Entwicklung fand draußen vor der Tür statt. Eine Ausnahme bildete die nördliche Neustadt mit der dortigen Gesamtschule. Sie wurde über fast ein Jahrzehnt lang erweitert und ausgebaut. Es entstanden eine neue Turnhalle und eine neue Pausenhalle. Am besten aber bringt der Kopfbau an der Poolstraße zum Ausdruck, was eine innerstädtische Schule auszeichnet: Es ist die Mehrgeschossigkeit, weil das Schulgrundstück eng ist. Die Fassadengliederung erinnert an die besten Zeiten der Moderne: ein fließender Baukörper, dessen Konturen durch horizontale Fensterbänder betont werden, lagert auf einem verglasten zweigeschossigen Sockel auf. Das Ganze wird in der Manier eines Piet Mondrian oder Gerrit Rietveld farblich in den Fensterzonen unterstützt. Die Schule galt als nicht unproblematisch – diese Architektur kann die Probleme auch nicht lösen. Aber vielleicht ein wenig lindern.

Bürohaus Rolandsbrücke **(437)**
2005
Rolandsbrücke 4
Carsten Roth

Mitten in der Stadt, mit Blickkontakt zum Rathaus, wird ein Neubau mit den Nachbarn verzahnt, nimmt auf vorhandene Mansarddächer Rücksicht und akzeptiert Blick- sowie Bauachsen. Und natürlich wurde für den Investor ein profitables Bürohaus entworfen. Carsten Roth näherte sich der Aufgabe mit Hunderten von Skizzen und entwickelte langsam jene Sensibilität, die der Ort benötigte. Herausgekommen ist einerseits ein kleiner Riese, der an der Ecke über dem Eingang sanfte Höhe entwickelt. Andererseits entstanden große gerasterte Bürohausfassaden, die zarte Reliefs entwickeln. Und wer genau hinschaut, bemerkt, wie die innovative Fassade, die wegen ihres großen Glasanteils und ihres Charakters als Vorhangfassade schon High Tech zu nennen ist, sich in das traditionelle Spiel von Sockel, Mittel- und Dachzone einpasst. Zusammen ein Paradebeispiel dafür, wie man die Stadt in ihrem Kern weiterbauen kann.

Störtebekerhaus **(438)**
2005
Süderstraße 259
Tipke Architekten

FLOP Der Architekturkritiker der Zeit, Hanno Rauterberg, versuchte eine umfängliche Ehrenrettung dieses Hauses, weil es – wenn auch in einem gänzlich anderen Stil – in seinen Wirkungsweisen den Gebäuden von Libeskind und Gehry ähnelt und auf »Erlebnisarchitektur« setzt. Und weil es von den Verfechtern einer modernen Architektur a priori verurteilt wird. In der Tat hat hier ein Bauherr mit viel Herzblut und auch mit Verstand eine individuelle Kulisse geschaffen, die mit

Glockentürmchen, Rundbögen und traditionellem Marmorinterieur genau den Geschmack und Repräsentationswillen vieler hanseatischer Kaufleute trifft. Besonders amüsant ist auch die Tatsache, dass eine Leserabstimmung in einer großen Hamburger Tageszeitung sich für diese traditionalistische Variante mit 98,5 Prozent aussprach. Das Ganze übrigens an einer Straße, die sich bisher eher durch Straßenstrich als durch Cityqualitäten auszeichnete. So ist das Haus dann im Geiste einer seriösen Architekturdiskussion eher als »neben der Spur« anzusehen.

Sandtorkai (439)
2005
BRT Architekten Bothe Richter Teherani,
APB Beisert Wilkens Grossmann-Hensel,
Böge Lindner Architekten,
Marc-Olivier Mathez,
Ingenhoven und Partner,
ASP Schweger Assoziierte,
Spengler Wiescholek,
Jan Störmer Partner u. a.

ENSEMBLE Testfall und Bauausstellung, Startschuss und Lernbeispiel: die stolze Reihe von sieben Solitärbauten am Sandtorkai ist architektonisch sämtlich als überdurchschnittlich zu bewerten. Endlich wurde der Versuch gemacht, Wohnen und Gewerbe zu mischen und Restaurants einzubeziehen. Man muss gar nicht so genau hinschauen: Die Fassaden erzählen durch gläserne Loggien oder eingezogene Balkone, wo gewohnt wird. Dort, wo die Fassaden glatter sind und vielleicht auch einmal durch eine übertriebene Geste bei der Stahlkonstruktion Aufmerksamkeit erheischen wollen – dort entstanden die dahinter liegenden Büros. Es ist ein friedliches, gar harmonisches Nebeneinander von Ziegel, Glas und Beton. Und die individuelle Entwurfsfreude von Architekten, die alle schon Überdurchschnittliches geleistet haben, wird im Sinne eines harmonischen Ensembles sinnvoll gebändigt. Aufgereiht an der Kaikante und in gleicher Bauhöhe, war für alle Bauteile die Grundform bereits definiert. Zum ersten Mal wurde auch deutlich, was die Folgen des Hochwasserschutzes bedeuten: Unten stehen nur Autos, man muss Treppen steigen, um in die belebten Geschosse zu gelangen. Das sorgt in dem ein oder anderen Detail vorn am Kai für Tristesse – denn belebende Restaurants oder Läden sind unten nicht erlaubt.

Orang-Utan-Haus (440)
2005
Hagenbecks Tierpark
PSP Pysall Stahrenberg & Partner

Hagenbecks Tierpark gehört zu den Prototypen des artgerechten Zoologischen

Gartens. Das neue Orang-Utan-Haus versucht, diesem Ideal so nahe wie möglich zu kommen. Unter einer gewaltigen Rip-

pennetzkuppel, die je nach Wetter und Jahreszeit etwa zur Hälfte zu öffnen ist, wurde eine Landschaft simuliert, wie sie in der Heimat dieser Primaten, in Sumatra zu finden ist. Sie können ohne große Sichtbehinderungen von den Zoobesuchern beobachtet werden. Dabei werden die Menschenaffen durch allerlei Computer gesteuerte Geräte (Baumruinen mit verstecktem Futter etc.) auf Trab gehalten, damit sie sich ihre Affenleckereien »erarbeiten müssen«. Interessant an diesem Gehege ist, wie mit einer recht filigranen Konstruktion von 32 Metern Höhe, die mit Luftkissen aus Kunststofffolien bedeckt ist, auch im nassen Winter Hamburgs genau jenes wärmende Klima erreicht werden kann, das für die Orang Utans überlebenswichtig ist.

Lackierhalle Airbus (441)

2005
Kreetslag 10
PSP Pysall Stahrenberg & Partner

Seit 2001 wird die Airbus-Fabrik auf Flächen erweitert, die durch Teilzuschüt-

tungen des Mühlenberger Loches entstanden sind. Ein politischer Akt, mit dem Hamburg politisch bewiesen hat, dass es die wirtschaftlichen Interessen vor ökologische Belange stellt, wenn es ernst wird. In diesem Fall war es allerdings eine wichtige Entscheidung, um den Industriestandort Hamburg zu sichern. Im Zipfel dieser neuen Halbinsel steht die Lackierhalle. Die »Willkommen«-Seite Richtung Nordsee wirkt sehr differenziert: Schlote, Lüftungsanlagen, Feuerleiter, dazu außenliegende Fachwerkträger über dem Dach machen aus der Industriekiste ein würdiges Industriegebäude. Ebenfalls auf dem Gelände: neue Airbus-Hallen der Architekten gmp.

Wohnungen Bogenallee (442)

2005
Bogenallee 10–12
blauraum architekten

Die tanzenden Kuben, die vor ein Wohnhaus gehängt wurden, sind inzwischen

europaweit in Zeitschriften oder auf der Biennale in Venedig gezeigt worden. Die fotogene Front erzählt aber nur einen Teil der Geschichte, von dort aus lässt sich zurück in die Wohnung oder vor die Fassade schauen. Da dieser Gag nicht neu ist, kommt es in Wahrheit auf Teil zwei an: Hier ist nämlich ein ziemlich banaler Gewerbebau aus den 1960er Jahren, der nicht mehr marktgerecht war, zu Szenewohnungen umgebaut worden. Die Architekten mussten sich zwar dem konstruktiven Skelett des Altbaus beugen, das mit seiner niedrigen Geschosshöhe zu Kompromissen zwang, denn ein Neubau in dieser Größe und Dichte wäre nicht genehmigt worden. So aber sind im Umbau gut geschnittene Wohnungsgrundrisse mit Balkonen zu einem grünen Hof entstanden, die in großer Nähe zu Grindel und Hoheluft liegen. Postalisch gehört das Haus sogar zu Harvestehude, einem der Hot Spots der Immobilienbranche in Hamburg.

Dockland (443)
2005
Van-der-Smissen-Straße 9
BRT Architekten Bothe Richter Teherani

Maritim und spektakulär sollte dieses neue Kontorhaus werden, auf einer eigens dafür aufbereiteten künstlichen Halbinsel vor dem Fischereihafen – beinahe mitten in der Elbe. Mit einer Architektur, die zum Umfeld passt: Das Haus wird zum imaginären Schiff, da der konstruktive Rahmen vom Rechteck zum Parallelogramm verschoben wurde. Infolgedessen ragt ein gläserner Bug weit übers Wasser. Weil auch die Bauten des Staffelgeschosses bewusst wie Decksbauten gestaltet wurden, ist die Illusion (fast) perfekt: ein Schiff ist gekommen und das steinerne Chilehaus hat ein »gläsernes Brüderchen« bekommen. Das schräge Heck nutzten die Architekten als größte Freitreppe Hamburgs, als hängende Gärten mitten im Hafen und als öffentlich begehbare Nachbildung der Casa Malaparte auf Capri, wo Adalberto Libera in der Verschmelzung von Flachdach und Freitreppe 1943 einen Archetyp des Hauses in der offenen Landschaft schuf.

Neugestaltung Spielbudenplatz (444)
2006
Lützow 7 Garten- und Landschaftsarchitekten
Spengler Wiescholek

Vom Schmuddelplatz zum Aktivposten, und das direkt an der Reeperbahn im Herzen von St. Pauli. Immer wieder wurde versucht, die Fläche zu gestalten, ohne den Platz einem üblichen Stadtmöblierungs-Chic zu opfern. Ausgerechnet das Thema der »beweglichen« Spielbude löste den gordischen Knoten. Mit Spielbuden für einen permanenten Jahrmarkt hatte es hier begonnen. Jetzt formulieren zwei gigantische Winkel, die in Wahrheit zwei auf Schienen bewegliche High Tech-Bühnen sind, immer dann, wenn sie

zusammengeschoben sind, eine große Spielbude als Eventfläche für alles, was zu St. Pauli passt. Die statische Aufgabe dieser weit auskragenden Dächer wird durch Raumfachträger gelöst. Die Wand und Dachelemente sind mit Leuchtdioden versehen, so dass es abends wild glüht und glimmt – das passt zum nächtlichen Gesicht von St. Pauli.

Jungfernstieg Ensemble (445)

2006
Andre Potiers und WES & Partner Landschaftsarchitekten

Hamburg hat auf dem Wege zur richtigen Metropole seine »gute Stube« aufgeräumt. Der Jungfernstieg, ein kurzer aber sehr schöner Boulevard mit Aussicht auf die Binnenalster, war zugewuchert. Zu diesem Wildwuchs gehörten Bauten wie das HAPAG-Lloyd-Reisebüro aus den 1970er Jahren ebenso wie eine Baumallee, die den Plafond des Jungfernstiegs mehr bedrohte als schmückte. Mit dem einfachen Trick, die Baumreihen quer ab zur Binnenalster neu aufzustellen und die Flanierzeilen an den Geschäften und zum Wasser hin großzügiger zu dimensionieren, hat dieser öffentliche Raum wieder an Klarheit und Ausstrahlung gewonnen. Dass zusätzlich alle Hochbauten, Restaurants, Kioske, U-Bahnhof-Zugänge etc. in unauffälliges Glasdesign getaucht wurden, sorgt dafür, dass der eigentliche architektonische Star der Alsterpavillon von Ferdinand Streb (vgl. Nr. 226) bleibt. André Poitiers hat übrigens gleich an der Einmündung der Großen Bleichen eine schmale Lücke ansehnlich mit Glas für ein Bürohaus gefüllt, und Bothe Richter Teherani lassen ihre große neue Europapassage ebenfalls am Ballindamm in diesen neu gestalteten zentralen Stadtraum einfließen.

Museum Dieter Roth Wohn- und Kanzleigebäude (446)

2007
Alsterchaussee 40/Pöseldorfer Weg
Konermann Siegmund Architekten

Dieter Roth (1930–1998) war ein außergewöhnlicher Künstler, der sich in seiner Kunst mit dem Vergänglichen befasste. Einer seiner Sammler (gleichzeitig sein Rechtsanwalt) erbaute für ihn im Zusammenhang mit der eigenen Kanzlei und einem Wohnhaus ein Museum und vor allem ein Archiv. Kein Museum der üblichen Art – man kann es nur nach Voranmeldung besuchen –, sondern Kunst und Anwaltsalltag miteinander zu verbinden war das Ziel, in einem Depot, im Eingang, in den Fluren und Treppenhäusern, in Büros und in einem lang gestreckten, großteils unterirdischen Archiv. Wenig auffällige Architektur also, wenn man vom Eingangs-Pavillon am Pöseldorfer Weg absieht. Immerhin sind hier 550 Objekte und 1.400 Druckgrafiken des Künstlers im Depot gelagert. Zur Inszenierung gehören Neubauten und Weiterbauten am

Bestand in einem Grundstück zwischen den drei Straßen. Ein gelungenes Beispiel behutsamer Stadterneuerung an der Außenalster.

Neue Messe **(447)**
2008
Rentzelstraße, St. Petersburger Straße, Lagerstraße, Karolinenstraße
Ingenhoven Architekten

Wahrscheinlich ist es der größte Eingriff in das Stadtbild Hamburgs im neuen Jahrtausend. Weil eine Nähe zum Congress-Centrum Hamburg erwünscht war, erneuerte sich die Hamburger Innenstadtmesse am bisherigen Standort zwischen Schlachthof und Planten un Blomen. Eine Verlegung an die Peripherie oder in die Nähe zur HafenCity hätte an diesem Standort ein neues Innenstadtquartier zum Wohnen und Arbeiten ermöglicht. Stattdessen muss man sich vor allem an der Karolinenstraße mit einem gewaltigen Bruch im Maßstab auseinandersetzen. Beispielsweise wurde das alte Kraftwerk Karoline einfach einbezogen und überdacht, was recht kurios aussieht. Architektonisch will man der riesigen Baumasse (insgesamt ca. 80.000 Quadratmeter Ausstellungsfläche) mit weißen Hallen, gläsernen Fassaden und Tonnendächern gerecht werden. Ob es gelingt, wird erst nach der endgültigen Fertigstellung zu beurteilen sein. Zu den Positivposten zählt eine geglückte Logistik, weil der neue Messeteil über Tunnel erreicht werden kann.

Elbphilharmonie **(448)**
2008
Kaispeicher A
Herzog & de Meuron Architekten

Wie sich Sydneys Gesicht in der ganzen Welt architektonisch vor allem über die Schalendächer seiner Oper definiert, will Hamburg dies über seine Elbphilharmonie erreichen. Es begann mit einem Wettbewerb für Kallmorgens Erbe (vgl. Nr. 242), den Kaispeicher A, der hier 2001 noch ein MedienCenter mit Schule vorsah. Das Ende der New Economy begrub diese Idee. Private Investoren sorgten in einer Art Handstreich für eine Computeranimation der Schweizer Erfolgsarchitekten Herzog & de Meuron, die in genialer Weise eine Symbiose aus der alten Backsteinbastion des aufgegebenen Speichers mit einer verglasten Aufstockung präsentierten, die an geblähte Segel erinnert. Ein wirklich genialer Streich, weil der alte Speicher jetzt einen Maßstab ermöglichte, der sonst in Hamburg nicht gängig war. Eine Landmarke kann man nicht planen, sie wird als solche erkannt, wenn sie gebaut ist. Aber die Chance für Hamburg, nach dem Chilehaus ein zweites »Weltwunder der Architektur« zu erhalten, ist riesengroß. Anfangs war der Widerstand noch sehr stark. Unter anderem deshalb, weil die HafenCity all ihre kulturelle Kompetenz am Magdeburger Hafen konzentrieren wollte. Aber inzwischen findet die Elbphilharmonie die Zustimmung breiter Bevölkerungsschichten und Bürger dieser Stadt sind mit hohen Summen bereit, das fehlende Geld jenseits der öffentlichen Gelder und Investoren-Beteiligungen aufzubringen. Das ist neu und gibt Hoffnung für die nächsten Jahre: Das Geld der Etablierten stützt avantgardistische Ideen und Hamburg definiert sich durch hervorragende Ideen in der Architektur.

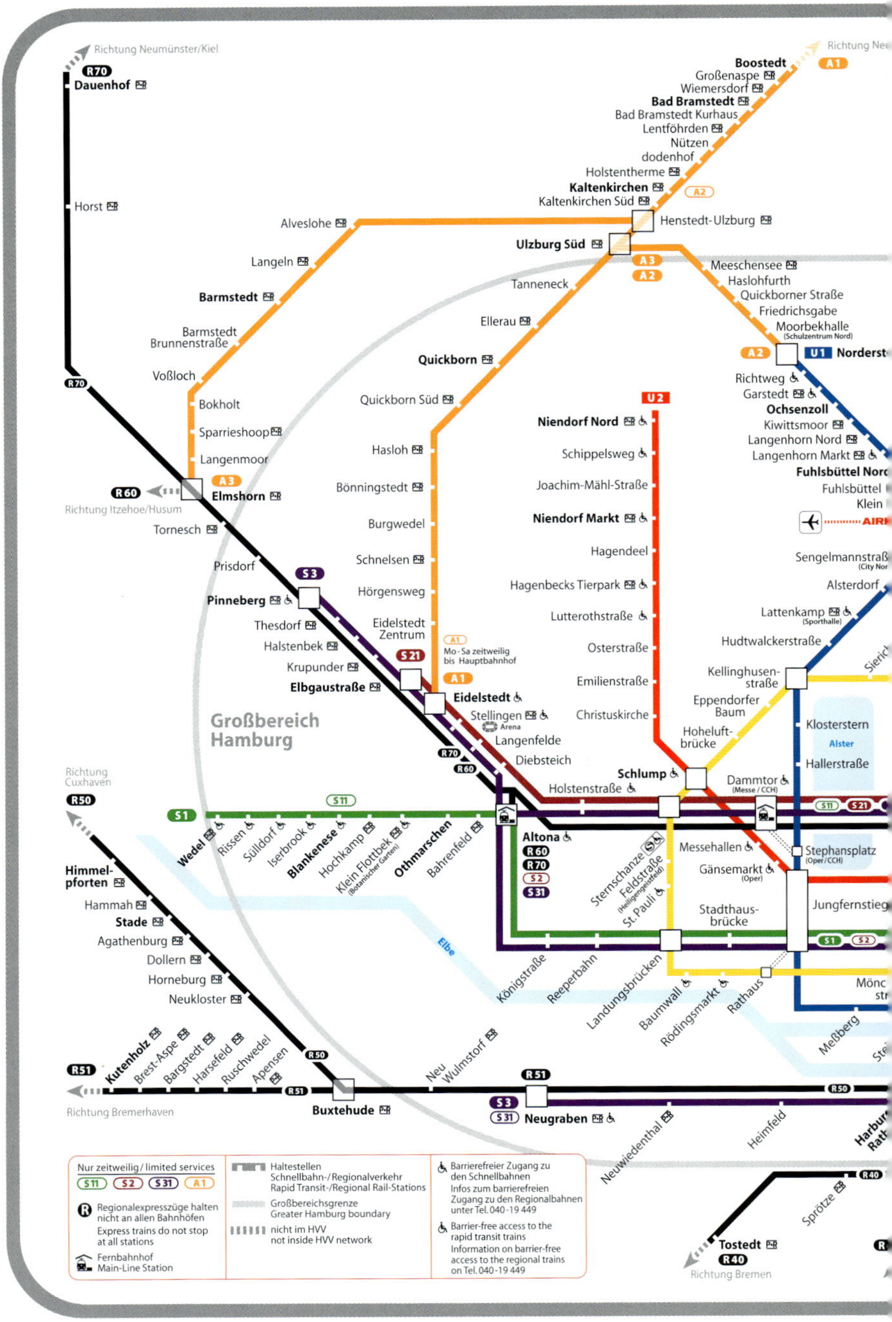
Richtung Neumünster/Kiel
R70
Dauenhof
Horst
Richtung Neu
A1
Boostedt
Großenaspe
Wiemersdorf
Bad Bramstedt
Bad Bramstedt Kurhaus
Lentföhrden
Nützen
dodenhof
Holstentherme
Kaltenkirchen
Kaltenkirchen Süd
A2
Henstedt-Ulzburg
Alveslohe
Langeln
Ulzburg Süd
A3
A2
Meeschensee
Haslohfurth
Quickborner Straße
Friedrichsgabe
Moorbekhalle
(Schulzentrum Nord)
Barmstedt
Tanneneck
Barmstedt Brunnenstraße
Ellerau
Quickborn
A2
U1
Norderst
Voßloch
R70
Richtweg
Garstedt
Ochsenzoll
Kiwittsmoor
Langenhorn Nord
Langenhorn Markt
Fuhlsbüttel Nord
Fuhlsbüttel
Klein
AIR
Bokholt
Sparrieshoop
Langenmoor
Quickborn Süd
U2
Niendorf Nord
Schippelsweg
Joachim-Mähl-Straße
Niendorf Markt
Hagendeel
Hagenbecks Tierpark
Lutterothstraße
Osterstraße
Emilienstraße
Christuskirche
Hasloh
Bönningstedt
Burgwedel
Schnelsen
Hörgensweg
Eidelstedt Zentrum
R60
A3
Elmshorn
Richtung Itzehoe/Husum
Tornesch
Prisdorf
S3
Pinneberg
Thesdorf
Halstenbek
Krupunder
Elbgaustraße
S21
A1
Mo-Sa zeitweilig bis Hauptbahnhof
A1
Eidelstedt
Stellingen
Arena
Langenfelde
Diebsteich
Sengelmannstraße
(City Nord)
Alsterdorf
Lattenkamp
(Sporthalle)
Hudtwalckerstraße
Kellinghusenstraße
Eppendorfer Baum
Hoheluftbrücke
Sierich
Klosterstern
Alster
Hallerstraße
Großbereich Hamburg
R70
R60
Schlump
Holstenstraße
Dammtor
(Messe / CCH)
S11
S21
Richtung Cuxhaven
R50
S1
S11
Wedel
Rissen
Sülldorf
Iserbrook
Blankenese
Hochkamp
Klein Flottbek
(Botanischer Garten)
Othmarschen
Bahrenfeld
Altona
R60
R70
S2
S31
Sternschanze
Feldstraße
(Heiligengeistfeld)
St. Pauli
Messehallen
Gänsemarkt
(Oper)
Stephansplatz
(Oper/CCH)
Jungfernstieg
Stadthausbrücke
S1
S2
Himmelpforten
Hammah
Stade
Agathenburg
Dollern
Horneburg
Neukloster
Elbe
Königstraße
Reeperbahn
Landungsbrücken
Baumwall
Rödingsmarkt
Rathaus
Mönckebergstraße
Meßberg
R51
Kutenholz
Brest-Aspe
Bargstedt
Harsefeld
Ruschwedel
Apensen
R50
R51
Richtung Bremerhaven
Buxtehude
Neu Wulmstorf
R51
R50
S3
S31
Neugraben
Neuwiedenthal
Heimfeld
Harburg Rathaus
R40
Sprötze
Tostedt
R40
Richtung Bremen
Nur zeitweilig / limited services
S11 S2 S31 A1
Regionalexpresszüge halten nicht an allen Bahnhöfen
Express trains do not stop at all stations
Fernbahnhof
Main-Line Station
Haltestellen Schnellbahn-/Regionalverkehr
Rapid Transit-/Regional Rail-Stations
Großbereichsgrenze
Greater Hamburg boundary
nicht im HVV
not inside HVV network
Barrierefreier Zugang zu den Schnellbahnen
Infos zum barrierefreien Zugang zu den Regionalbahnen unter Tel. 040-19 449
Barrier-free access to the rapid transit trains
Information on barrier-free access to the regional trains on Tel. 040-19 449

Schnellbahn-/Regionalverkehr
Rapid Transit/Regional Rail
HVV
Infos · Fahrpläne · Service
www.hvv.de · 040-19 449
Richtung Neumünster
R11
Rickling
Wahlstedt
Fahrenkrug
Bad Segeberg
Altengörs
Wakendorf
Fresenburg
Richtung Lübeck
R10
Reinfeld
Bad Oldesloe
Kupfermühle
Bargteheide
Ahrensburg
Richtung Lübeck
R21
Ratzeburg
U1
Ohlstedt
Hoisbüttel
Buckhorn
Volksdorf
Meiendorfer Weg
Berne
Farmsen
Trabrennbahn
S1
S11
Poppenbüttel
Wellingsbüttel
Hoheneichen
Kornweg (Klein Borstel)
Rübenkamp (City Nord)
Alte Wöhr (Stadtpark)
Habichtstraße
Buchenkamp
Ahrensburg West
Ahrensburg Ost
Schmalenbeck
Kiekut
Großhansdorf
U1
U2
Wandsbek-Gartenstadt
Alter Teichweg
Straßburger Straße
Wandsbek Markt
Rahlstedt
Tonndorf
Wandsbek
Mölln
Großbereich Hamburg
U3
Barmbek
Dehnhaide
Hamburger Straße
Mundsburg
Uhlandstraße
Lübecker Straße
Lohmühlenstraße
Friedrichsberg
Wandsbeker Chaussee
Ritterstraße
Wartenau
Landwehr
Hasselbrook
Berliner Tor
Burgstraße
Hammer Kirche
Rauhes Haus
Horner Rennbahn
Legienstraße
Billstedt
Merkenstraße
Steinfurther Allee
Mümmelmannsberg
U3
Hauptbahnhof
Central Station
R10
R20
Rothenburgsort
Tiefstack
Billwerder-Moorfleet
Mittlerer Landweg
Allermöhe
Nettelnburg
Bergedorf
S2
S21
Reinbek
Wohltorf
Aumühle
Friedrichsruh
Schwarzenbek
Müssen
Richtung Schwerin/Rostock
R20
Büchen
Lauenburg
Echem
Hammerbrook (City Süd)
R30
R40
R50
Veddel
Wilhelmsburg
Elbe
Harburg
Meckelfeld
Maschen
Stelle
Ashausen
Buchholz
Winsen
Radbruch
Bardowick
Lüneburg
Wendisch Evern
Vastorf
Bavendorf
Dahlenburg
Neetzendorf
R21
R30
R31
Richtung Uelzen
Richtung Dannenberg
Stand/Date of issue: 31. Mai 2006
© HVV

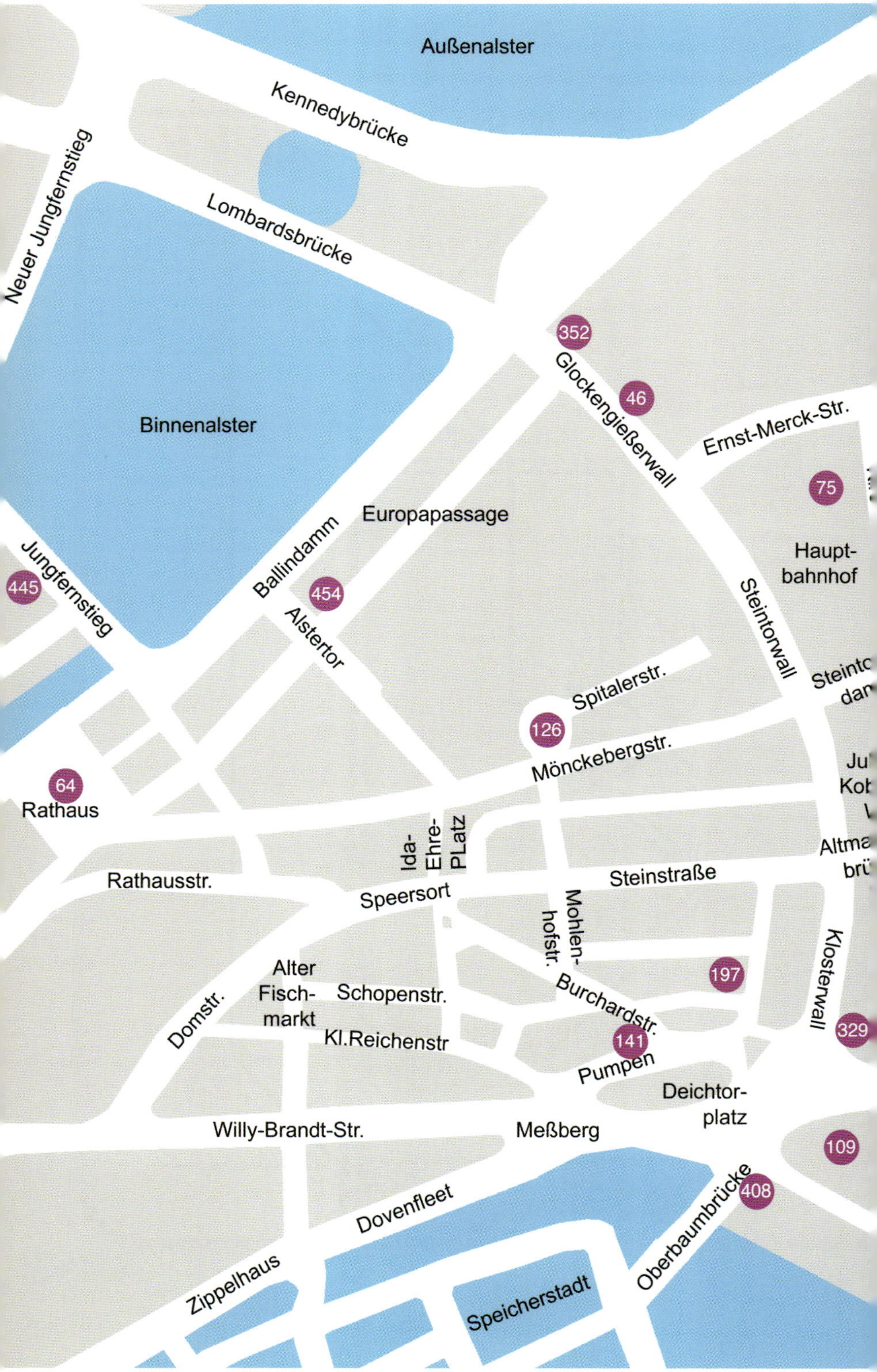

Außenalster
Kennedybrücke
Lombardsbrücke
Neuer Jungfernstieg
Binnenalster
352
Glockengießerwall
46
Ernst-Merck-Str.
75
Haupt-
bahnhof
Europapassage
Ballindamm
454
Alstertor
445
Jungfernstieg
Steintorwall
Spitalerstr.
126
Mönckebergstr.
64
Rathaus
Ida-
Ehre-
PLatz
Rathausstr.
Speersort
Steinstraße
Mohlen-
hofstr.
Klosterwall
197
Alter
Fisch-
markt
Schopenstr.
Domstr.
Burchardstr.
141
329
Kl.Reichenstr
Pumpen
Deichtor-
platz
Willy-Brandt-Str.
Meßberg
109
408
Oberbaumbrücke
Dovenfleet
Zippelhaus
Speicherstadt

1. Kultur und Kontor in Hamburg

Dauer: etwa 90 Minuten

Einkehren!
Café Paris, Rathausstraße

Ein kurzer Gang durch die City, der verdeutlicht, dass Hamburg eine kultivierte Kaufmannsstadt und architektonisch nicht nur aus Backstein gemacht ist!

Start: S-Bahnhof Jungfernstieg. Willkommen in der guten Stube Hamburgs. Die Neugestaltung des *Jungfernstiegs (445)* ist abgeschlossen, jetzt ist er wieder der zentrale Boulevard und Treffpunkt für alle Hamburger sowie deren Gäste, und das Alsterhaus ist wieder Weltstadtkaufhaus. Um das Bassin der Binnenalster in Richtung Lombardsbrücke gehen! Dort geht es los – mit Hamburgs Kultur- und Kunstmeile: Die *Galerie der Gegenwart (352)* macht den Anfang, gefolgt von den älteren Bauteilen der *Kunsthalle (46)*.

Der *Hauptbahnhof (75)* ist selbst ein architektonisches Kunstwerk, direkt dahinter steht das ehemalige Postamt *Hühnerposten (74)*, das zum Standort für die Zentrale der städtischen Bücherhallen geworden ist. Am Klosterwall und am *Kunstverein (329)* vorbei wird der Deichtorplatz mit den *Deichtorhallen (109)* erreicht. Mit dem Wechsel der Straßenseite und der Glasarchitektur des *Deichtorcenter (408)* an der Oberbaumbrücke/Willy-Brandt-Straße steht jetzt das Thema Kontorhaus auf dem Plan.

Die Burchardstraße führt durch das Kontorhausviertel, das *Chilehaus (141)* Hamburgs Backsteinikone ist nicht zu übersehen; gegenüber befindet sich der *Sprinkenhof (197)*. Unser Spaziergang führt über den Speersort zum Domplatz mit der Urzelle Hamburgs. An dieser Stelle könnte man links in die Rathausstraße in das *Café Paris* einkehren, Frühstück oder Mittagstisch mit Hamburgs Jeunesse dorée (R).

Gestärkt zurück zur *Mönckebergstraße (126)* in Richtung Hauptbahnhof. Hamburgs Herz des Einzelhandels schlägt nun in der *Europapassage (454)* zwischen Mönckebergstraße und Ballindamm, der Ausgang am Alstertor führt zum Ende unserer Route am *Rathaus (64)* mit kleiner Alster und den Alsterkaden.

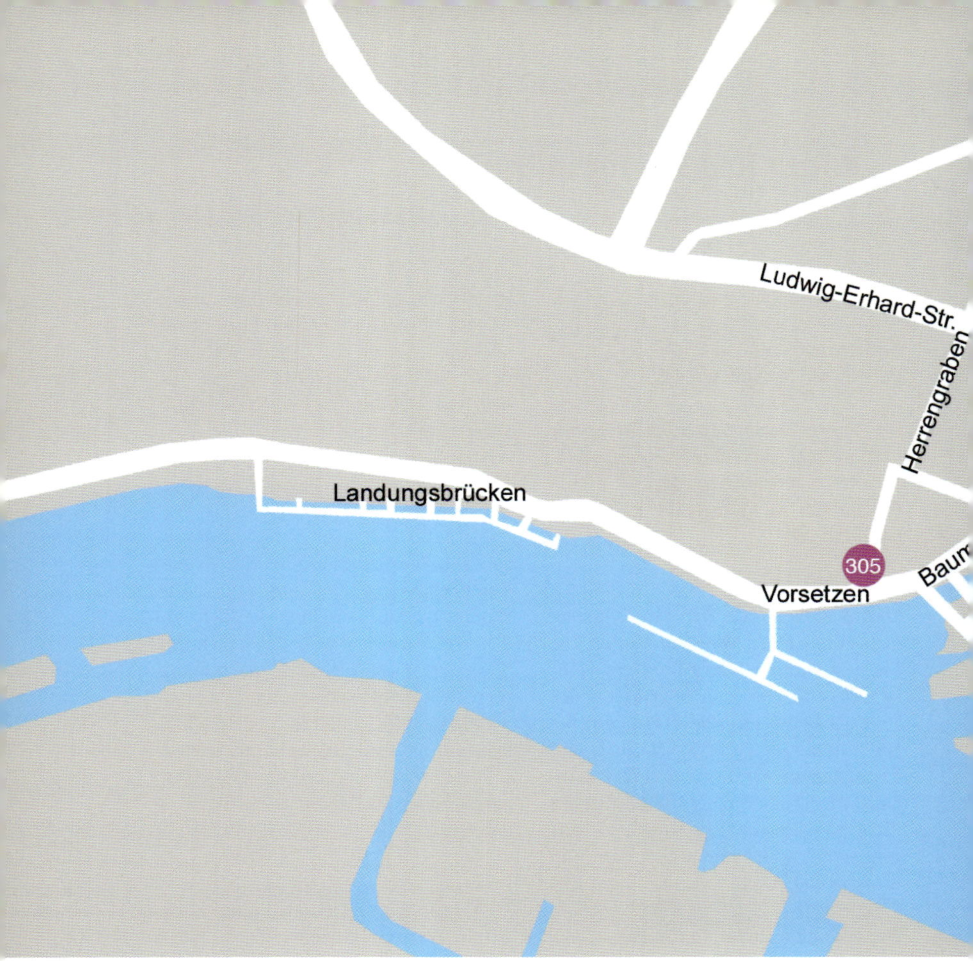

2. Von der City in die HafenCity

Dauer: etwa 90 Minuten

Einkehren!
Café im Kesselhaus (Sandtorkai)

Gegenwart und Zukunft der Hamburger City – dieser Spaziergang beweist, wie nahe alles beieinander liegt

Start *Rathaus (64)*. Die Mönckebergstraße hat hier ihren Ursprung und führt direkt zur *St. Petri Kirche (4)*. Am Domplatz – hier stand die *Hammaburg (1)* – vorbei, auf den *Neuen Dovenhof (332)* zu. Ein Abstecher ins Kontorhausviertel mit Chilehaus und anderen Backsteinsensationen lohnt. Über die Willy-Brandt-Straße, Richtung *Speicherstadt (60)*, aber am Zollkanal ein kurzes Stück nach rechts zum Zippelhaus und *St. Katharinen (3)* entlang, ein Wechsel zur Wasserseite über die Jungfrauenbrücke und am Brook vorbei an den traumhaften Speicherbauten; der Blick auf diese »mittelalterliche« Kulisse ist einmalig.

Der weitere Weg führt zu den neuen Speicherstadt-Museen und Eventräumen wie einer der größten Modelleisenbahnen der Welt, links im Sandtorkai bietet sich eine Pause im Kesselhaus an. Wer die Hafen-

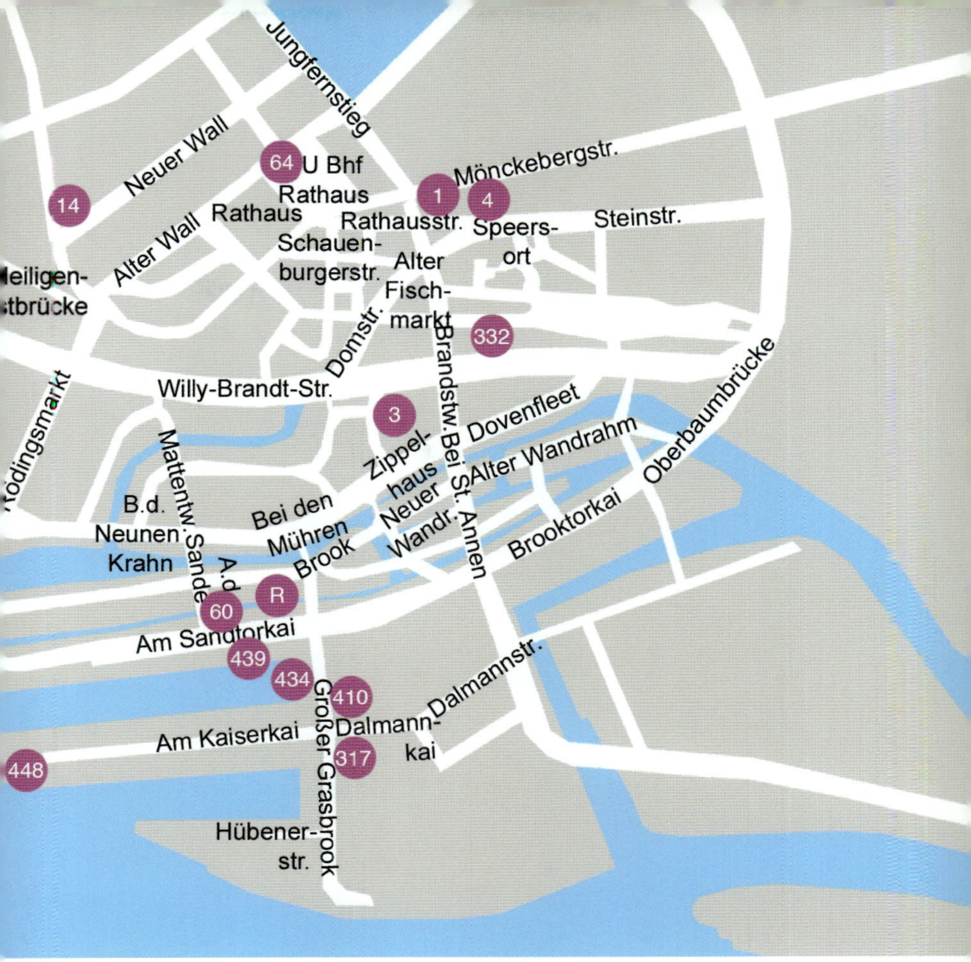

City von morgen in Plänen und Modellen erleben will, ist hier richtig. Auf der anderen Straßenseite beginnt die reale HafenCity: am *Sandtorkai (439)*, hier zeigen Hamburger und auswärtige Architekten mit ihren Stadthäusern, wie sie die Stadt des 21. Jahrhunderts verstehen wollen. Sehenswert die *Magellanterrassen (434)*, Neubauten am Dalmannkai, das *SAP Business Center (410)* und das *Kreuzfahrtterminal (317)*.

Mit dem Kaispeicher A am Kaiserkai, der *Elbphilharmonie (448)*, endet der Spaziergang durch die HafenCity an der Sandtorklappbrücke. Weiter dann zum Baumwall mit dem *Verlagshaus Gruner & Jahr (305)*. Der Herrengraben verbindet über die Ludwig-Erhard-Straße mit der Fleetinsel, einem kleinen Platz mit zahlreichen Cafés, hier ist der Marienhof (R) empfehlenswert. Vorsicht: Viele Architekten! In der Admiralitätsstraße liegt mit »Sautter und Lackmann« Hamburgs große Buchhandlung für Architektur, Kunst und Film. Über die Stadthausbrücke am *Görtz Palais (14)* vorbei auf dem Neuen Wall flanieren, Hamburgs erste Shopping Adresse. Schließlich wird wieder der Rathausmarkt erreicht.

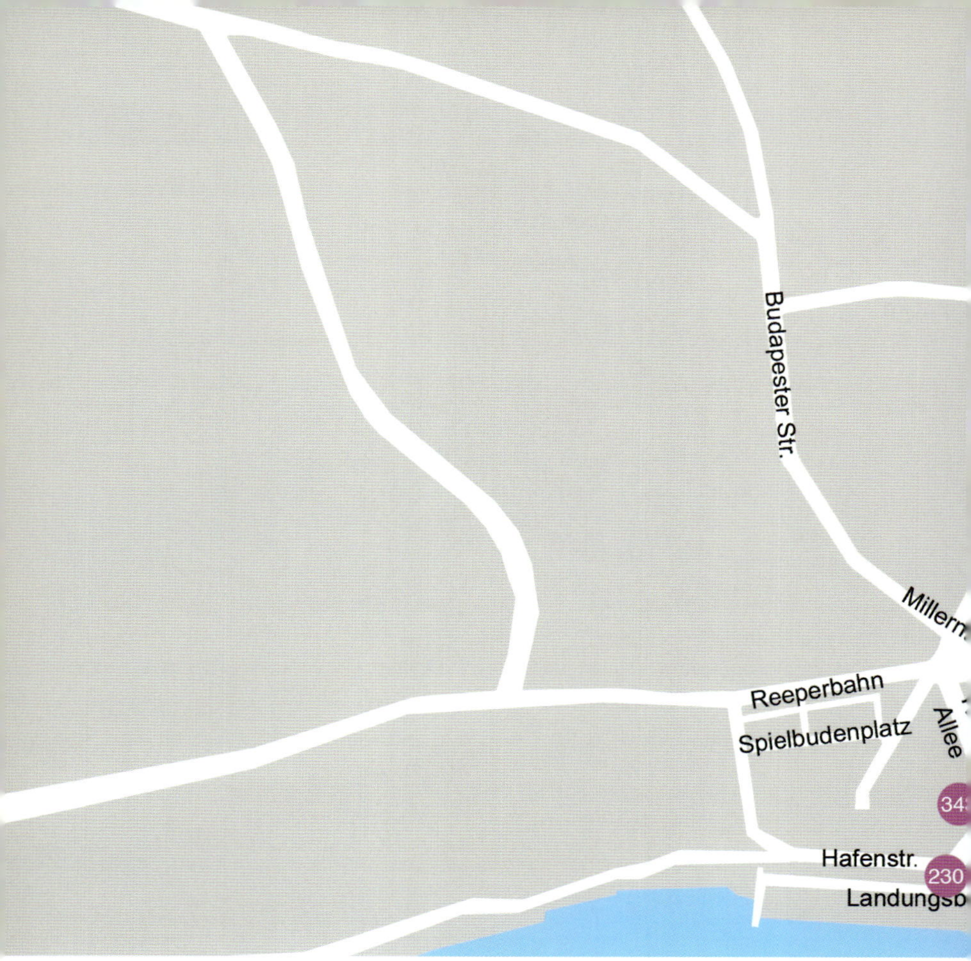

3. Die City ist grün!

Dauer: etwa 60 Minuten

Einkehren!
Café Fees im HamburgMuseum

Start: *Jugendstilbahnhof Dammtor (67)*, über die Rückseite vorbei am schönsten Hamburger Hochhaus und dem *CCH (267)*, hinein in die Wallanlagen, in Hamburg Planten un Blomen und Gastgeber zahlreicher Gartenschauen. Bei Regenwetter lohnt der gedeckte Spaziergang unter der *Passage in Planten un Blomen (299)*, leider wird die grüne Idylle jäh durch die Bauten der *alten und neuen Messe (447)* gestoppt: nach Süden ausweichen, an der *Bucerius Law School (416)* vorbei den Wallanlagen folgen. Die martialisch geschützten Bauten bergen unter anderem das *Untersuchungsgefängnis (170)*, dann wird es »wilhelminisch«: das *Justizforum (106)* bildet den stolzen Anschluss des Hamburger Ringstraßensystems. Jetzt wird es »neu-städtisch«, hinein ins so genannte Wallringgebiet quer über den Johannes-Brahms-Platz, zu sehen sind hier die *Musikhalle (84)*, dahinter das *Unilever-Haus (248)*.

Hinter der anderen Platzseite mit dem *DAG-Haus (136)* liegt die nördliche Neu-

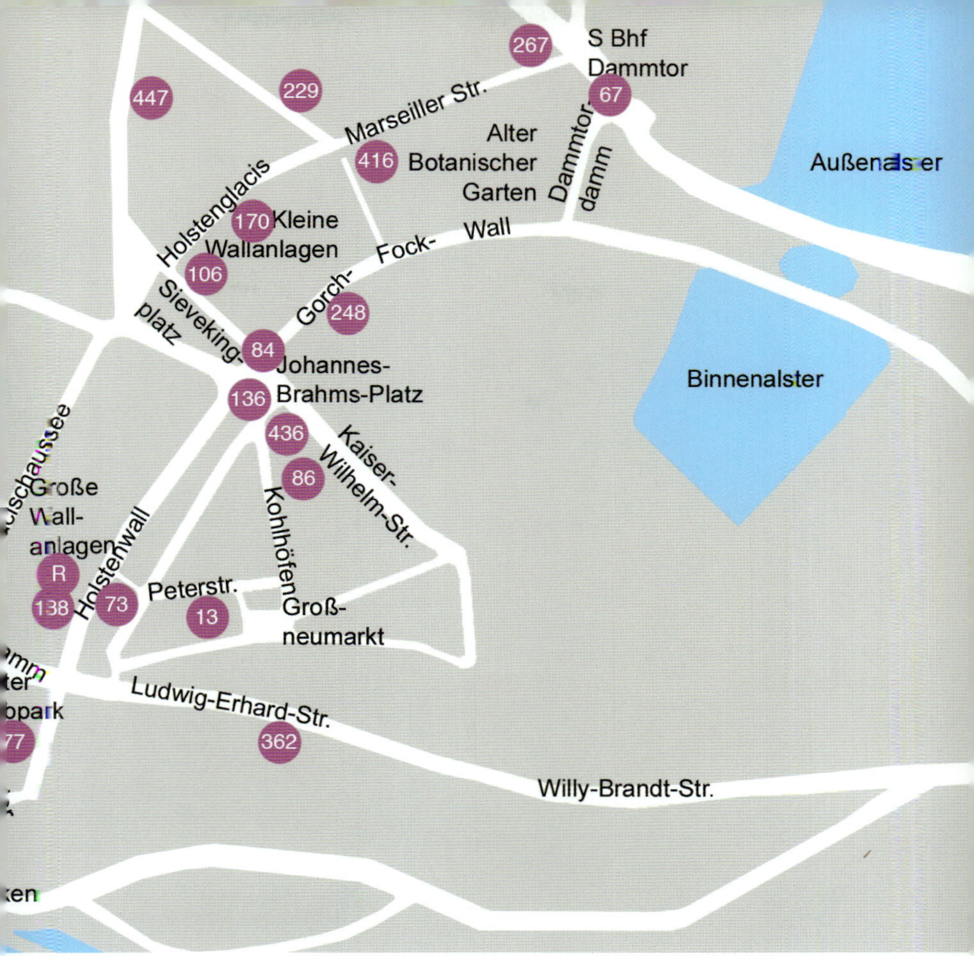

stadt. Über Poolstraße und Kohlhöfen, vorbei an der *Rudolf-Ross-Schule (436)* und der ersten *Hamburger Bücherhalle (86)* führt der Weg zum Großneumarkt, der im Sommer ein vitales Gastro-Zentrum unter grünen Bäumen ist. Ein kleiner Schlenker zur Peterstraße mit dem *Beylingstift (13)* führt ins »Freilichtmuseum« der Hamburger Backstein- und Fachwerksbaukunst. Wenn man dann den Holstenwall überquert, wird mit dem *Museum für Hamburgische Geschichte (138)* dann eine der wichtigsten Hamburger Kutureinrichtungen erreicht. Bemerkenswert sind die gläserne Hofüberdachung und das *Café Fees*.

Gestärkt nach einer Pause, bitte auf der anderen Straßenseite ein interessantes Backsteinensemble mit der *Volksschule Holstenwall (73)* beachten, bevor in Richtung Ludwig-Erhard-Straße geballte Modernität hereinbricht: mit dem *Ensemble Deutscher Ring (362)* und dem Michaelisquartier. In Richtung Elbe wird es im Elbpark wieder grün, wo das eindrucksvolle *Bismarck-Denkmal (77)* zu besichtigen ist. Aus Richtung Osten grüßen St. Pauli und das neue Brauerviertel mit beeindruckenden Hochbauten, auch das *Hotel Hafen Hamburg (343)*. Das Ziel aber sind die *Landungsbrücken (230)* mit dem alten Elbtunnel – der Blick ist Hafenstadt pur!

Eppendorfer Weg
Eppendorfer Baum
Oderfelder Str.
St. Benedict-Str.
Heilwigstr.
Leinpfad
Falkenried
55
R
82
184
243
Klosterstern
161
Krugkoppelbrück
Isestraße
Hoheluft-
chaussee
Harvestehuder Weg
Rothenbaumchaussee
Hagedornstr.
Inno-
centia-
park
U Bhf
Hoheluftbrücke
Oberstr.
Mittelweg
Alster-
kamp
426
181
308
Sophienterrasse
Werderstr.
202
446
Alster-
vorland
Hansastr.
Grindelberg
Hallerstr.
346
365
384
Turmweg
Harvestehuder Weg
Grindelhof
Mittelweg
96
Binderstr.
Universität
98
Bundesstr.
Grindelallee
Rothenbaumchaussee
Verbindungsbahn
Edmund-
Siemers-
Allee
Außenalst
67
Bhf
Dammtor

4. Die geheimen Trümpfe der Stadt: Um die Alster herum

Dauer: etwa 110 Minuten

Einkehren! Mars Bar, Café th2 (Falkenried), Eiszeit (Mittelweg)

Eppendorf, Rotherbaum, Harvestehude, Namen, die einen guten Klang haben, weil Hamburg dort ideale Wohnquartiere besitzt

Start: U-Bahnhof Hoheluft. Ein kurzer Blick in die Isestraße, dann aber nördlich des Kanals hinter den Häusern in Richtung Falkenried mit den *Falkenriedterrassen (55)* weitergehen. Dies ist eines der Vorzeigeviertel neuerer Hamburger Stadtplanung, konterkariert mit Vorzeigehäusern des Arbeiterwohnungsbaus aus dem 19. Jahrhundert in den Falkenriedterrassen.

Der erste Stopp kann schon dort in der Mars-Bar (dem ehemaligen Pförtnerhaus der früheren Fahrzeugwerkstätten) oder im Cafe *th2* im Falkenried/Isestraße erfolgen. Um auf den Eppendorfer Baum zu gelangen, hält man sich links auf der *Isestraße (82)*, wo am Mittwoch und am Samstag der traditionelle Wochenmarkt stattfindet.

Über die urige Einkaufsstraße Eppendorfer Baum zum *Klosterstern (184)*: dort ist *St. Nicolai (243)* zu besichtigen und deren neues Gemeindehaus zu bestaunen. Vom wirklich beeindruckenden Villenbestand beeindrucken lassen und der St. Benedict-Straße über den Alsterkanal bis zum vornehmen Leinpfad folgen und schließlich die *Krugkoppelbrücke (161)* erreichen. Der Blick über die Außenalster auf Hamburg ist einer der »big points« fürs Fotoalbum und die Videokassette.

Es gibt hier wirklich in allen Richtungen viel zu sehen (Das Café Cliff an der Außenalster lockt!) Vorgeschlagen wird eine Route vorbei an den Stadthäusern und dem *Verlag Hoffmann und Campe (308)*, vorbei am Pöseldorfer Weg zum *Museum und Archiv Dieter Roth (446)*, für eine Besichtigung vorher anmelden). Man geht jetzt nach oben zum Mittelweg. Eine kleine Erfrischung kann in der »Eiszeit« zu sich genommen werden.

An der Sophienterrasse liegen eine interessante *Wohnungsanlage der 1920er Jahre (181)*, die ehem. *Standortkommandantur (202)*, am Mittelweg sind der *NDR-Neubau (426)*, das Tennisstadion, eine interessante *Baulückenschließung (346)* und die *Jugendmusikschule (384)*. Dann aber rechts abbiegen, Richtung Turmweg mit St. Johannis, den *Wohnbauten des Atelier 5 (365)* und dem Mediencenter an der Rothenbaumchaussee. In Richtung City gehen, vorbei am *Völkerkundemuseum (96)*, rechts liegt der *Uni-Campus (98)* und dann immer nach Süden auf den *Dammtorbahnhof (67)* zu gehen.

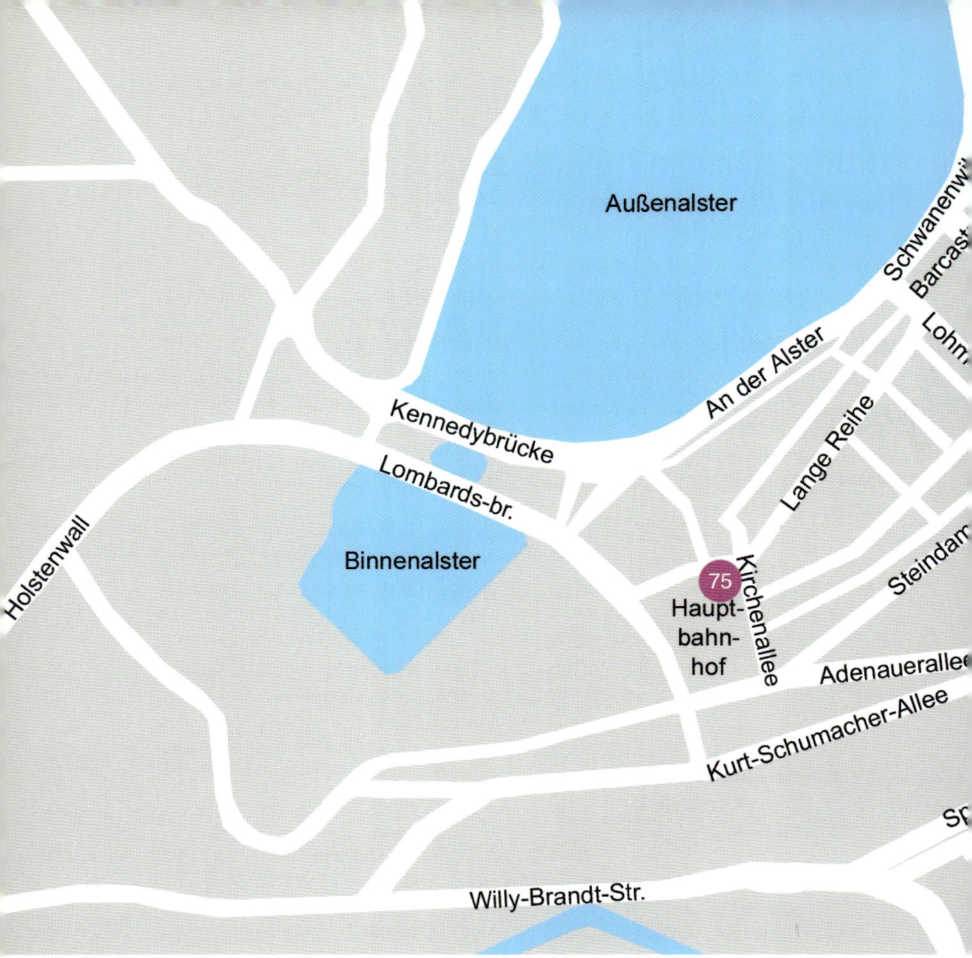

5. Hintern Bahnhof

Dauer: etwas 90 Minuten

Einkehren: Literaturhaus (Schwanenwik)

St. Georg und City Süd sind zwei ganz unterschiedliche Schwestern, aber Geheimtipps!

Start: Hauptbahnhof mit der S 31 eine Station bis Hammerbrook / City Süd fahren. Die City Süd liegt der Hochbahn hier zu Füßen und beweist, was Stadtplaner und Bauherren alles so anrichten können. Über die Wendenstraße am *Doppel-XX (371)* vorbei, auf die andere Seite des Heidenkampsweg. Dahinter die Überraschung: ein Grünzug. Der schönere Weg lässt uns eine kurze Strecke nach dem Heidenkampsweg links parallel am Kanal laufen, von hinten erreichen wir den gläsernen *Berliner Bogen (400)* am Anckelmannsplatz / Berliner Tor. Durch den S- und U-Bahnhof hindurch zum Strohhause und zum *Berliner Tor Center (420)* beim ehemaligen Polizeipräsidium. Richtung Hochschule für angewandte Wissenschaften und neuen Philips-Komplex.

Dort beginnt das großzügige Areal des *Allgemeinen Krankenhaus St. Georg mit dem Amalienstift (33)*. Die linke Seite der

Sechslingspforte gehört ebenfalls zu dem Allgemeinen Krankenhaus St. Georg, gegenüber liegt die Alsterschwimmhalle. Vorn an der Alster rechts halten für einen kleinen Abstecher in eine andere Welt: Sie sollten unbedingt im *Literaturhaus (47)* einkehren, nicht nur der Kuchen ist hier empfehlenswert, auch der Saal mit seiner stuckverzierten Decke und Malereien ist es wert, hier zu verweilen. Häufig gibt es hier auch interessante Lesungen.

Zurück zur City, gemütlich an der Alster entlang. Dann links in die Schmilinskystraße, diese führt auf das belebte Herzstück von St. Georg, die Lange Reihe. Trendige Geschäfte, Restaurants und Cafés reihen sich aneinander, hier ist immer was los. Der *Hauptbahnhof (75)* ist nicht zu verfehlen.

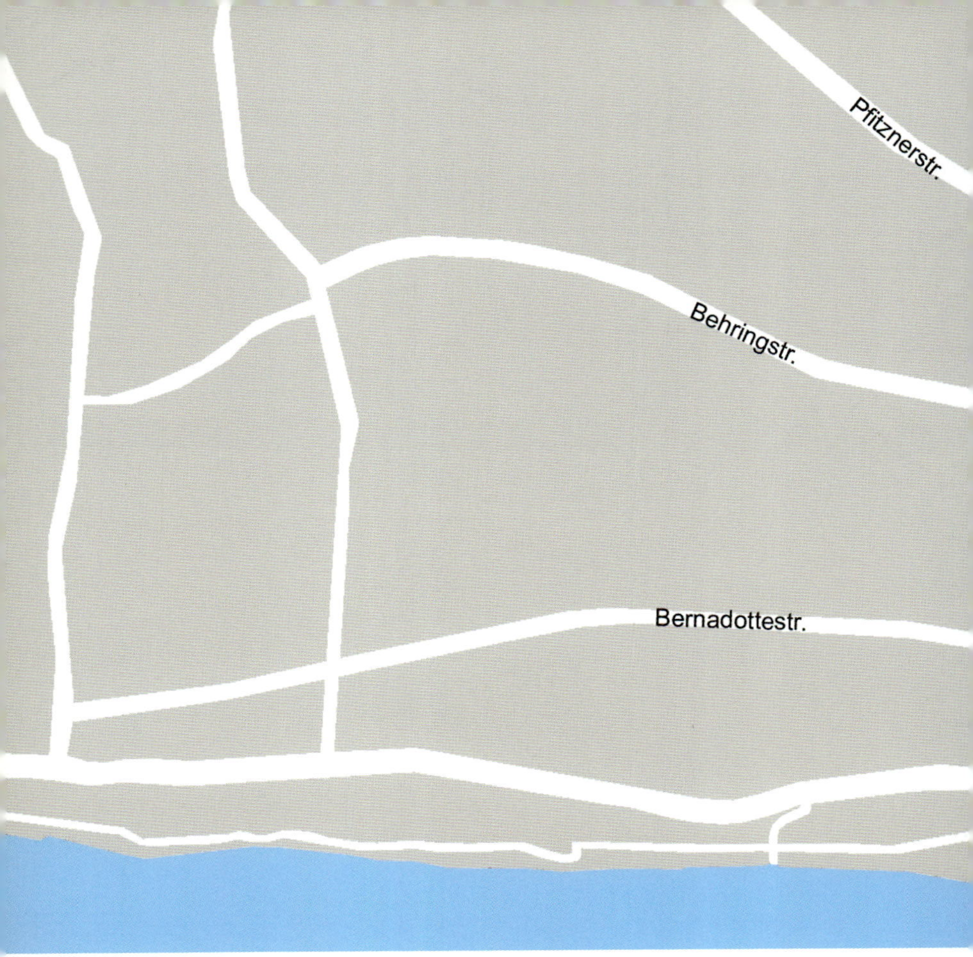

6. Von Ottensen zum Elbstrom

Dauer: etwa 120 Minuten

Einkehren!
Café Elbterrassen
(Neumühlen / Övelgönne)

Ottensen ist ein Multikulti-Stadtteil, sehr beliebt und in einem städtebaulich und architektonisch interessanten Umfeld. Kein Wunder: Die Elbe liegt nebenan!

Start: *S-Bahnhof Altona (A)*, über die Bahrenfelder Straße direkt auf die *Fabrik (280)* zu. Dann links in die Völkerstraße, hier folgt ein umgewandelter Fabrikhof dem anderen. Die Borselstraße führt zur Fischersallee, wo die *Zeisehallen (319)* einen Aufenthalt wert sind, die Pizza im *Eisenstein* ist legendär ...

Nun kann man sich treiben lassen, Läden, Kneipen, Restaurants und Kleinstadtleben in der Großstadt. Über die Ottenser Hauptstraße rechts in die Erzbergstraße, um letztlich wieder rechts in die Museumsstraße zu biegen. Richtung Elbe. Am Ende der Museumsstraße befindet sich das historische *Altonaer Rathaus (38)*. Blick nach links: dort liegt die klassizistische *Palmaille (30)*, doch weiter nach rechts.

Hier beginnt die legendäre *Elbchaussee (25)*. Architektonisch interessant ist die *Villa E 96 (347)* sowie auf der Elbseite das *Büro von gmp Architekten (302)*. Die Elbtreppe auf dieser Höhe führt hinunter zum Övelgönner Museumshafen, Kaffee und Kuchen mit Blick auf die Elbe gibt's in den *Elbterrassen* (R).

Dann links in Richtung City: das westliche Ende der »Perlenkette« mit dem *Augustinum (151)* und den *Polderbauten (407)* in Neumühlen säumen das Elbufer. Im Strom liegt ein »Schiff« – das *Dockland (443)*, gleichauf auf dem Festland zwei weitere Projekte von BRT am *Elbberg (361)*, dann den Elbbergpark hinauf; einmalig ist der Blick von dort oben auf das Geschehen auf bzw. an der Elbe. Von dort über den Altonaer Balkon zurück zum Altonaer S-Bahnhof.

7. An der Waterkant

Dauer: etwa 120 Minuten

Einkehren! Piano Bar (Neumühlen)

Am Strom und auf dem Strom. Bitte nicht den zweiten Teil vergessen: Mit einer HADAG-Fähre auf dem Elbstrom lernt man Hamburg von einer anderen Seite kennen!

Start: Landungsbrücken. Zurück an die Elbe lautete in den 1990er Jahren eine Parole für die Stadtentwicklung, die erfolgreiche Umsetzung ist zu besichtigen: Die *Landungsbrücken (230)* in St. Pauli und den Alten Elbtunnel gibt es wohl nur einmal, doch bitte nicht nur auf die Docks und die Elbe schauen, im Hinterland auf der Geestkante stehen stolze Bauten, u.a. das *Tropeninstitut (124)* und das Hydrographische Institut. Entlang der Hafenstraße (mit Blick auf das *Dock 47, 427)*, gelangt man direkt auf den legendären Fischmarkt, der in der Nacht von Samstag auf Sonntag ein Magnet für Nachteulen und Frühaufsteher ist. Die große Elbstraße ist auch Zentrum der Beachclubs, wer trotzdem noch Architektur und Design im Kopf hat, geht ins *Stilwerk (351)*, gegenüber liegen Stadtlagerhaus und Holzhafen.

Direkt an der Elbe liegen das ehemalige *England Terminal (443)* und das *Dockland (443)*. Zurück auf der Großen Elbstraße sieht man den umgebauten Speicher zum Elbkaihaus sowie die Neubauten *Lofthaus* und *Elbbergcampus (414)*. Es folgen die *Polderbauten (407)* mit der sehr schönen Piano Bar zum kurzen Verweilen. Der Övelgönner Museumshafen ist das nächste Ziel, unser Weg endet an der *Strandperle (R)*, ein unbedingtes Muss für alle Elbflaneure. Von dort aus geht es zurück zum Anleger am Övelgönner Museumshafen, die Fähre bringt Sie zum Ausgangspunkt Landungsbrücken – jetzt kann man die Architektur richtig wirken lassen!

161
Harvestehude
Uhlenhorst
Harvestehuder Weg
Schöne Aussicht
Rotherbaum
Schwanenwik
Außenalster
B
Alsterufer
An der Alster
St. Georg
A
Kennedybrücke
Lombardsbrücke
Jungfernstieg
Binnenalster

8. Auf der Alster

Dauer: etwa 50 Minuten: Alsterrundfahrt oder etwa 120 Minuten: Kanalfahrt

Einkehren! Alsterpavillon (Jungfernstieg)

Hamburg auf der Alster – da gewinnt man Abstand und neue Perspektiven. Start: Anleger am Jungfernstieg.

Gleich nach dem Start erfolgt unter der Lombardbrücke der Wechsel von Stadt zu Land, besser von der City zu den Vorstädten. Eben noch hanseatische Grandezza, am Ballindamm und Jungferstieg, jetzt das eigentliche Kapital Hamburgs: Grün und Blau – Parks und Wasserlandschaften wechseln sich ab. Das Atlantic Hotel grüßt von St. Georg (A), das amerikanische Generalkonsulat in einem benachbarten Bauwerk von Richard Meier (B) vom anderen Ufer.

Nicht vergessen zurückzuschauen: Die Silhouette der Hauptkirchen (St. Katherinen, St. Petri, St. Nicolai und des Michel) können von hier aus mit ganz anderen Augen gesehen werden und man versteht sofort, warum Hamburg dort keine Hochhäuser möchte. Zum sentimentalen Repertoire gehören auch Brückendurchfahrten, z. B. unter der *Krugkoppelbrücke (161)*.

Bei dieser Bootsfahrt kommt es weniger auf einzelne Bauwerke an als auf einen Gesamteindruck: wie sich Hamburgs Innenstadt im 19. Jahrhundert rund um die Außenalster entwickelte und dabei in den Villenvororten Harvestehude, Rotherbaum oder Uhlenhorst seinen in der ganzen Welt geschätzten Grüncharakter in City-Nähe entwickelt hat. Bucht man eine der Kanalfahrten, dann wird man ein anderes architektonisches Hamburger Bauabenteuer erleben: das Bauen am Wasser. Mit Gärten bis zum Alsterkanal und eigenem Anleger. Oder in den ehemaligen Industrie- und Gewerbevororten wie Barmbek, Fabriken, die direkt über Wasser erreicht werden konnten.

Objektregister

Hinweis: Die in den folgenden Registern aufgeführten Ziffern beziehen sich auf die Objektnummern.

A

B

C

D

Straßenregister

Architektenregister

Autoren

Markus Sebastian Braun (Hg.), Jahrgang 1966, studierte Geschichte, Germanistik und Betriebswirtschaft. Zwischen 1993 und 1995 war er Herausgeber des populärwissenschaftlichen Magazins Copernicus. Heute ist er Verleger und lebt in Berlin.

Dirk Meyhöfer, Jahrgang 1950, ist Architekturkritiker und Journalist in Hamburg, wo er seit knapp 30 Jahren lebt. Bereits in »Hamburgs Backstein« (1986) nahm er die Spur der ganz speziellen Hamburger Baukultur auf, die ihn seitdem nicht mehr losgelassen hat. Seit 1986 ist er Mitherausgeber des Hamburger Architekturjahrbuchs. Dirk Meyhöfer hat sich den Ruf eines kritischen Chronisten erworben – eine gute Voraussetzung, den Architekturführer Hamburg zu schreiben.

Abbildungsnachweis

Alle im Folgenden nicht gesondert aufgeführten Abbildungen stammen von Jörn Hustedt. Verwiesen wird, wenn nicht anders angegeben, auf die fortlaufenden Nummern der Objekte.

APB Architekten: 288, S. 191 Porträt Günter Wilkens – Architekten- und Ingenieur-Verein zu Hamburg (Hg.): Hamburg und seine Bauten, Hamburg 1918–1929, S. 275 Abb. 475: 148 – Architektenkammer Hamburg (Hg.): Architektur in Hamburg. Jahrbuch 1993: 136 (S. 130 / Klaus Frahm), 172 (S. 135 / Thomas Helms), 316 (S. 16 / Heiner Leiska) – Blauraum Architekten: S. 191 Porträt Blauraum – Böge Lindner Architekten: S. 190 Porträt Ingeborg Lindner-Böge und Jürgen Böge – BRT Architekten: 397, S. 191 Porträt Hadi Teherani – Carsten Roth Architekt: S. 190 Porträt Carsten Roth – Dombrowski, Erika: S. 191 Porträt Jan Störmer – Frahm, Klaus (Hamburg): 240, 306, 318, 387, 433 – Freie und Hansestadt Hamburg / Behörde für Stadtentwicklung und Umwelt: 435 li. – GIG City Nord: 263 – gmp Architekten von Gerkan Marg und Partner: 284 li., S. 190 Porträt Volkwin Marg – Grundmann + Hein Architekten: S. 190 Porträt Friedhelm Grundmann – Hamburgisches Architekturarchiv der Hamburgischen Architektenkammer: 5, 6 li. u. re., 7, 16 re., 30 li., 35, 46, 69 li., 83 li. u. re., 130 o., 159, 162 li., 179 re., 185 li., 199, 206, 212 li. u. re., 234, 242 – Heissner, Oliver: S. 191 Porträt spine2 – Herzog & de Meuron: 448 – Hipp, Herrmann / Jaeger, Roland / Weckerle, Johannes (Hg.): Haus K. in O. 1930–32, Berlin 2005, Titelbild: 196 – Hornbostel, Wilhelm und Klemm, David (Hg.): Martin Haller. Leben und Werk 1835–1925, Hamburg 1997, S. 153: 69 re. – Karl Schneider Archiv der Hochschule für bildende Künste Hamburg, Robert Koch und Eberhard Pook (Hg.), Karl Schneider: Leben und Werk (1892–1945), Hamburg 1992: 162 re. u. (S. 170), 162 re. o. (S. 150), 173 (S. 144, Abb. 170) – Knight, Nick: S. 190 Porträt David Chipperfield – KPW Architekten: S. 191 Porträt Uwe Köhnholdt – Museum für Hamburgische Geschichte (MHG), Fotoaufnahme Fotostudio Fischer-Daber, Hamburg: 1 – Neues Altona 1919–1929, Altona 1930, Band 1: 130 u. (S. 112), 160 (S. 155), 185 re. (S. 128) – Ouwerkerk, Jan-Erik: S. 191 Porträt Peter Schweger – Perl, Herbert (Hamburg): 446 – pfp architekten: S. 190 Porträt Jörg Friedrich – Schiebel, Korol / HafenCity Hamburg GmbH: 429 li. u. re. – SEHW: S. 190 Porträt SEHW – Spiluttini, Margherita: S. 191 Porträt Jacques Herzog – stratton and dreekie: S. 190 Porträt Will Alsop – Voigt, Wolfgang / Flughafen Hamburg GmbH (Hg.): Vom Flugbahnhof zum Terminal: Flughafen Hamburg 1929–1999, Sulgen / Zürich 1999, S. 30: 163 – Walter, Jörn (Hg.): Pläne Projekte Bauten Hamburg, Berlin 2005, S. 4: 301

Literatur

Architekten- und Ingenieur-Verein zu Hamburg (Hg.): Hamburg und seine Bauten, Hamburg 1890 / 1914 (2 Bände) / 1918–1929 / 1929–1953 / 1954–1968 / 1969–1984 / 1985–2000

Architektenkammer Hamburg (Hg.), Architektur in Hamburg. Jahrbuch 1993
Bartels, Olaf: Altonaer Architekten, Hamburg 1997
Frank, Hartmut (Hg.): Fritz Schumacher. Reformkultur und Moderne, Stuttgart 1994
GMP Architekten: Werkbiographien, Bände 1966–2003
Hipp, Hermann: Freie und Hansestadt Hamburg, Köln 1989
Hornbostel, Wilhelm und Klemm, David (Hg.): Martin Haller. Leben und Werk 1835–1925, Hamburg 1997
Karl Schneider Archiv der Hochschule für bildende Künste Hamburg, Robert Koch und Eberhard Pook (Hg.): Karl Schneider. Leben und Werk (1892–1945), Hamburg 1992
Kopitzsch, Franklin und Tilgner, Daniel (Hg.): Hamburg Lexikon, Hamburg 1998
Lange, Ralf: Architekturführer Hamburg, Stuttgart 1995
Marg, Volkwin: Architektur in Hamburg seit 1900, Hamburg 1993
Meyhöfer, Dirk / Frahm, Klaus: Hamburgs Backstein, Hamburg 1986
Meyhöfer, Dirk: Bahnhofswelt, Heidelberg 1983
Meyhöfer, Dirk: Hamburgs Backstein, Hamburg 1986
Meyhöfer, Dirk: Konstruktion und Poesie. Glasarchitektur von BRT 1991–2002, Hamburg 2004
Meyhöfer, Dirk: Neue Architektur in Hamburg der neunziger Jahre, Hamburg 1999
Neues Altona 1919–1929 (2 Bände), Altona 1930

NOTIZEN

NOTIZEN